ÉDITION ORNÉE DE GRAVURES

ŒUVRES DE MÉRY

LE

BONNET VERT

PARIS

GABRIEL ROUX, LIBRAIRE-ÉDITEUR

24, RUE DES GRANDS-AUGUSTINS, 24

AU DÉPOT DE L'IMPRIMERIE VIALAT & COMP. | BAUDRY, LIBRAIRE
21, quai des Grands-Augustins | 34, rue Coquillière

1854

ŒUVRES DE MÉRY

LE BONNET VERT

— Lagny, Imprimerie de Vialat et Cie. —

Le numéro sept. — Type.

ÉDITION ORNÉE DE GRAVURES

ŒUVRES DE MÉRY

LE

BONNET VERT

PARIS
GABRIEL ROUX, LIBRAIRE-EDITEUR
24, RUE DES GRANDS-AUGUSTINS

AU DÉPOT DE L'IMPRIMERIE VIALAT & Cie | BAUDRY, LIBRAIRE
21, quai des Grands-Augustins | 34, rue Coquillière

1854

NOTICE SUR MÉRY.

Marseille, la ville grecque exilée sur nos rivages, a voulu, comme autrefois ses sœurs d'Ionie, revendiquer le berceau d'un fils d'Homère. C'est une prétention qui l'honore, mais à laquelle, nous regrettons de le dire, il faut absolument qu'elle renonce.

Joseph Méry est né aux Aygalades, en 1802, près de l'ancien château de Barras, aujourd'hui la propriété de M. de Castellane.

Il eut pour précepteur un vieux prêtre, l'abbé Carrié, qui lui enseigna merveilleusement le latin.

Son intelligence s'éveilla et grandit dans ces douces régions méridionales, toutes de pourpre et d'azur, où la mer et le soleil se donnent un éternel baiser.

Le poëte enfant se plaisait à faire de longues promenades sous les grands bois de Gemenos, et ce fut là sans doute que lui apparut pour la première fois cette belle nymphe harmonieuse dont il a retenu les chants célestes, et qui, depuis, l'a toujours abrité de ses blanches ailes.

En 1815, achevant ses études à Marseille, il assista aux luttes sanglantes et aux épouvantables massacres qui signalèrent dans le Midi le retour des Bourbons.

Saisi d'horreur et méprisant un parti assez lâche pour soudoyer le meurtre, le jeune homme, bercé jusque-là dans les principes du royalisme, déchira ses langes.

Il devint bonapartiste et libéral.

De cette époque datent les débuts de Méry dans la carrière littéraire. A côté du poëte se révéla tout à coup le journaliste incisif, spirituel et mordant.

Le premier soin du parti prêtre avait été de prêcher la croisade contre l'Université, cette magnifique création du génie de l'Empire.

Une coterie haineuse, hypocrite et déloyale, sapait l'institution dans sa base. On enlevait aux laïques les hautes fonctions universitaires pour en revêtir des membres du clergé. L'intolérance et le fanatisme allaient si loin, que M. l'abbé Éliça-Garay, inspecteur en chef des colléges, enjoignait expressément aux professeurs de donner les prix à ceux des élèves qui remplissaient avec le plus de ponctualité leurs devoirs religieux, sans acception de mérite, de travail et de talent.

Révolté de cette injustice, dont peut-être il avait été la première victime, Méry, à peine âgé de dix-sept ans, s'arma du fouet de la satire et en cingla le visage de M. l'inspecteur en chef des colléges.

L'article parut dans un petit journal de Marseille.

Toute la coterie cléricale sonna le tocsin.

M. l'abbé Éliça-Garay porta plainte devant les tribunaux et fit condamner à quinze mois de prison le jeune auteur du pamphlet.

Méry se constitua prisonnier.

Fier de son action, heureux d'être persécuté pour la cause dont il avait pris la défense, il s'étendit bravement sur la paille des cachots et ne voulut pas entendre parler d'une demande en grâce.

L'oiseau charme sa captivité par des chants; le poëte est comme l'oiseau.

Méry chanta quinze mois, et, quand on ouvrit les portes de sa cage, il prit son vol du côté de Paris, avec un recueil d'odes et de poésies fugitives.

Pendant l'espace de neuf ou dix années, c'est-à-dire jusqu'en 1828, il habita tantôt la capitale et tantôt Marseille, où il avait fait ses premières armes dans le journalisme et où l'appelaient de nombreux amis.

Il se lia surtout avec Alphonse Rabbe, publiciste original, qui, après avoir écrit les *Massénaires*, diatribe violente contre Masséna, gouverneur de Marseille, s'agenouilla tout à coup devant le drapeau qu'il avait insulté, fit amende honorable et déclara hautement que celle de ses mains qui avait tenu la plume devait être brûlée.

Les libéraux le dispensèrent de rallumer pour son usage personnel le brasier de Mutius Scævola.

Rabbe devint l'un des ennemis les plus irréconciliables de la légitimité.

Son influence était grande sur la jeunesse de Marseille. Il créa des journaux, où il exploita, pour le compte de l'opposition, un peu son propre talent, beaucoup celui des autres.

Sous les auspices d'Alphonse Rabbe, Méry devint l'un des plus actifs rédacteurs du *Phocéen*.

Mais bientôt, voulant se mettre à l'abri de l'exploitation exercée par cette feuille, il créa lui-même un second journal voué à la cause du libéralisme. La *Méditerrannée* troubla le repos de plus d'un fonctionnaire et fit jouer souvent le télégraphe sur la ligne de Paris à Marseille.

Ces deux journaux se réunirent plus tard en un

seul, appelé le *Sémaphore*, qui a continué sa publication jusqu'à nos jours.

Vers 1824, les voyages de Méry à Paris devinrent plus fréquents.

Il commença à y poser les bases de sa réputation littéraire.

Mais, comme tous les gens de lettres qui refusent de se prosterner devant le pouvoir et qui n'émargent pas le registre des gratifications, il lui arriva plus d'une fois, à l'heure du dîner, de se poser un problème, que sa bourse vide l'aidait médiocrement à résoudre.

Alphonse Rabbe, installé depuis six mois à Paris, où il écrivait l'***Histoire des Papes***, offrit au poëte une place à sa table et le pria de traduire quelques in-folio latins, besogne peu récréative, qui absorbait tout le temps de Méry et semblait lui défendre à perpétuité de dîner ailleurs.

Fidèle au système d'exploitation qui lui avait réussi jadis à Marseille, l'ancien rédacteur en chef du *Phocéen* ne cherchait pas à procurer à son compatriote un travail plus en rapport avec ses goûts et son talent. Il eût fait traduire à Méry la collection tout entière des Pères de l'Église et les canons de tous les conciles, sans une circonstance qui permit enfin à son jeune convive de manger à une table moins coûteuse.

Soulé, directeur du *Nain-Jaune*, aujourd'hui sénateur aux États-Unis et l'un des plus illustres chefs de l'Union américaine, vint rendre visite à l'historien des papes et lui demander quelques articles pour son journal.

— Impossible, mon cher, impossible! s'écria Rabbe, avec tout l'orgueil d'un écrivain persécuté par les libraires.

Le visiteur insista, mais inutilement; il se vit obligé de sortir sans la moindre promesse d'article.

— C'est fort bien de refuser pour vous, dit Méry,

qui avait assisté à la conversation; mais vous auriez pu accepter pour moi.

— Ah! c'est juste, dit Rabbe. Où diable avais-je l'esprit? Mais Soulé n'est plus là, comment faire?

— Donnez-moi une lettre; j'irai, ce soir même, au *Nain-Jaune*.

— Hum! fit Rabbe, jetant un coup d'œil de regret sur les in-folio latins.

Néanmoins il écrit la lettre.

Méry, triomphant, l'emporte, rédige deux articles en toute hâte, et court au bureau du *Nain-Jaune*, où il trouve Léon Halévy et Santo Domingo.

Il leur présente sa copie avec la lettre de Rabbe.

— Oh! oh! lui disent ces messieurs, il y a du bon dans ces articles; mais sont-ils de vous seul?

— Et de qui donc seraient-ils? demande Méry.

— Votre patron, sans doute, y a mis la main? Il nous semble reconnaître le style de Rabbe.

— Ah! ceci devient trop fort! s'écrie le jeune homme piqué au vif. Qu'on me donne un sujet! je veux le traiter à l'instant même, là, devant vous.

Léon Halévy et Santo Domingo le prennent au mot.

Ils lui proposent pour thème la *Petite Poste*.

Méry prend la plume, et, séance tenante, il rédige un article désopilant, plein d'esprit, de verve et de gaieté, qu'on porte à l'heure même aux compositeurs, et qui, le lendemain, est dévoré d'un bout de Paris à l'autre.

Soulé, sans plus de retard, offre à Méry le titre de rédacteur du *Nain-Jaune* avec dix-huit cents francs d'appointements.

Huit jours après, il porte cette somme à deux mille quatre cents francs, puis à trois mille; puis la caisse ne compte plus et donne au nouveau rédacteur tout ce qu'il demande.

Méry faisait tout le journal.

Un pareil envahissement, dont il n'était pas le maître, puisque sa facilité extraordinaire multipliait chaque jour la copie et que le directeur choisissait ses articles de préférence à ceux des autres ; cet envahissement, disons-nous, souleva contre lui des rancunes jalouses, que son caractère affectueux et bienveillant ne tarda pas à faire disparaître.

Il eut bientôt, du reste, à s'occuper de travaux plus dignes de sa plume.

Les natures poétiques se rapprochent ; le génie attire le génie.

Victor Hugo, déjà célèbre, se lia très-étroitement avec le jeune rédacteur du *Nain-Jaune*, et, depuis, ils n'ont pas cessé d'être frères par le talent et par le cœur.

L'*Enfant sublime* entrait, comme Méry, dans sa vingt-deuxième année ; mais il était absolument imberbe et ressemblait à une jeune fille déguisée en page, ce qui explique la qualification que lui accorda Châteaubriand.

Victor Hugo venait de chanter les pompes du sacre.

Un autre poëte, dont la liaison avec Méry commençait également alors, avait cru devoir célébrer aussi Reims, Charles X et la sainte Ampoule.

On devine qu'il s'agit de Barthélemy.

Ce dernier, royaliste de conviction, mais très-pauvre, avait eu l'espérance, en éperonnant sa muse, d'attirer sur lui l'œil du pouvoir, et comptait sur une large gratification ministérielle.

Effectivement, une lettre de M. de Damas lui arrive un beau matin.

Barthélemy court au ministère, M. de Damas n'est pas visible.

Il y retourne le soir même, le lendemain, le surlendemain, huit jours de suite, personne !

Fort de la lettre reçue, il s'obstine à frapper à cette porte toujours close. Enfin elle s'ouvre, un huissier se présente et offre, de la part du ministre, au chantre de la sainte Ampoule... un louis !

C'était la quarante-troisième visite de Barthélemy au ministère.

Furieux, il jette la pièce d'or au nez de l'huissier, quitte la place avec une soif de vengeance facile à comprendre, et rencontre Méry sur le boulevard, au moment où passaient les équipages de Sidi-Mahmoud, ambassadeur du bey de Tunis pour les fêtes de Reims.

L'entretien des deux poëtes dut être curieux.

Méry, qui n'avait pas chanté le sacre, et dont les principes libéraux s'exaltaient encore par les événements, tenait le baril de poudre ; la colère de son nouvel ami servit de mèche, et la première *Sidienne* éclata.

Presque immédiatement elle fut suivie de deux autres, qui eurent, comme leur aînée, un succès dont aucune publication de nos jours n'offre d'exemple.

Effaçant intrépidement du dictionnaire le mot *impossible*, nos deux collaborateurs résolurent de renverser le ministère Villèle, roc immuable contre lequel était venue se briser l'armée tout entière des deux oppositions.

Quiconque a vu Paris le jour où fut publiée *la Villéliade* a dû nécessairement être illuminé d'un rayon prophétique et saluer dans l'avenir, à quatre ans de distance, les barricades de juillet.

Jamais satire d'un aiguillon plus fin, plus délicat, et en même temps d'une portée plus sûre, ne fut lancée contre un homme politique.

Il fallait, pour écrire ce chef-d'œuvre, une maturité de conviction, une force de logique et un sang-froid railleur qui ne pouvaient appartenir à un converti de la veille ; aussi Barthélemy, avec une franchise qui l'honore, avoue-t-il (1) que la meilleure part du succès de *la Villéliade* est due à son collaborateur.

Méry logeait, à cette époque, rue du Harlay-du-Palais. Son compagnon de chambre était Armand Carrel.

Aucun libraire n'avait acheté le manuscrit d'avance. Le *Nain-Jaune*, écrasé par des amendes énormes, avait cessé de paraître.

Comment payer un imprimeur?

Armand Carrel et Méry rassemblent quelques camarades; on lit le poëme; tous les auditeurs sont dans l'enthousiasme et proclament *la Villéliade* un chef-d'œuvre.

Il y avait à cette réunion d'amis un clerc d'avoué qui ne s'attendait en aucune sorte à être, quelque vingt ans plus tard, ministre de l'instruction publique.

Achille de Vaulabelle ne possédait pas un sou vaillant.

Mais il fouilla dans la poche de son frère, officier aux gardes, y trouva quelques louis, et, quarante-huit heures après, *la Villéliade*, tout imprimée et toute radieuse, sortait des ateliers typographiques de Féreau, rue du Foin-Saint-Jacques.

Le *Constitutionnel* était alors place de la Bourse.

Il avait pour rédacteurs Étienne, Jay, Tissot, Jouy, Arnault, véritables rois de la presse et dispensateurs uniques de la publicité; car, en ce temps-là, il n'y avait point d'annonces.

Tout livre dont ces messieurs dédaignaient de rendre compte était sûr de rester dans l'oubli.

Le jeune auteur de *la Villéliade* se présente à la rédaction du *Constitutionnel* avec deux exemplaires de son œuvre.

Étienne en prend un, le coupe assez dédaigneuse-

---

(1) Voir les notes de la traduction de l'*Enéide*, livre V.

ment du doigt et le parcourt ; mais bientôt il tressaille et pousse des exclamations :

— Bravo ! s'écrie-t-il, bien touché !.. c'est du Juvénal tout pur !

Jouy, qui tenait l'autre exemplaire ne disait mot.

Tout à coup, il se retourne vers Méry et lui demande :

— Est-ce vous qui avez écrit cela ?

— C'est moi, répond le timide auteur.

— Je vous en fais mon compliment, jeune homme. Vous irez loin !

Des importuns arrivent. On parle de la chambre et des discours prononcés à la séance du jour. Méry s'incline et sort.

L'accueil de l'aréopage a été flatteur ; mais il faut, dans la conjoncture, autre chose que des louanges stériles, et aucun de ces messieurs n'a promis de rendre compte de l'œuvre.

Méry se reproche de n'avoir pas abordé franchement ce point capital.

Sachant qu'Étienne va dîner tous les soirs aux Frères-Provençaux, il prend le parti de l'attendre et se place résolûment en embuscade, bien décidé à l'accoster au passage,

Au bout de vingt minutes il voit sortir son homme.

Étienne a la brochure à la main ; il lit en marchant.

— C'est bien, pense Méry, laissons-le lire. Je lui parlerai tout à l'heure.

Et il le suit à quelque distance.

Mais Étienne lisait toujours. C'eût été vraiment dommage de l'interrompre. Il lut d'un bout à l'autre de la rue Vivienne, il lut sous les arcades du Palais-Royal ; il ouvrit, en lisant, la porte des Frères-Provençaux et continua de lire après s'être mis à table.

Il avait sur les lèvres un sourire approbateur et se livrait à de petits hochements de tête, que Méry observait de la galerie voisine, au travers des glaces de la première salle.

— Bon ! s'écria le poëte en se frottant les mains, j'ai mon article !

Après ce qu'il venait de voir, il était fort inutile de parler à Étienne.

Le lendemain, Méry se lève et consulte ses finances : il a quatre sous dans sa bourse, juste un sou de moins que le juif errant.

Mais qu'importe ?

Il déjeune avec un sou de pain, une tablette de chocolat d'un sou, et il lui reste encore dix centimes pour aller lire le *Constitutionnel* au café de Thémis.

O bonheur ! la *Villéliade* a son article ! un feuilleton complet, un énorme feuilleton de six colonnes !

Méry court chez la brocheuse, met sous son bras un paquet de treize exemplaires et se dirige du côté du Palais-Royal.

Il entre chez le libraire Ponthieu, sous les galeries de Bois.

— Voulez-vous, lui dit-il, montrant son paquet, prendre ceci en dépôt ?

— Non, vraiment, dit Ponthieu ; je suis encombré de brochures. Il en pleut de tous côtés, je ne reçois plus rien.

— Mais, objecte Méry, ce que je vous offre peut avoir du succès ; le *Constitutionnel* en a longuement parlé ce matin.

Le libraire, à ces mots, dresse l'oreille.

— Êtes-vous sûr de cela ? dit-il au poëte.

— Rien de plus facile que de vous en assurer : faites acheter le journal, répond Méry.

Deux minutes après, Ponthieu lisait l'article avec un air de stupéfaction profonde.

Il était à peine au bas de la première colonne, qu'un individu ouvre la porte et demande :

— *La Villéliade*, s'il vous plaît?

— Voilà! se hâte de répondre Ponthieu, en prenant avec vivacité les treize brochures sous le bras de Méry et en donnant une à l'acheteur : prix, cinq francs!

L'étranger paye et sort.

— Diable! diable! murmure le libraire, c'est l'article qui fait déjà son effet! Il n'y a rien d'étonnant : on vous donne beaucoup d'éloges.

Il reprend le journal et veut achever de lire.

Mais aussitôt paraît un second acheteur, puis un troisième, puis un quatrième, puis cinq, six, neuf autres. Le paquet d'exemplaires est vendu, et la boutique se remplit toujours.

— Patience, messieurs, patience! dit Ponthieu; je ne puis suffire à l'empressement du public. D'ici à quelques minutes, on va m'apporter deux mille exemplaires. Ayez la bonté d'attendre!

Et conduisant Méry dans son arrière-boutique :

— Voyons, lui dit-il, combien voulez-vous de votre poëme?

— Heu! fit le jeune homme, je ne sais... j'attends vos offres, et je m'en rapporte à votre conscience.

— Vingt mille francs, cela vous convient-il?

— Mettons vingt-cinq, dit Méry, ce sera marché fait.

— Touchez là, dit Ponthieu.

Ils se frappèrent dans la main.

Le libraire ouvrit sa caisse et compta vingt-cinq billets de mille francs, que l'heureux poëte engloutit dans cette même poche où il n'avait puisé, le matin, qu'un denier si modeste.

En sortant de la boutique de Ponthieu, Méry trouva que les galeries du Palais-Royal n'étaient pas assez hautes et craignit sérieusement de s'y blesser le front.

Il changea un de ses billets contre de l'or.

Puis il entra chez un perruquier coiffeur et se fit raser le menton pour la première fois.

Toutes ces anecdotes, relatives aux débuts littéraires de l'auteur d'*Héva*, sont parfaitement authentiques, et nous les racontons avec la fidélité la plus scrupuleuse. Rien n'offre, selon nous, plus d'intérêt que de remonter une carrière illustre et d'assister à ces péripéties émouvantes, à ces curieux accidents qui sèment la route du génie.

Le pamphlet contre M. de Villèle fut vendu, en moins d'une semaine, à plus de douze mille exemplaires. Il eut seize éditions successives, et l'on imprima la vingt-huitième en 1830.

Méry paya ses dettes.

Au nombre de ses principaux créanciers était madame Caldérou, maîtresse d'hôtel de la rue de Bussi, brave et digne femme qui croyait à la littérature, et qui, cette fois du moins, n'eut pas à s'en repentir.

On se rappelle que le poëte avait mangé, l'année précédente, à la table d'Alphonse Rabbe; l'historien des papes se métamorphosa tout à coup en restaurateur et fit présenter à son compatriote une carte à payer fabuleuse.

Méry s'exécuta, disant qu'avec un pareil homme on avait tout à perdre, même son latin.

Du reste, à partir de ce jour, Alphonse Rabbe demeure englouti au fond des limbes de la littérature, tandis que son compatriote monte dans le ciel artistique, au rang des constellations.

Toutes les célébrités viennent tendre la main à l'auteur de *la Villéliade*.

Émile et Antony Deschamps, Sainte-Beuve, Dumas, Boulanger, Delacroix, Rossini, Hérold, et vingt autres, briguent son amitié.

Personne, mieux que Méry, n'a su comprendre la sainte fraternité des lettres et des arts.

L'envie et ses basses intrigues n'ont jamais pu atteindre cette âme élevée et généreuse. Quand on parle à Méry, on l'admire; quand on le connaît, on l'aime.

Achevons de le suivre dans sa carrière poétique.

Nous le voyons, au commencement de 1829, composer *l'Assassinat*, souvenir lugubre des massacres qui avaient épouvanté sa jeunesse. Barthélemy ne l'aida point dans cette œuvre; mais bientôt ils reprirent la plume ensemble et continuèrent, contre le pouvoir, leur croisade fraternelle.

Rome à Paris, *la Corbiéréide* et *la Censure* furent publiées six mois après *la Villéliade*.

Enfin, le ministère tomba.

Un joyeux ami du vaudeville et de la chanson, M. de Martignac, ramassa le portefeuille et tâcha de concilier tous les partis, d'apaiser toutes les rancunes.

Il n'y avait plus de satire possible.

Nos deux poëtes, renonçant jusqu'à nouvel ordre à leur rôle d'opposition politique, écrivirent cette admirable épopée du *Napoléon en Egypte*, piédestal de granit sur lequel ils ont à tout jamais assis leur gloire.

Ambroise Dupont acheta le *Napoléon* soixante mille francs.

Il en avança vingt-huit, avant que Barthélemy et Méry eussent fait un seul vers.

L'œuvre achevée, les auteurs confièrent au sort le soin de régler l'ordre de la signature, et le sort favorisa Barthélemy.

Fidèle à son système de conciliation, M. de Martignac devait avoir la pensée de gagner au pouvoir ces deux frères siamois de la satire, dont la verve, d'un instant à l'autre, pouvait déborder encore.

On offrit la croix à Méry, qui la refusa.

Bonapartiste de cœur et de conviction, il ne voulait à aucun prix se rallier à ceux qui, depuis le jour où il tenait une plume, avaient été l'objet de ses plus vives attaques.

Le ministre vaudevilliste ne put sauver la légitimité.

Elle se réfugia dans les bras de M. de Polignac, qui la laissa bientôt choir sous les barricades, où blessée de deux nouveaux aiguillons, *la Peyronnéide* et *la Guerre d'Alger,* elle ne devait pas tarder à trouver sa tombe.

Méry, pendant les trois jours, quitta la plume pour le fusil.

La bataille terminée, il reprit la plume, et bientôt on put lire ce magnifique poëme de *l'Insurrection,* écrit avec du salpêtre, et dont chaque vers est un coup de feu.

Au nombre des lettres, pleines de compliments et de louanges, qui lui arrivèrent alors, nous citerons celle-ci :

« Mon cher monsieur, j'ai lu avec le plus vif plaisir *l'Insurrection*. Je n'avais pas vu les grandes Journées, j'étais en Normandie ; mais je les connais maintenant, vous me les avez peintes avec splendeur et vérité. J'ai admiré comment, luttant de si près avec des faits si grands, vous avez su les saisir, les embrasser et les poser en statues sur un piédestal grandiose. Jamais vous n'avez été mieux inspiré, jamais vous n'avez dû l'être mieux.

« Sainte-Beuve. »

Heureuse époque, où tout le monde fut un instant d'accord, ce qui n'était jamais arrivé, ce qui n'arrivera plus !

Croyant à une ère nouvelle, Méry salua le drapeau national par un hymne enthousiaste, dont Halévy composa la musique.

Sœur aînée de *la Parisienne, la Tricolore* fut chantée la première sur tous les théâtres de Paris.

Mais bientôt le poëte, en présence des résultats mesquins et inattendus de la Révolution de 1830, fut pris d'un découragement profond.

La royauté, devenue épicière, au lieu d'un sceptre, tenait une balance, vendait à faux poids, tendait la main à l'égoïsme et s'appuyait sur la bourgeoisie, ce ballon gonflé de morgue et de sottise, qui réservait une chute si humiliante à son maladroit aéronaute.

Méry se retira à Marseille, décidé à ne plus s'occuper de politique.

Cependant sa tâche n'était pas accomplie.

Bientôt une lettre de son collaborateur le rappela dans l'arène : cette lettre annonçait que la *Némésis* était fondée.

« Journal en vers d'un seul homme ! » tel était le sous-titre pompeux que Barthélemy avait fait résonner aux oreilles du public en lançant son prospectus. Il ne tarda pas à comprendre que le fardeau serait trop lourd pour ses épaules.

Méry consentit à lui en alléger le poids.

Par un sentiment fort rare de modestie et de délicatesse, il refusa même de signer le journal, afin de ne pas démentir les promesses du prospectus et de laisser croire au tour de force; mais la presse tout entière souleva bientôt le voile de l'anonyme, et le libraire Perrotin, publiant la *Némésis* en volume, écrivit au frontispice le nom des deux auteurs.

Cette satire périodique, à laquelle n'échappaient aucun mensonge, aucune trahison, qui arrachait tous les masques et fouettait sans pitié tous les ridicules, a laissé sur le visage de beaucoup de nos contemporains des stigmates qui s'y voient encore.

Le 3 juillet 1831 est une date qui a dû rester dans le souvenir de M. de Lamartine, ce poëte larmoyant et vaporeux, dont la vie semblait n'avoir rien de commun avec les hommes.

Némésis osa lui dire :

> Un trône est-il vacant dans notre Académie ?
> A l'instant, sans regrets, tu quittes Jérémie
> Et te char d'Élysée aux rapides essieux ;
> Tu daignes ramasser avec ta main d'archange
> Des titres, des rubans, joyaux pétris de fange,
>   Et tu remontes dans les cieux.
>
> D'en haut tu fais tomber sur nous, petits atomes,
> Tes *Gloria Patri* reliés en deux tomes,
> Tes psaumes de David imprimés sur vélin ;
> Mais, quand de tes billets l'échéance est venue,
> Poëte financier, tu descends de la nue
>   Pour régler avec Gosselin (1).

Ces attaques de poëte à poëte n'auraient pas été excusables, si, dès cette époque, M. de Lamartine n'eût manifesté déjà ces malheureuses prétentions parlementaires au bout desquelles se creusait l'abîme politique où il est tombé.

Ainsi, malgré ses formes brusques et la rudesse de sa voix, *Némésis* avait raison lorsqu'elle ajoutait :

> Mais qu'aujourd'hui, pour prix de tes hymnes dévotes,
> Aux hommes de Juillet tu demandes leurs votes,
> C'en est trop ! l'esprit saint égare ta fierté.
> Sais-tu qu'avant d'entrer dans l'arène publique
> Il faut que, devant nous, tout citoyen explique
>   Ce qu'il fit pour la liberté.
>
> Va, les temps sont passés des sublimes extases,
> Des harpes de Sion, des saintes paraphrases ;
> Aujourd'hui tous ces chants expirent sans écho ;
> Va donc, selon tes vœux, gémir en Palestine,
> Et présenter sans peur le nom de Lamartine
>   Aux électeurs de Jéricho.

Après un an de publication, le journal en vers cessa de paraître.

Ni Laffitte, malgré ses déboires, ni Lafayette, malgré son erreur avouée et reconnue, ni Mauguin, mal-

---

(1) Éditeur de M. de Lamartine.

gré ses convictions, ne voulurent délier leur bourse en faveur de la cause napoléonienne.

Obligée de fournir au Trésor un cautionnement de cent mille francs, dont elle n'avait pas le premier centime, *Némésis* dit un beau jour adieu à ses lecteurs, et Méry profita du repos auquel on condamnait sa plume pour faire en Italie un premier voyage.

Il y était convié par la famille impériale, qui, depuis longtemps, entretenait avec lui des relations par lettres.

La reine Hortense lui avait écrit :

« J'ai lu le *Napoléon*, et j'apprends vos beaux vers à mes enfants. »

Méry fut reçu par les nobles exilés comme il devait l'être, c'est-à-dire avec la reconnaissance la plus expressive et les témoignages de la plus chaleureuse affection.

Partout il rencontrait ses livres, partout on lui en récitait des passages.

Un des fils de la reine Hortense, mort depuis dans la Romagne, avait illustré la *Bataille des Pyramides*. Ce dessin peut encore se voir aujourd'hui dans l'album du roi Jérôme. Les quarante Siècles, drapés dans leur linceul, sont échelonnés du haut en bas de la grande pyramide et regardent fuir les Arabes vaincus.

Il arrivait souvent à Méry de composer des vers en présence de toute la famille assemblée.

Nous avons sous les yeux une de ces brillantes improvisations, et l'on nous saura gré de la citer, car elle n'est contenue dans aucun recueil.

A SON ALTESSE

MADAME LA PRINCESSE DE MONTFORT.

Ne vous étonnez point, si ma facile plume,
Un jour, sur l'Empereur improvise un volume ;

Si, devant cette table accouru pour m'asseoir,
Je commence au matin pour le finir le soir.
Il faudrait qu'un poëte eût une âme de glace
Pour demeurer stérile, assis à cette place,
Dans ce palais magique, où le plus grand des noms
Déroule devant nous ses merveilleux chaînons,
Où sur des fronts si beaux incessamment respire
Le cachet triomphal des grands jours de l'Empire,
Où l'on croit que le bras d'un magique destin
A mis le Carrousel au palais Florentin.
Française par le cœur, par l'esprit et la grâce,
Princesse, vous voulez que ma main vous retrace
Quelque grand souvenir de nos beaux jours éteints,
Un de ses vieux exploits, fils des pays lointains :
Si déjà votre album sur l'autre feuille étale
La plaine de Memphis, la page orientale
Où le grand capitaine, à cheval dans le feu,
Est peint par le crayon d'un illustre neveu,
Souffrez qu'à ses côtés ma plume de poëte
Trace encore une fois cette héroïque fête,
Où devant le héros les mamelucks ont fui
Au pied des monuments, colosses comme lui ;
Parler d'une bataille, où Napoléon brille,
C'est vous offrir, madame, un tableau de famille.

. . . .

Voyez-les, ces enfants des déserts inconnus,
Arabes du Sennar, Africains demi nus,
Nomades habitants des oasis numides,
Voyez-les éperdus au pied des Pyramides !
Le souffle du héros les a tous dispersés.
Devant son ombre seule ils se sont éclipsés ;
Pour les sauver du feu leurs cavales sont lentes ;
Le désert a fermé ses retraites brûlantes,
Le Nil les engloutit sous ses mille roseaux
Et les porte à la mer dans ses sanglantes eaux.
Le sphinx monumental, témoin de la bataille,
Semble se relever de son immense taille,
Et prêter une flamme à ses yeux de granit
Pour voir l'homme puissant et le jour qui finit.
Salut, noble drapeau, déployé dans l'espace,
Ondoyant dans les mains du soldat qui l'embrasse !
Le tombeau de Memphis, ton digne piédestal,
Te livre avec orgueil au vent oriental,
Et l'armée, à genoux, de respect te contemple,
Comme si tu brillais sur le dôme d'un temple,
Beau drapeau qui roulant tes replis gracieux,
De gradins en gradins semble monter aux cieux !

Avant 1830, Méry s'était déjà fait connaître comme prosateur par la publication du *Bonnet vert*, qui avait disputé la palme à *Rouge et Noir* de Stendhal.

Son voyage d'Italie acheva de l'élever au premier rang des romanciers de nos jours.

« Il rapporta, dit M. Georges Bell (1), des notes précieuses, avec lesquelles il écrivit d'abord les *Scènes de la Vie italienne*, qu'il publia, une fois revenu en France.

« La *Revue de Paris* donna ensuite *un Amour dans l'Avenir*, roman dont le succès grandit encore à son apparition en librairie, et auquel succédèrent un grand nombre de nouvelles : *Van Dick au palais Brignola*, *les Adeptes de l'Immortalité*, *l'Ame transmise*, etc., etc.

« Ces nouvelles parurent successivement dans les recueils périodiques, politiques et littéraires du temps.

« Plus tard, à diverses reprises, et toujours avec amour, Méry est revenu aux impressions que lui avait laissées ce voyage. Nous avons eu tantôt *la Comtesse Hortensia*, tantôt *Saint-Pierre de Rome*, tantôt *la Sémiramide*, puis ce magnifique ouvrage récemment sorti de sa plume, *la Juive au Vatican* ou *Amor e Roma*, le livre le plus complet et le plus exact que nous ayons sur Rome et sur l'Italie.

« Enfin, c'est encore avec les découvertes précieuses qu'il fit dans les bibliothèques vaticanes que Méry a pu écrire *France et Orient*, ce monument élevé à la gloire de ceux de nos ancêtres qui prirent la croix pour accompagner saint Louis marchant à la délivrance du tombeau du Christ. »

Méry repassa les Alpes, après avoir consolé les der-

---

(1) Auteur d'une introduction remarquable, mise en tête d'*Héva* (*collection des romans modernes*), et dont nous tirons les citations qui suivent.

niers instants de la mère de l'Empereur, cette autre Cornélie, qui avait vu tant d'infortune succéder à tant de gloire.

Il trouva Paris en butte à une avalanche véritable de petits journaux.

Jamais époque n'avait été plus féconde en ridicules.

Le pays tout entier partait d'un immense éclat de rire aux facéties de *la Caricature*, du *Vert-Vert*, du *Charivari*, et surtout de cet éblouissant *Figaro* qui a laissé de si spirituels et de si méchants souvenirs.

On invita le maître à prendre part à cette nouvelle croisade à coups d'épingle.

Figaro savait que Méry allait lui fournir ses plus fins aiguillons, et bientôt l'on imprima une multitude de joyeux articles, dont s'est délectée notre génération tout entière.

Qui ne se rappelle encore aujourd'hui cette course amusante à la recherche de l'*opinion publique*, femelle aussi introuvable que l'homme de Diogène?

Et cette belle histoire d'*Arbogaste*, qui mit, pendant huit jours, un académicien sur le lit de Procuste, a-t-on pu l'oublier?

Méry rendait compte de la représentation solennelle d'une tragédie en cinq actes de M. Viennet à la Comédie-Française; il faisait l'analyse de l'œuvre, en citait des tirades complètes, parlait de l'enthousiasme du public, des bravos qui avaient accueilli le nom de l'auteur, que sais-je? Tout le monde accourut féliciter le père d'*Arbogaste*, tout le monde... excepté les sociétaires du Théâtre-Français, très-surpris de voir le compte-rendu d'une pièce qu'ils n'avaient pas encore jouée.

Depuis, ils la jouèrent une seule fois.

Tous les matins Méry écrivait ses trois articles, avant d'aller déjeuner chez le duc de Choiseul, où son couvert était mis à côté de ceux du chevalier de Barneville et du marquis de Giambone.

Barneville avait joué aux échecs avec Jean-Jacques Rousseau, et Giambone avait connu Voltaire.

On peut dire du duc de Choiseul qu'il a été le dernier des grands seigneurs.

Seul, au milieu de l'envahissement de la sottise bourgeoise, il montrait à la cour étonnée de Louis-Philippe un reste de magnanimité, de nobles instincts et de protection éclairée des arts, dont personne autre que lui ne donnait l'exemple.

Au premier coup de onze heures, le maître d'hôtel ouvrait à deux battants les portes de la salle à manger, où se trouvait la table nue, et, quand le dernier coup résonnait à l'horloge du Louvre, le service était au grand complet.

Les convives alors prenaient place.

Écrivains, artistes, pairs de France, prélats, députés, s'asseyaient au hasard à ce banquet fraternel, dont la bourgeoisie était exclue, et où, par conséquent, se réfugiaient l'esprit, le bon goût, la liberté.

Méry, à ces déjeuners de M. de Choiseul, était en quelque sorte le chaînon qui réunissait deux siècles, deux littératures.

Il promettait à Giambone une loge pour *Hernani*, et Giambone lui racontait la première représentation d'*Irène*.

Parmi les autres convives, qui avaient un pied dans le dernier siècle et qui venaient tendre la main au poëte, nous citerons Duperray, ancien secrétaire de Mirabeau; M. de Pradt, l'illustre archevêque de Malines, et Jouy, devenu l'ami le plus cher de l'auteur de *la Villéliade*.

Le lion de la tribune semblait avoir légué à Duperray quelque chose de son audace et de sa verve éloquente.

Je ne sais quel député du centre ayant osé dire que le gouvernement du roi citoyen deviendrait illustre dans nos fastes historiques, le secrétaire de Mirabeau lui cria :

— Allez dire à votre maître que ce siècle est le siècle de Rossini et de Victor Hugo !

De cette époque date la réputation de Méry comme causeur.

Jamais on n'a rencontré dans un seul homme une plus grande facilité de langage, un tour plus délicat d'expressions, un jeu de physionomie plus original, une spontanéité d'esprit plus étincelante. La conversation de Méry est un feu d'artifice qui éclate, pétille, rayonne sans cesse et ne s'éteint jamais.

Depuis vingt ans, on se le dispute dans les salons, dans les fêtes, dans toutes les réunions artistiques, sans qu'il ait rien perdu de sa verve.

Sur ceux qui, pour la première fois, le regardent et l'entendent, il produit l'effet d'un météore : le premier sentiment est l'épouvante, l'admiration ne vient qu'ensuite.

Mais un autre prodige, plus extraordinaire peut-être, c'est que, chez Méry, l'improvisation de la plume est aussi vive et aussi prompte que l'improvisation de la parole.

Nous aurions à citer ici vingt anecdotes pour une.

A un dîner chez madame de Girardin, quelqu'un parlait de la tragédie de *Lucrèce*, reçue à l'Odéon, et pour laquelle M. Lireux embouchait d'avance toutes les trompettes de la réclame, habileté directoriale qui, jointe au haro classique poussé contre *les Burgraves*, n'a pas été l'une des moindres causes du succès.

Quand on ne peut, chez nous, renverser un piédestal, on se hâte d'en élever un autre : le temps seul fait reconnaître la qualité du granit.

Lucrèce allait donc se jouer outre Seine.

— Une tragédie classique?.. Eh! bon Dieu, qui ne ferait pas une tragédie classique? s'écria Méry. Je ne connais en aucune sorte le chef-d'œuvre en question; mais je gage que, en moins de deux heures, je vous écris un premier acte de *Lucrèce?* Vous pourrez ensuite, si bon vous semble, le comparer à celui de M. Ponsard.

Le défi est accepté.

Madame de Girardin ouvre son cabinet de travail, on y enferme le poëte, et, quatre-vingt-douze minutes après, montre en main, il apporte l'acte promis.

Cela tenait du miracle.

Le journal *la Presse*, craignant de soulever des inimitiés contre *Judith*, alors à l'étude à la Comédie-Française, n'osa pas insérer les vers de Méry; mais un rédacteur du *Globe* s'empara de cette improvisation merveilleuse, et la publia, le lendemain, comme un avant-goût de l'œuvre de M. Ponsard.

Chacun y fut trompé.

Le soir où la pièce fut jouée à l'Odéon, quelqu'un aborda Charles Nodier et lui dit :

— Comment trouvez-vous cela, maître?

— Pas trop mal, répondit Nodier. Seulement, on a coupé ce qu'il y avait de mieux.

— Quoi donc?

— Ce qui a paru dans le *Globe*, il y a huit jours.

Nos lecteurs peuvent étudier les pièces du procès, mettre en regard les deux actes et se convaincre que celui de Méry est infiniment supérieur à l'autre.

Du reste, ici, le jugement de Nodier a force de loi.

Les amis de Méry s'amusèrent souvent à lui faire subir de semblables épreuves:

« Mon cher maître, lui écrivit un jour Constantin Joly, mademoiselle X...., notre illustre diva, professe, en matière culinaire, les hérésies les plus condamnables; elle défend à son cuisinier le gigot à l'ail; mais elle adore vos vers, et j'ai fait le pari que vous m'enverriez, courrier par courrier, quelques strophes capables de la convertir. »

Méry était à Marseille, il répondit :

> Je le sais, l'ail, enfant des Bastides voisines,
> N'est pas en bonne odeur dans vos fades cuisines,
> Même au Palais-Royal, tout encadré d'arceaux.
> Jamais l'ail n'embauma de ses gousses chéries
> Dans leur beau restaurant, ouvert aux galeries,
>   La trinité des Provençaux.
>
> Vous ne savez donc pas que cette plante est bonne
> Entre toutes? Tissot, professeur en Sorbonne,
> Ne vous a pas vanté cet admirable don,
> Lorsque, des vieux Romains disant la grande chère,
> Bucoliques aux doigts, il vous explique en chaire
>   Les vers du *Pastor Corydon?*
>
> Virgile, homme de goût, a vanté son arome
> Dans des vers applaudis par les dames de Rome ;
> Et, quand il allait voir Auguste au Palatin,
> Tythyllis apprêtait l'ail, en gardant ses chèvres,
> Et le poëte, en cour, exhalait de ses lèvres
>   Le vrai parfum du vers latin.
>
> Tout ce qui porte un nom dans les livres antiques,
> Depuis David, ce roi qui faisait des cantiques,
> Jusqu'à Napoléon, l'empereur du Midi,
> Tout a dévoré l'ail, cette plante magique,
> Qui met la flamme au cœur du héros léthargique,
>   Quand le froid le tient engourdi.
>
> . . . .
> . . . .
>
> Et toi, cher Constantin, dont l'amitié m'excite,
> Si je t'écris ici ces quelques vers si vite,
> C'est que l'ail dans Marseille a mis son grand bazar,
> Que je viens d'en manger pour écrire un volume,
> Et qu'au lieu d'encre enfin j'avais pris pour ma plume
>   L'ail de Virgile et de César.

Henry Monnier se trouvait alors à Marseille.

Le crayon de l'artiste rivalisa de promptitude avec la plume du poëte, et, cinquante-deux heures après le départ de sa lettre, Constantin Joly reçut l'*ode à l'ail* illustrée.

Nous aurions cru difficilement nous-même à cette facilité inouïe, si nous n'avions été témoin d'un fait analogue, que Félicien David, notre illustre collaborateur et ami, certifiera, comme nous le certifions.

C'était au commencement de l'été dernier, dans la maison de campagne que Méry habitait à Chatou.

Il s'agissait du cinquième acte d'un grand opéra intitulé *la Fin du Monde*, dont Félicien termine, en ce moment, la gigantesque partition.

Tout à coup, du choc des idées jaillit une situation musicale.

Le jeune compositeur l'approuve, l'œil de Méry étincelle, et, sans plus de retard, là, devant nous, à course de plume, il écrit un morceau de quatre-vingt-dix vers, rhythmé, dialogué, avec l'absence la plus complète de ratures, et qui se nomme le ***Duo du dernier amour***.

C'était surtout chez Victor Hugo, place Royale et, depuis, rue de la Tour-d'Auvergne, qu'avaient lieu les scènes d'improvisation les plus surprenantes.

Jamais un nuage de jalousie ne troubla ces deux grandes amitiés de l'auteur d'*Héva* et de l'auteur de ***Ruy Blas***.

Ils s'aimaient sincèrement comme frères et s'admiraient plus sincèrement encore comme poëtes.

Qui n'a lu, dans les *Voix intérieures*, cette pièce de vers si touchante et si naïve qui a pour titre : *A des oiseaux envolés?* Victor Hugo rappelle ses enfants, qu'il a chassés dans un moment d'humeur, et dont l'absence le chagrine. Il leur dit :

. . . .
Voyons, faisons la paix, je vous prie à mains jointes;
Je vous livrerai tout, vous toucherez à tout!
Vous pourrez sur ma table être assis ou debout;

Je vous laisserai même, et gaîment, et sans crainte,
O prodige! en vos mains tenir ma Bible peinte,
Que vous n'avez touchée encor qu'avec terreur,
Où l'on voit Dieu le père en habit d'empereur.
. . . .
Et puis brûlez les vers dont ma table est semée,
Si vous tenez à voir ce qu'ils font de fumée!
Brûlez ou déchirez! Je serais moins clément,
Si c'était chez Méry, le poëte charmant,
Que Marseille la grecque, heureuse et noble ville,
Blonde fille d'Homère, a fait fils de Virgile.
Je vous dirais : « Enfants! ne touchez que des yeux
A ces vers qui demain s'envoleront aux cieux.
Ces papiers, c'est le nid, retraite caressée,
Où du poëte ailé rampe encor la pensée.
Oh! n'en approchez pas! car les vers nouveau-nés,
Au manuscrit natal encore emprisonnés,
Souffrent entre vos mains innocemment cruelles.
Vous leur blessez le pied, vous leur froissez les ailes;
Et, sans vous en douter, vous leur faites ces maux
Que les petits enfants font aux petits oiseaux. »

A la reprise d'*Hernani* par madame Dorval, Méry écrivit sur ses genoux, au fond de sa loge, un quatrain que nous regrettons de n'avoir pu retrouver.

Victor Hugo le reçut et lui envoya cette réponse :

« 1er Janvier.

« Que vous êtes bon, mon poëte, et que vous êtes heureux! Faire éclore de pareils vers avec quatorze degrés de froid, c'est avoir plus de rayons dans l'âme que le soleil n'en a au ciel. Quel magnifique privilége vous avez là! Ma femme a pleuré, moi j'ai été touché jusqu'au fond du cœur; et puis, le soir, j'ai lu vos vers à dona Sol, toute palpitante de son triomphe, et cette ravissante poésie a trouvé moyen de l'émouvoir encore après les acclamations de toute la salle. C'est que quatre vers de vous, Méry, c'est de la gloire. Madame Dorval a une couronne, vous venez d'y attacher des diamants. — Je vous aime.   VICTOR. »

Pour en finir avec cette prodigieuse facilité de Méry,

qui était l'un des plus grands étonnements de son illustre confrère, nous raconterons une dernière anecdote, que Victor Hugo lui-même a racontée cent fois.

C'était un jeudi de mars. Nos deux poëtes avaient déjeuné ensemble.

En quittant la place Royale, ils rencontrent sur le boulevard Anténor Joly et Ferdinand de Villeneuve.

— Maître, dit Anténor à l'auteur d'*Hernani*, quand donc nous ferez-vous un drame?

— Êtes-vous pressé? demande Victor Hugo.

— Très-pressé.

— Alors, voilà Méry qui vous en fera un, et qui viendra vous le lire chez moi, lundi prochain, à midi.

Le poëte parlait sérieusement.

Son compagnon ne sourcillait pas, bien qu'il n'eût jamais travaillé pour le théâtre : « Mais, pour tout au monde, dit-il lui-même dans une de ses préfaces, je n'aurais voulu faire mentir le grand maître avec lequel je me trouvais. »

Au jour et à l'heure fixés, Méry lut aux futurs directeurs de la Renaissance le drame de *la Bataille de Toulouse*.

Ce drame eut cent représentations. Depuis dix-huit ans, les troupes de province ne cessent de le jouer.

A l'époque où nous sommes, c'est-à-dire de 1842 à 1844, il y eut chez Méry un véritable débordement de sève littéraire.

Héva, la Floride, la Guerre du Nizam, publiées presque sans interruption, ne laissaient plus respirer les abonnés de la *Presse*. Cette trilogie brillante, succédant aux *Mystères d'Udolphe*, à l'*Histoire d'une Colline* et à *la Famille Dherbier*, amena des sacs d'or dans la caisse du journal.

Un incendie vint à éclater dans les bureaux de *la Presse* et réduisit en cendres les quatorze premiers feuilletons de *la Guerre du Nizam*.

Aussitôt les directeurs offrirent cinq mille francs à Méry pour le dédommager de cette perte.

Le poëte refusa et se mit à recommencer son œuvre.

M. Dujarrier, mort depuis si malheureusement dans un duel que la Cour d'assises a qualifié d'assassinat, lui écrivit alors :

« Mon cher Méry,

« Votre lettre me touche vivement ; mais, de votre part, les sentiments qu'elle exprime sont loin de me surprendre. Vous repoussez l'offre de Girardin, soit, puisque vous le voulez ! Mais je fais mes réserves et je ne m'explique pas. J'ai besoin d'un peu de temps.

« Tout à vous de cœur, DUJARRIER. »

Trois mois après, un encrier magnifique, sculpté par nos premiers artistes et représentant les principaux épisodes de *la Guerre du Nizam*, fut envoyé à l'auteur de la triologie indienne, comme témoignage de reconnaissance et d'amitié.

Méry n'a jamais vu l'Inde, et cependant il en a fait une peinture saisissante.

Parfois les poëtes ont d'inexplicables révélations. Le ciel accorde évidemment le don de seconde vue à certaines natures privilégiées.

Les principales œuvres de Méry, outre celles que nous avons déjà citées, sont : *la Ferme de l'Orange*, *Une Conspiration au Louvre*, *la Circé de Paris*, *Une Veuve inconsolable*, *Adrienne Chenevier*, *les Deux Enseignes*, *le Transporté*, *Un Mariage de Paris*, et cette délicieuse nouvelle, *Anglais et Chinois*, qui fit nommer M. Lagrené ambassadeur en Chine, tant sa femme obséda le ministère Guizot pour aller voir un pays dont la description lui avait paru si ravissante.

— C'est à vous que je dois mon ambassade, dit M. Lagrené à Méry. Je désire que vous me fournissiez l'occasion de vous être agréable.

— Eh bien ! répondit le poëte, rapportez-moi une tuile de la tour du temple *Pao-gnen-tsée* (temple de la Reconnaissance) (1).

Deux ans après, Méry reçut une caisse énorme, pleine de chinoiseries, et au centre de laquelle, dans une boîte tout en laque et d'une richesse extrême, se trouvait sur un coussinet de soie parfumé à l'ambre la *tuile* demandée.

Méry a vu la Chine comme il a vu l'Inde, par révélation et sans quitter son cabinet de travail.

Bientôt deux nouveaux romans, *le Paradis natal* et le *Damné de l'Australie*, dignes frères d'*Héva*, nous rendront le lac de Tinnevely, les naucléas, les tulipiers jaunes et le chattiram avec sa colonnade d'érables.

A cette imagination merveilleuse qui le distingue, et à sa verve éternelle, Méry joint des qualités ordinairement incompatibles chez le même homme : il est mathématicien comme Euclide, savant comme Leibnitz, astronome comme Newton, philosophe comme Bayle et Descartes.

Il a battu aux échecs La Bourdonnais.

Pendant son séjour en Angleterre, il y avait derrière lui, dans les salons de l'Amirauté, toute une plébéiade de *comètes* qui le regardaient jouer au whist.

Homme du monde avant tout, jamais il n'a paru dans un cercle sans en chasser l'ennui.

Son existence est un long poëme, semé de péripéties suaves ; un beau ciel, où la femme, radieuse étoile, l'a constamment éclairé de ses rayons.

Il nous sera permis peut-être, un jour, de soulever le voile qui recouvre de doux mystères : nous raconterons alors comment Méry a été l'homme le plus aimé et le plus digne de l'être.

Depuis vingt ans, il a renvoyé sa muse politique

---

(1) Ce monument vient d'être détruit par l'insurrection.

pour ne plus s'occuper que de poésie intime, de poésie de cœur, et pour semer partout, dans les boudoirs, sur les albums, des diamants précieux, qui tous auraient été perdus, si M. Georges Bell, son ami, n'en eût dernièrement rassemblé quelques-uns dans un seul écrin.

Méry n'a pas un ennemi : tous les artistes l'estiment et l'admirent.

Aider, encourager, protéger l'art, tel est constamment le but de sa vie. Rien ne lui coûte, ni les démarches, ni le travail, ni les sacrifices. On l'a vu revenir tout exprès de Florence, au milieu de l'hiver, pour écrire le discours d'inauguration du théâtre de la Renaissance.

> L'art n'a jamais assez de temples dans le monde,
> Il faut tendre la main à la main qui les fonde.

Son discours terminé, Méry se hâta de retourner de l'autre côté des Alpes, car il faisait froid, et, nous avons oublié de le dire, ce fils du Midi grelotte sur nos boulevards en plein soleil d'août.

Mais on n'a jamais vu Méry avoir froid au cœur.

Demandez une de ses mains, il vous tendra les deux.

Pendant nos dernières années de trouble, bien des infortunes ont cherché près de lui refuge et protection. La littérature contemporaine n'oubliera jamais qu'un de nos meilleurs feuilletonistes du lundi, victime d'une accusation mensongère, et menacé de la transportation, dut son salut à l'auteur d'*Héva*.

Bon, sensible, indulgent, Méry a toujours fait l'éloge de ses confrères ; ou, si parfois il lui échappe quelques mots de critique, cette critique est si douce et si spirituelle, que celui qu'elle attaque en rirait le premier.

Nous en citerons un exemple.

Lors des représentations d'*Ulysse*, il vint, douze ou quinze fois de suite, écouter l'œuvre de M. Ponsard.

Nous lui demandâmes, avec Gérard de Nerval, la cause d'une telle excentricité.

— Mon Dieu! nous répondit-il, cette pièce a, d'un bout à l'autre, une absence d'intérêt qui m'amuse!

Deux passions ont dominé toute sa vie : l'amour de l'art et l'amour de la France.

Il a toujours échauffé de son enthousiasme le nouvel athlète de génie qui descendait dans la lice. Courbet, Diaz, Couture et vingt autres peuvent dire qui a, le premier, salué leur gloire.

Quant à l'amour de Méry pour la France, il éclate en vers sublimes toutes les fois que notre honneur national se trouve engagé aux yeux de l'Europe et du monde. C'est alors que le poëte trouve ses plus belles inspirations.

Après le bombardement de Barcelone, il écrivit à M. de Lesseps :

. . . .

Voilà ce qu'on a vu dans l'orageuse ville,
A Barcelone, le feu de la guerre civile,
Volcan humain roulant sur la terre qui bout :
Quand l'ouragan courba la foule consternée,
Souveraine dans vous et dans vous incarnée,
  La France seule était debout!

Debout, quand l'homme expire et que la pierre tombe,
Debout sur la ruine et debout sur la tombe,
Debout, lorsque la mort pleuvait du haut des airs!
Toujours la ville en deuil, sous le drapeau de France,
Reconnaissait en vous l'ange de l'espérance
  Dans une auréole d'éclairs!

Prêtre du temple saint que l'agonie implore,
Elevant sur son toit le signe tricolore,
Vous avez abrité sous les nobles couleurs
Ceux qui fermaient déjà leur paupière flétrie;
Sans demander leur nom, leur culte, leur patrie,
  Vous n'avez vu que les malheurs!

Méry chante sous l'impression d'un événement, comme chantaient autrefois les rapsodes d'Hellénie.

La pièce écrite, quelque journal s'en empare, puis le poëte oublie son œuvre. Moins que personne, il ne pourrait dire aujourd'hui ce que sont devenus les vers qu'il a ainsi écrits par milliers.

Nous n'avons pas essayé de peindre Méry comme auteur dramatique. On le joue tous les soirs, soit à la Comédie-Française, soit à l'Odéon, soit à la Porte-Saint-Martin.

Son théâtre est une image fidèle de sa conversation.

Le feu d'artifice commence aux premiers vers et ne s'éteint qu'à la chute du rideau.

Pour terminer cette biographie, que sans doute il nous sera donné de rendre plus complète un jour, nous citerons un extrait des *Mémoires* de M. Alexandre Dumas.

« Méry, dit-il, sait tout, ou à peu près tout ce qu'on peut savoir : il connaît la Grèce comme Platon, Rome comme Vitruve ; il parle latin comme Cicéron, italien comme Dante, anglais comme lord Palmerston.

« L'homme le plus spirituel a ses bons et ses mauvais jours, ses lourdeurs et ses allégements de cerveau. Voulez-vous que Méry parle? approchez la flamme de la mèche et mettez le feu à Méry. Méry partira. Laissez-le aller, ne l'arrêtez plus, et que la conversation soit à la morale, à la littérature, à la politique, aux voyages; qu'il soit question de Socrate ou de M. Cousin, d'Homère ou de M. Viennet, d'Hérodote ou de M. Cottu, vous aurez la plus merveilleuse improvisation que vous ayez jamais entendue.

« Il est savant comme l'était Nodier; il est poëte comme nous tous ensemble; il est paresseux comme Figaro, et spirituel... comme Méry. »

Eugène de MIRECOURT.

LE BONNET VERT.

LE BONNET VERT

COURTE PRÉFACE.

Voici mon premier livre de prose ; je l'ai écrit dans un âge où l'on ne fait que des vers, quand on sait aligner un alexandrin.

J'ai gardé ce livre en manuscrit jusqu'en 1829 ; je n'osais le publier, me méfiant beaucoup d'une prose faite à l'âge de vingt ans, lorsqu'un éditeur, rencontré par hasard, me demanda le manuscrit, non pour l'acheter, mais pour le lire : il le lut et l'acheta.

La première édition parut en 1830, et plusieurs éditions successives donnèrent à ce livre l'apparence d'un succès.

J'aurais dû être encouragé à me lancer dans la carrière du roman ; mais les vers triomphaient de la prose : il a fallu l'explosion littéraire de 1836 pour me ramener à un genre qui est dans ma prédilection ; le roman, c'est le drame en vingt actes, il n'a pas besoin des mensonges conventionnels des théâtres de carton ; le roman a le soleil pour centre, les étoiles pour rampe, la nature pour coulisses, le monde pour acteur.

Le poëte n'est à son aise que dans le roman ; il se met sur le lit de Procuste, lorsqu'il arrive devant le trou du souffleur dramatique et sous un lustre de gaz.

AVERTISSEMENT DE L'ÉDITEUR.

Les lecteurs habituels des causes criminelles se souviennent sans doute de cet infortuné jeune homme qui fut condamné aux travaux forcés à perpétuité, pour avoir assassiné une jeune femme qu'il aimait éperdument. Quelques circonstances particulières concoururent à jeter sur l'assassin cet intérêt qu'on refuse ordinairement au crime : il avait vingt-cinq ans, une figure belle et douce, des goûts d'artiste et de poëte, beaucoup d'exaltation de tête, de vivacité de cœur, de chaleur d'âme, avec un penchant prononcé pour la vie de repos et d'isolement, ce qu'il est facile d'expliquer. Il était né riche; il avait passé ses premières années de jeunesse en Italie, peignant le paysage et nouant des intrigues amoureuses plutôt par imitation que par goût. Las de courir, il se retira dans sa terre de Bourgogne avec le projet d'échapper aux passions qui le tourmentaient, par quelque mariage de convenance et la douce monotonie des habitudes de campagne. Il se fit un atelier et une bibliothèque, et s'abstint de toutes relations de voisinage ; sa mère, un vieux domestique et quelques fermiers étaient ses seuls compagnons. Il semblait qu'un secret pressentiment lui révélait un horrible avenir, auquel il s'efforçait d'échapper en donnant le change à ses passions par des travaux d'artiste, et en s'isolant d'une société qu'il redoutait vaguement.

Comme il s'affermissait dans ses résolutions de prudence, il s'éprit d'une vive passion pour une jeune orpheline qui habitait une maison voisine de la sienne. Sa passion ne fut point partagée. On répondit à un amour désordonné par une coquetterie d'enfant ; la jalousie arriva, terrible comme dans toutes les âmes orageuses ; au retour de la chasse, l'infortuné jeune homme surprit celle qu'il aimait assise sous un arbre auprès d'un rival ; sa raison s'égara, il fit feu... Camille C***, c'était le nom de la demoiselle, tomba baignée dans son sang. L'assassin fut arrêté à l'instant même par des paysans et conduit dans la prison du village voisin.

Camille survécut à sa blessure, et, par une de ces bizarreries inexplicables de jeune femme, elle devint amoureuse de son assassin. Il était trop tard.

Le condamné fut envoyé au bagne de Toulon.

L'éditeur de ce livre a connu le malheureux Gustave, il l'a souvent visité sur le bagne flottant, il a reçu ses épanchements et ses confidences, il a pleuré avec lui. Jamais assassin n'inspira plus d'intérêt et moins d'horreur. Dans les premiers mois de sa dure captivité il avait appelé la philosophie à son secours, puis la résignation apathique, puis les idées religieuses, avec cette mobilité de caractère commune aux imaginations vives ; enfin ne trouvant de consolation nulle part, il s'était arrêté au suicide, remède unique dans le malheur consommé. Un seul lien l'attachait encore

Sa main s'égara, il fit feu.....

à la vie; sa vieille mère : elle morte, il s'était imposé la loi de mourir.

Le lecteur doit être peu soucieux de savoir si les pages suivantes ont été d'un bout à l'autre écrites par ce malheureux, ou si elles ne sont que l'écho de ses pensées recueillies et publiées par un ami ou un confident. On peut affirmer seulement que le caractère de Gustave y revit tout entier, avec ses continuelles oscillations, ses incertitudes, ses passions d'artiste, ses retours aux idées pieuses, ses consolations d'enfant, son horreur de la mort, sa haine pour la société.

La partie descriptive tient quelque place dans ce livre; elle est assez exacte, elle a été écrite sur les lieux. Notre Provence est une galerie de paysages où le copiste n'a que l'embarras du choix; les poëtes et les romanciers y afflueront un jour.

En somme, l'auteur du *Bonnet vert* a plutôt brigué l'honneur de faire une bonne œuvre qu'un bon livre ; si le sort de quelques malheureux lui doit une amélioration, il sera payé de son travail.

LE BONNET VERT.

L'ARRIVÉE.

> Voilà Udolphe !
> RADCLIFF.

C'est le vingtième jour du voyage : cinq heures sonnaient au clocher de la petite ville d'Ollioules quand l'ordre de marche nous est arrivé ; je marchais le premier en tête de notre hideuse caravane ; un beau soleil d'avril se levait derrière un amas de montagnes grises et décharnées : parvenu au sommet d'une côte douce, j'ai été soudainement arraché à mes poignantes sensations par un spectacle qui doit être bien doux aux yeux de l'homme libre.

Une plaine immense, toute verte de pins et d'oliviers, clair-semée de blanches maisons, se déroulait jusqu'à la mer : la mer ! elle était bleue et calme, calme comme le ravissant tableau qui me riait de toutes parts : nul souffle dans l'air ; une lumière transparente ; une harmonie de chants aériens, mariée au tintement vaporeux des cloches, aux aboiements des chiens de ferme, aux roulements confus d'un tambour lointain. Il y avait en face de moi un brouillard léger qui découvrait, en s'élevant, des lignes blanches de fortification sur le flanc des rochers : de ce côté, la mer était resserrée comme un bassin par des collines circulaires ; je montrai ce point de vue, avec un mouvement de tête interrogatif, au gendarme qui chevauchait derrière moi. « Ça ! me dit-il avec un sourire fade, c'est Toulon. »

Toulon ! ma vie future était dans ce mot : quoi ! déjà arrivé ! déjà au terme ! j'étais presque heureux en route : ma santé, délabrée par tant de tracasseries judiciaires, se rétablissait dans ce voyage de printemps ; à mesure que je m'éloignais de D***, l'horreur de mon histoire s'effaçait dans mon souvenir ; une chaîne de moins, et j'étais un voyageur amoureux de paysage et de soleil, un de ces philosophes piétons, comme on en rencontre en traversant la Provence ou le comtat Vénaissin ; j'avais encore ma vie de vingt ans, libre, riche, aventureuse, telle que j'en usai en Italie avec mes amours et mes pinceaux. Le mot du gendarme avait couvert d'un crêpe ces ravissantes créations.

Oh ! pourquoi pas à Brest ou à Rochefort ! là, les bagnes sont en harmonie avec le ciel grisâtre du nord, avec les pâles falaises, avec le brumeux Océan ! mais traîner la vie ferrée du galérien ici, parmi les orangers en fleurs, à l'ombre de ces collines parfumées de pins, sous un soleil si gai ! c'est une horrible dérision de la justice ; c'est extraire du Code un luxe de peine qui ne s'y trouve pas !

Je me souviens d'avoir vu, à l'extrémité de la galerie du Louvre, un tableau de Salvator Rosa représentant un choc de cavalerie. Jamais la rage de la destruction n'a été peinte plus en relief que dans ce tableau ; de tous ces terribles cavaliers qui se chargent à coups de sabre, pas un ne doit survivre. Aussi quelle haute pensée domine cette composition ! Salvator Rosa n'a pas semé des fleurs sous les pieds de ces hommes de sang; un riant soleil ne luit pas sur leurs têtes; là rien de ce qui pourrait les réconcilier avec la vie; c'est une mer houleuse, un ciel plat et orageux, une plaine désolée, un portique en ruine, un horizon montagneux, âpre, déchiré, sans ombre de végétation; et le spectateur qui les regarde se battre se dit : ils font bien d'échapper par la guerre à l'ennui; voilà les jeux qui conviennent à ces hommes et à ce ciel; les plus heureux sont ceux qui tombent; car que faire de la vie au milieu de cette nature en deuil?

Je conseille à ceux qui font des lois et nous condamnent à la vie de méditer ce tableau de Salvator Rosa; c'est le premier à droite que rencontre le roi, quand il sort de son palais par la porte du fond.

Au reste, ceci n'est que pure affaire d'imagination; je suis le seul de la bande, sans doute, à regretter Brest ou Rochefort; et mon camarade, là, qui marche avec mon pied, chante de plaisir devant les oliviers et la mer. Le misérable!

Ce climat est conservateur : j'ai vu près d'Ollioules des ruines parfaitement belles; c'est la teinte du Colisée romain. L'homme y vit longuement aussi; dans le bagne il doit y avoir des galériens à cheveux blancs : hommes sans imagination, sans poésie de tête ou de cœur, qui ont eu, dans leur jeunesse, tout juste assez d'énergie pour commettre un crime, et qui, après, se sont résignés à vieillir avec des fèves et des coups de bâton, comme s'il leur eût été plus difficile de sauter, les bras croisés, dans les flots, un jour de tempête et d'hiver.

J'ai vu bien des dames sur les terrasses italiennes et dans les kiosques qui bordent le chemin routier de Toulon; cette vue m'a fait mal : j'ai senti les veines de ma gorge se gonfler comme le jour où j'entendis ces mots... Gustave Dev***, homicide... sans préméditation... oui... travaux forcés à perpétuité.

Est-ce que j'aurais des remords? des remords? pas même des regrets : que la chose soit à faire encore et je la fais; mais cette fois je ne subirai ni jury questionneur, ni avocat général verbeux, ni témoins de village, ni bourreau, ni carcan; je serai tout cela contre moi-même... ce n'est que différé.

Il était huit heures quand nous sommes arrivés sous les murs de Toulon : pendant les cinq minutes de halte, je me suis mis à considérer avec attention les portes et les fossés. Cela peut m'être utile un jour. En entrant dans la ville j'ai pris un point de reconnaissance, c'est une fontaine à conque, surmontée d'un groupe d'enfants.

LE BAGNE FLOTTANT.

> Un enfer avec une lueur d'espoir.
> (*Ortis.*)

S'il est un jour que je voudrais rayer dans mes souvenirs, c'est celui où j'ai revêtu la livrée du *bonnet vert*. Heureusement j'ai perdu mon nom ce jour-là; je suis maintenant le n° 7 : c'est bien fait de matérialiser ainsi un forçat; on pourrait avoir quelque pitié pour un homme portant nom de saint ou de maison; mais on n'est tenu à rien envers une chose ; on peut, sans scrupule, torturer un n° 7.

Un forçat comme moi est ici un être d'exception; je porte la livrée du bagne, camisole rouge, pantalon grossier de toile, et bonnet vert; mais aux simulacres d'égards dont je suis entouré, on voit que mon histoire m'a précédé et que je suis regardé comme un honnête criminel de bonne maison; et voilà ce qui me tue! Je suis tenté de présenter un placet à l'intendant, pour obtenir la faveur de me mêler à la foule ignoble qui bâtit, rame et scie dans l'arsenal : la dureté du travail tue la réflexion. A quoi penserais-je si j'étais là-bas mêlé à ces rouges travailleurs qui élèvent un cylindre de fer et le laissent tomber sur des pilotis? je ferais sans doute des raisonnements sur le mécanisme ingénieux de cette machine; je me piquerais d'émulation peut-être, afin que l'argousin dît de moi : Bravo, le n° 7! il est plus fort que le blondin!

Tandis qu'ici l'isolement m'expose comme une bête fauve aux avides regards des curieux qui ont suivi mon affaire dans la Gazette, et m'ont pris pour but de leur promenade après déjeûner. Il est vrai qu'il n'y a jamais dans leurs yeux l'expression de l'horreur; c'est toujours une compassion tendre, chez les femmes surtout; un jeune homme assassin par excès d'amour et de jalousie n'est qu'intéressant; un jury de femmes et j'étais sauvé.

Admirez comme la société est faite! Je vois un galérien, mon égal d'âge et de crime, qui scie une pierre énorme sur le chantier, et qui se fond en sueur : il lui a manqué des protections pour être ici avec moi, le coude appuyé sur la fenêtre d'une cabine, et noircissant du papier par désœuvrement. Il faut être protégé aux galères. J'ai pour voisin le maire de C***, qui a le bonheur aussi d'être protégé. C'est un homme de cinquante ans, fort vert encore, et d'une physionomie noble et honnête : il a sa chambre comme chez lui, un lit de sangle, une petite cuisine portative, et un atelier de tourneur. Quand il est las de tourner et de polir, il forme des recours en grâce et fait des pétitions au garde des sceaux; ma foi, c'est une vie comme une autre. Jamais le moindre signe d'impatience ou de remords ne contracte sa calme et fraîche figure : on l'a condamné à mort, puis à vie par commutation, pour avoir brûlé les pieds de sa femme ; mais lui ne le croit pas, et rien dans ses formes si décentes ne décèle l'assassin. Avec son organisation froide et compassée, il soigne sa vie en épicurien, pour la faire durer longtemps.

J'ai un autre voisin. C'est un horloger sans doute, et passionné pour son état. Il s'est établi sur le pont du bagne flottant, comme il aurait pu le faire sur le boulevard de Bondy, avec ses pinces, ses lentilles convexes, et sa triple rangée de montres fixées à des clous. Il n'est pas de penseur allemand plus courbé dans ses méditations que mon pauvre horloger ; pour lui, les heures passent sans qu'il s'en doute ; son appétit sonne son dîner. Repu, il accroche le miscroscope à ses dents et continue sa journée : je pense qu'on l'étonnerait fort en lui apprenant qu'il est forçat au bagne de Toulon.

Ce sont les deux seuls compagnons avec lesquels je puisse me mettre en rapport. Mais l'un est muet dans son atelier d'horlogerie, et l'autre a fini par me dégoûter de ses entretiens, à force de me prouver son innocence et de me lire ses pétitions. Je veux imiter l'horloger ; celui-là a compris la vie de galérien : un travail opiniâtre et muet, coupé de repas et de sommeil. — Oui, imite l'horloger, toi qui vivais d'indolence, de chasse, de promenades et de bal : ta nouvelle vie, va la chercher sous la quille du bagne, il y a trente pieds d'eau salée, et le fond est vaseux comme un étang. — C'est bien !

Il est de ces petites circonstances qu'on grave dans la mémoire, comme si un vague pressentiment nous disait qu'elles nous seraient utiles un jour. C'était dans mon âge d'or ; je sortais de chez Véfour, et j'allais monter en cabriolet, aux pavillons, pour me rendre à l'Opéra ; la soirée était piquante, et la pluie tombait en aiguilles glacées : un misérable, vêtu de lambeaux noirs, pâle de faim et de froid, m'appelle par mon nom, et me demande dix sous pour manger. Dans sa reconnaissance, il se précipita à genoux sur le pavé humide, et je l'entendis qui disait : « Si la Seine n'eût pas été si froide, je m'y serais jeté ce soir. »

Il avait raison ! le suicide par eau n'est bon qu'en été : par une nuit d'hiver on serait tenté de ressaisir l'existence aux premières étreintes d'une onde glacée, et ce pas rétrograde est une lâcheté. Mais aujourd'hui, par exemple, au tomber du soleil, dans cette mer tiède ! c'est comme un bain délicieux après un brûlant midi ; chaque degré de l'agonie rafraîchit le sang, et le râle de la mort est une pâmoison de volupté !

N'attendons pas l'hiver !

CONSOLATION D'ARTISTE.

> Il n'est rien de plus beau ni de plus grand au monde.
> VICTOR HUGO. (*Les Orientales.*)

Un poëte étranger a dit : Quand, après bien des soupirs, on a vaincu la pudeur d'une amante adorée, on s'étonne que la récompense de tant de sacrifices soit de si peu de valeur.

J'ajouterai qu'il en est des grands malheurs en perspective, comme des extrêmes plaisirs ; au moment de la jouissance ou de la douleur, on se dit dans un *à part* philosophique : Comment ! ce n'est que cela !!!

De loin, je me représentais le bagne comme un vaste enclos à murailles hautes et noires ; par intervalles, des bassins d'eau stagnante et bourbeuse ; une espèce de Tartare sous le soleil ; des coups de fouet, des roues à tourner, des rocs à déplacer ; point de repos ni de sommeil : au repas, des fèves bouillies et de l'eau. Il y a bien un peu de tout cela ; mais que de récréations pour l'âme et les yeux ! Si je parvenais à secouer cette idée de femme et de liberté qui s'incruste dans mon cerveau, je pourrais passer ici des jours d'extase dans une perpétuelle contemplation ; car il n'est pas en autre lieu du monde spectacle plus merveilleux, tableau plus ravissant des œuvres de l'homme mêlées aux créations de Dieu.

Cet arsenal, ma prison, est une merveille qui change d'aspect à tout instant ; mes yeux s'y replongent sans cesse avec une ardeur jamais assouvie de curiosité. Je ne puis me lasser de contempler ces vastes palais qui sont des magasins et des corderies, avec leurs arches colossales, leurs galeries sans fin, leur architecture de diamant ; et ces cales couvertes, ces dômes aériens qui protégent les vaisseaux au chantier ; et ces bassins à larges écluses, ces forges, ces ateliers, ces fonderies, ces canaux, ces salles d'armes, ces parcs d'artillerie, toute cette immense surface d'eau, de bois, de dalles, de fer, où s'agitent dix mille travailleurs rouges, qui élèvent des merveilles à leur insu, comme les juifs esclaves bâtissaient les pyramides ou l'amphithéâtre de Titus. Autre face du tableau. C'est le port, c'est la rade avec ses vaisseaux de ligne à l'ancre, avec ses canots sveltes et légers qui volent à douze rames ; c'est l'amiral qui rentre, voiles ferlées, et battant pavillon à misène ; c'est le spectacle changeant de cette mer, qui commence à mes pieds et que je vois fuir à l'horizon entre la *Grosse-Tour* et le tombeau de Latouche-Tréville ; mer qui emprunte ses couleurs au ciel et aux nuages ; tantôt verte, calme et transparente ; tantôt bleue, ayant à chaque flot des paillettes de soleil ; puis, tourmentée dans le lointain par le vent du nord, roulant des vagues blanches et silencieuses sur un fond sombre, comme une immense rivière qui charrie des glaçons : pour cadre à tout cela, vingt collines, vingt Pausilippes qui descendent à la mer, toutes étagées de sycomores et de pins. Saint-Mandrier, qui jette sur le rivage sa blanche rotonde à colonnades, comme un temple de Sunium; les ruines jaunâtres du Petit-Gibraltar, où Bonaparte se révéla dans une nuit de tempête et d'assaut; le fort Faron, incrusté comme un nid d'aigle sur le flanc d'une montagne; au bas, la ville, avec sa ceinture de remparts à facettes et de peupliers italiens; puis, les vignobles en amphithéâtre, comme à la Côte-d'Or; enfin, le fort Lamalgue étoilé par Vauban, avec ses angles opposés aux angles, braqués sur la ville, et, selon la chance du siége, prêt à la défendre ou à l'écraser. Cette contemplation fatigue les yeux; il y a là trop de choses pour un faible regard d'homme, trop de sensations et d'idées pour le cœur. Ce n'est pas Naples, ce n'est pas Constantinople, c'est une ville de France sous le ciel du Bosphore ou de Pæstum; c'est un peuple libre qui assiste à cette fête, sans fièvre jaune, sans pacha, sans Ferdinand. Et il y a, pour l'homme heureux qui se baigne sur ce sable tiède, qui respire dans ces *villa* et sous ces bois de pins, il y a ce raffinement de jouissance qu'on recherche sans l'avouer, cette pensée qui sourit douce et presque criminelle, que Lucrèce a traduite le premier en langage humain... Aussi, pourquoi tant de bonheur d'existence aux portes d'un enfer de galérien?

Suave...
È terrâ... alterius spectare laborem!

Malédiction! ce vers de Lucrèce, il faut, moi, que je me l'applique à rebours! Qu'il est cruel de contempler des galères la suave oisiveté des hommes heureux ! Oh ! bien cruel, surtout le dimanche, quand une brise chargée d'un parfum connu, un air d'église dans le lointain, un son vague de cloche, un chant d'oiseau, réveille en moi subitement d'inexplicables sensations de souvenir... Douce vie de château, à deux heures, sous les marronniers de l'avenue, quand les épis frissonnants s'arrondissaient en vagues jaunes, sous les derniers souffles d'été, et qu'il m'arrivait, à travers le bruissement des feuilles, un accord velouté de voix et de piano, un rire éclatant de jeune femme, un doux refrain de romance, chanté dans le salon, le frais salon, dont les persiennes volantes laissent entrevoir un vaporeux nuage de robes, de frais visages, de blonds cheveux... Oh ! je veux sortir de ce bagne ; je suis jeune, riche et fort... Que demande ce hideux brigand ?... C'est le garde-chiourme qui vient sonder mes fers : quel réveil !!!

FOLIES.

Oh ! oui, quelle belle position que la mienne, pour me donner du calme et du plaisir avec des points de vue ; pour étouffer la voix du dedans par la contemplation des objets extérieurs ! Et, en supposant même que je puisse, avec tous ces hochets, faire diversion à ma vie, ce ne serait que pour un temps limité, pour cinq, dix ans, si l'on veut ; mais après, quand tous ces tableaux se seront identifiés avec moi-même, à force d'habitude et de familiarité, quand je serai blasé sur cette nature qui ne m'appartient pas, et qu'il ne restera plus autour de moi que ce cliquetis d'anneaux, cette odeur grasse de chaudière, ce plancher de goudron, ces vieux porte-haubans d'un ponton qui fut vaisseau, alors il faudra bien un dénouement à mon histoire, un final à ce monologue de forçat désœuvré. Eh bien! c'est à la première idée de destruction qu'il faudra revenir : oui, mais donner gain de cause aux hommes, mourir sans avoir été connu, faire dire aux gens de la ville : Il s'est noyé, bien! c'est un scélérat de moins... Voyez donc le malheur! quelle velléité de respect humain m'a traversé le cerveau! les hommes! c'est bien la peine de se soucier de leur jugement! Vaut-il mieux les voir venir en visiteurs curieux sur mon bagne, étalant devant moi leurs habits bleus, en affectant des airs de vertu et de liberté; comme ce gros monsieur qui vient de sortir, en disant à sa femme d'une voix haute : « Ma bonne amie, onze heures « sonnent à l'Arsenal; on nous attend à déjeuner à la « Croix-de-Malte, hâtons-nous? »

Quelle pitié! il y a là-dessous une cruauté stupide, une fanfaronnade de bonheur qui est bien de l'homme, tel que sa bile et ses humeurs l'ont fait! Ces bonnes gens s'imaginent être irréprochables devant la loi, parce qu'ils ont la cheville libre. Oh! que je voudrais connaître la biographie secrète de tous ces honnêtes visiteurs, de ces jurés qui nous jugent, de ces conseillers qui nous semoncent! Que je voudrais voir clair dans leurs nuits et déchirer les rideaux de leurs alcôves. Parmi tant d'hommes libres, combien ont mis en émission de fausses pièces de six francs après les avoir reconnues fausses! que de testaments soustraits par fraude! que de maladies infusées dans les oncles riches et vivaces, de ces maladies qu'on nomme gastrites, inflammations d'entrailles, dissolutions, et qui pourtant déconcertent les médecins! C'est bien le cas d'appliquer au bagne ce qu'on a dit des hospices des aliénés : Le bagne est un lieu où l'on renferme des scélérats, pour montrer que ceux du dehors sont d'honnêtes gens; et nous avons des savants à statistique, qui, fin décembre, publient des rapports avec additions et accolades, et nous donnent juste le nombre des criminels de l'année, à peu près comme les anciens astronomes, qui comptaient mille et vingt-deux étoiles dans le ciel, ni plus ni moins. Les télescopes n'étaient pas connus : la voie lactée n'était alors qu'une bande blanche. Que de procureurs du roi dans ces astronomes! que de voies lactées dans le domaine du crime!.. Plus j'y pense avec ma raison bonne et forte, plus je reconnais que je vaux mieux, je ne dis pas que mes collègues du bagne, c'est hors de comparaison, mais que tous ceux qui viennent m'y voir. Si le jour où j'ai commis ce qu'ils appellent mon crime, la pluie fût tombée après le lever du soleil, j'étais sauvé. Car les causes qui ont déterminé mon action ne se seraient pas reproduites une autre fois, avec tous les accessoires, si bien arrangés par la fortune quand elle veut faire un malheureux. Il fallait que je fusse là, sous le petit bois, mon fusil chargé, contrarié par une nuit pluvieuse, et qu'au lieu de m'arrêter à la ferme pour jouer avec les petits enfants, selon mon usage, je sois descendu dans le vallon de la Source, où Camille était riante avec... Ah! malédiction!

Oh! que ne suis-je né avec un tempérament lymphatique, sang épais et cerveau froid! comme tant de ces mortels qu'on appelle d'honnêtes gens, et qui seraient bien embarrassés d'être le contraire. Au lieu de morceler mon patrimoine en libertines folies de voyages et d'amours, j'aurais pris la vie au sérieux; j'aurais fondé à Troyes en Champagne une bonne manufacture de bas, avec comptoir et commis. A trente ans, j'aurais demandé en mariage cinquante mille francs de dot incarnés, qui seraient entrés dans mon commerce. Un jour d'hyménée bien calme, bien ordonnancé selon l'étiquette, avec épithalame, conseil de matrones, propos grivois, bons mots de gens d'esprit conviés. A dater de ce beau soir, j'aurais fait une publication périodique d'enfants, jusqu'à extinction de fécondité ; pour désastre dans ma vie, jours de vaccine, croup, rhumes d'hiver, retard du courrier de Lyon ; pour joies, première communion d'enfant, prix de thème, certificats honorables du professeur ; et puis, une vieillesse verte et fraîche, avec du bon vin, du feu et du soleil ; et la douce mort après, suivie du tombeau de marbre et de l'épitaphe en latin..

Mais il a fallu vivre avec un sang de feu !

LE MASSACRE.

> Les misérables ! joue, feu !
> (*Extrait du procès-verbal.*)

Horreur ! jour de sang ! ôtez de mes yeux cet abattoir d'hommes ! que je n'entende plus les éclats de la fusillade mêlés aux cris rauques des démons !

Adieu, poétiques images de la veille ! ciel italien ! belle mer ! un voile de sang couvre ces ravissantes créations. Enfin, il faut mourir ! mourir ou s'échapper, ou ressaisir la vie de l'homme ! Vivrais-je mille ans ici, toujours je verrais là-bas, de l'autre côté du port, au chantier de bois, ces misérables follement insurgés tomber sous les balles comme des chevreuils. C'est une nécessité, disent les hommes raisonnables : à la bonne heure ; mais arrachons-nous d'un repaire où l'on voit de telles nécessités... Et demain ? bien pis, demain ! là, sur cette esplanade, on dressera l'échafaud du bagne ; quatre têtes tomberont ; et nous sommes tous conviés à cette fête ! C'est le spectacle gratuit des galériens ! c'est l'heureuse diverson à leurs travaux ! Aussi, tous sautent de joie en y songeant, y compris les quatre condamnés, dont l'horible bonheur est un objet d'envie pour leurs compagnons !

Et, en ce moment, il y a des hommes heureux qui se promènent dans ces bois de pins ; il y a des bals d'été sur les terrasses de marbre ; des concerts de douce harmonie sur les canots en rade ; le soleil sourit en se couchant à tant de joyeuses scènes !.. 24 juin ! jour sans nuit, car le crépuscule du soir ne s'éteint qu'à l'aurore. Quel contraste ! c'est le Frascati de Michalon, à côté des cadavres de Géricault ; c'est la pythonisse de Salvator Rosa, dans une teinte infernale, auprès d'une marine de Claude Lorrain, avec ses oscillantes gondoles, ses colonnades, ses escaliers de granit illuminés par le soleil couchant.

Pourquoi sur cette plage de désolation, dans cette soirée de sang, une frénésie d'amour m'embrase-t-elle ? qui m'expliquera ces mystérieux rapports ! O Camille ! là-bas, sous les orangers, enivrés de parfums et d'harmonie, avec ta rose et fraîche figure, tes blonds cheveux, tout ton corps de femme si délicieux à voir, un instant seulement, et je reviens à mon banc de galérien, et je me tue avec la baïonnette du garde, et je meurs tout frissonnant encore de ta chair et de tes baisers !

L'EXÉCUTION.

C'était une fête d'espèce nouvelle ; tous les travaux ont été suspendus ; partout régnait la joie, car ici le repos est du bonheur ; une heure d'indolente distraction, au mois de juin, est un baume dans le poumon. Quel est le but de ce répit? N'importe, on le savoure et on s'inquiète peu du reste. Je les ai tous vus aujourd'hui défilant par liasses, comme une armée d'enfer. Que de cheveux rouges et blonds! que de figures sèches et pâles! que d'yeux d'un bleu terne! c'est, dans tous les rangs, presque la même organisation : point de tempéraments lymphatiques; point de ces faces reposées, comme en ont, dans les villes, les gens de bien, c'est-à-dire ceux qui ne commettent pas de crimes publics. Cela donne à penser!

Une exécution dans les villes attire toujours la foule; mais c'est la foule triste et sombre; une inexplicable et ardente curiosité la pousse autour d'un échafaud, comme devant une tragédie, où l'émotion est complète, parce que les acteurs y répandent le sang de leurs propres veines, et que dans la coulisse ils ne se relèvent plus vivants. Ici, au bagne, on force les spectateurs à être curieux; on les convoque par chiourme; on leur fait un devoir d'être attentifs. Toujours pour l'exemple; c'est la pensée des moralistes : bien imaginé! Voilà six mille hommes qui n'ont plus rien à perdre dans la vie; il ne leur reste plus qu'une chance de faveur, la mort : jugez quelle sévère leçon doit être pour eux le supplice libérateur de leurs compagnons!

Aussi, voyez-les se ruer par groupes, avec des rires et des convulsions de gaieté cynique; entendez ces cris d'argot, ces refrains, ces noms, ces appellations mêlées de fange et de luxure; c'est à faire blanchir les cheveux! Les misérables ont avili jusqu'à l'amitié! On leur a dit : Vous êtes flétris à tout jamais, tant que l'épiderme sera collé à vos os! et ils n'ont pas voulu donner démenti à la justice; ils ont renchéri sur ses rigueurs, en flétrissant leurs âmes; d'abord quelques scrupules, quelques souvenirs de religion ou de morale, les ont retenus; puis l'entraînement de l'exemple et les moqueries des anciens les ont précipités. A les voir surgir en bandes derrière leurs écluses et le long des canaux; à leurs figures luisantes, à leurs regards de satyres, à leurs chants de crapuleuse orgie, on croirait voir le peuple de Gomorrhe ressusciter sur son lac maudit. C'est bien fait; corrigez ces âmes tièdes, admirables législateurs! Voilà l'échafaud : les quatre condamnés arrivent en riant, leur fortune est faite ; demain le bâton du garde-chiourme ne les réveillera pas. Il prodiguent d'horribles adieux à leurs compagnons, qui leur répondent en termes dignes de tous. « Voyons donc, s'écrie l'un des quatre, qu'on me coupe la tête! Le bourreau n'est pas là : c'est égal, je me la couperai, moi; ça me fera plaisir. » Et le grave gendarme lui montre avec la pointe de son sabre le cadran de l'horloge. Il paraît que l'heure fixée n'a pas sonné; les règlements avant tout; cette ponctualité fait honneur à l'administration.

Six milles figures hideuses sont tournées vers la tour de l'horloge; on entend ce cri des gardes-chiourmes dans les rangs : *A genoux!* Tous les galériens obéissent nonchalamment, et rient de leur étrange position; l'heure sonne aux battements de mains des condamnés; le cri sourd de l'impatience satisfaite domine la foule; un bourreau de bagne monte sur son établi et travaille quatre fois. Que la société dorme tranquille, et le bagne aussi, l'exemple est donné.

L'HÔPITAL.

Eumenidum thalami.

Le sacrifice des misérables est consommé! Tant d'horribles scènes ont brûlé mon sang; je suis à l'hôpital, au neuvième jour d'une maladie inflammatoire ; le médecin vient de me déclarer hors de danger, c'est consolant.

Il est des gens qui cherchent des émotions dans le Dante ou Shakespeare, et qui frissonnent avec Ugolin et Macbeth ; mais qui ont traversé froidement cet hôpital, curieux, distraits, et surtout grands interrogateurs.

Rien d'aussi affreux au monde !

Une salle étroite et longue, formée de trois nefs : à courts intervalles des pilastres épais, où sont scellées les chaînes qui pressent la cheville du malade. Dès que j'eus repris connaissance, je me levai sur mon séant, et la symétrie des lits, la grandeur du local, la propreté des murailles, me causèrent une sorte de satisfaction ; mais bientôt mes cheveux se hérissèrent d'horreur, quand j'entendis retentir sous les linceuls un long cliquetis de ferrailles, et que moi-même j'agitai mes chaînes dans ma convulsion. Non, le pâle récit, la froide parole, ne peuvent donner une idée de ce spectacle d'agonie, de ces gémissements de malades, de ces râles de mourants, combinés avec les retentissements du fer des galériens. L'éternel anneau ne tombe que devant la civière et le dernier linceul ; il nous étreint de son cercle glacé tant qu'une goutte de sang anime les artères de nos pieds ; et c'est pour voir cette autre page du bagne qu'un médecin m'a guéri ! Qu'il vienne me tâter le pouls, ce n'est pas le bras que je lui donnerai ! Ah ! je ne suis qu'un lâche ! j'ai trop parlé du suicide pour agir ! l'homme de cœur au désespoir ne s'impose point de lendemain. La première fois que je lus la lettre de Saint-Preux sur le suicide, je devinai qu'il ne se tuerait pas. Ses dix pages de commentaires valaient mieux pour le sauver que la réponse de milord Édouard.

C'est cette idée de femme qui me retient encore à la vie par un inexplicable lien.

Et ma mère aussi m'y retient; ma pauvre vieille mère, qui pleure, souffre et prie, et qui a besoin de mes lettres pour vivre. Que la religion la console, car il n'est pas bouche humaine qui puisse adoucir pareille affliction ! A soixante ans, après une vie toute de vertus, elle s'est vue flétrie en son fils ! Un écrivain a dit : « Il est des maux si terribles et si peu mérités, que la constance même du sage en est ébranlée (1). » La constance de ma mère a été plus forte que son malheur : elle n'a pas désespéré de Dieu; mais cette fermeté de l'âme mine le corps et le tue. Pauvre femme ! tu ne verras pas l'hiver, l'hiver et ses douces soirées de causeries et de reversis. Eh bien ! je t'attends; hâte-toi de mourir, ma bonne mère; il ne manquait plus à mon horrible destinée que de faire des vœux pour ta mort !

. . . .
. . . .

Je suis en pleine convalescence.

J'ai pour voisin de lit un jeune homme bien philosophe, car il rit quelquefois ; le rire est effroyable dans un hôpital de galériens. Je l'ai prié de me conter son histoire; mais elle était si longue que j'ai demandé le dénouement : l'extrême malheur n'a pas d'attention soutenue pour les longues histoires. Par un de ces jeux du hasard si communs dans les vies extraordinaires, et que les hommes sensés traitent d'invraisemblances romanesques, ce pauvre jeune homme, défiguré et vieilli par les chagrins, est le même que je rencontrai un jour si misérable à Paris, dans mes jours d'opulence et de bonheur. Je lui ai offert de l'argent qu'il a accepté de verve : son temps expire dans huit jours; mais cette perspective de liberté si prochaine ne lui donne aucune sorte d'émotion. Il s'est façonné

---

(1) Bernardin de Saint-Pierre.

aux habitudes du bagne, et le monde n'a plus rien à lui offrir que la liberté; c'est beaucoup pour l'homme heureux, ou pour l'homme né avec l'organisation du travail; ce n'est rien pour le misérable que la nature a fait indolent, et que le bourreau a flétri. Cette idée de liberté m'a fait faire un retour sur moi, et je me suis dit : Oh! si j'étais libre!.. ô Camille!.. et ma mère!

Et je me suis entretenu toute la nuit avec mon voisin d'amour et de liberté.

. . . .
. . . .
. . . .

LE MONDE VU DU BAGNE.

— Eh! pourquoi ne pourrais-je pas faire ma vie, ici, comme ailleurs!

Ai-je commis un crime qui fait monter la rougeur au front, et qui enfonce au cœur le remords comme un poignard?

Non.

Le monde me plaint et ne me maudit pas.

Pourquoi serais-je plus sévère que le monde envers moi?

On a dit ce vers je ne sais où :

> Le crime fait la honte, et non pas l'échafaud.

Ce vers a été fait pour moi; je me l'applique sur le cœur comme un remède moral.

Je suis donc en position de vivre honorablement.

Je puis marcher la tête haute, et regarder en face

les hommes vertueux qui viennent dans cette ménagerie de chrétiens pour se donner une heure d'émotion.

Il ne tient qu'à moi de me regarder comme un homme libre et de me donner un demi-siècle d'émotions, en contemplant, à mon tour, cette terre, bagne immense, où Dieu, depuis Adam, a condamné l'homme aux travaux forcés !

Ces pauvres hommes ! que je les plains ! avec quelle peine ils font leur vie ! quelle amère sueur coule de leur liberté ! quelle tristesse dans leur joie ! que d'ennuis sur leurs visages ! que de chaînes morales à leurs pieds et à leurs mains !

Leur bagne est assez vaste quand c'est une ville, il est bien étroit quand c'est un hameau.

J'ai vu des paysans, ils se levaient avec l'aube, ils jetaient un regard mélancolique sur une campagne qu'ils devaient arroser de leurs sueurs à défaut de l'eau du ciel, ils laissaient tomber leurs têtes sur leurs poitrines, en songeant à cette brûlante journée de travail qu'ils accomplissent avec le soleil, et qui leur sera payée trente deniers ! ils iront s'asseoir à une table dévastée où rien ne rappelle la nourriture de l'homme si ce n'est un caillou pétri avec du blé noir. Ils entendront pleurer autour d'eux des enfants déjà vieux avant l'adolescence, et qui sont obligés de faire le semblant de vivre, parce qu'une mère les a mis au monde, sans y songer !

J'aime mieux mon sort que le leur.

J'ai vu des riches bourgeois passant la belle saison dans leurs terres.

Ils avaient lié à leurs chevilles des femmes d'une laideur idéale et d'un naturel d'Euménide ; des femmes qu'ils avaient épousées un jour par diversion d'ennui et par amour d'argent ; et au dernier quartier de leur lune de miel, ils s'étaient précipités dans une ornière d'antipathie conjugale qui devait les conduire au tombeau. Chaque matin, ces femmes éternelles annonçaient à leur époux que le jour qui se levait ressemblerait au jour de la veille; que ce jour serait semé de minutes épineuses qui s'enfoncent dans l'épiderme comme des lames de feu, en ne laissant jamais au patient un seul intervalle de repos. Et ce jour expirait dans toute la mélancolie sombre de ces crépuscules qui semblent annoncer l'agonie du soleil et qui font désespérer du lendemain. La nuit venait avec ses redoutables mystères d'alcôve, ses fades caresses arrachées au devoir, données par ordre du Code civil, reçues avec une distraction résignée. De part et d'autre, parodie de volupté, horreur de tout ce qui est amour; et toujours, toujours, les mêmes heures sonnant sur les mêmes choses! toujours!

J'ai vu des marchands dans leurs boutiques, autre genre. Ils se levaient, les yeux humides de sommeil, ils étalaient des marchandises, ils s'asseyaient et bâillaient en se réveillant, comme s'ils allaient s'endormir.

Et ces pauvres gens regardaient leurs marchandises et les passants; mais les passants ne regardaient ni les marchands, ni les marchandises. Quelle vie de boutique! étouffante en été, glacée en hiver, ennuyeuse toujours!

J'ai vu des commerçants et des industriels dans leurs comptoirs. Ils s'étaient écroués eux-mêmes comme leurs propres geôliers, dans des cages grises, et barbouillaient des in-folio de grandeur colossale; ils tenaient leurs écritures en parties doubles, disaient-ils; à ce travail, ils usaient les jours, les nuits, les ans; ils se levaient, et ils écrivaient; ils lisaient des lettres; ils examinaient des échantillons de marchandises; ils payaient des lettres de change; ils ne les payaient pas; ils faisaient des circulaires; ils haranguaient leurs commis; ils apuraient des comptes; ils signaient des factures; ils étudiaient des prix-courants; ils méditaient sur les variations de l'agio; ils célébraient les bienfaits de l'économie; ils courbaient leurs fronts sous l'annonce d'une faillite, et ils disaient que :

> L'homme est fait pour travailler
> Comme l'oiseau pour voler.

Un jour, ils montaient dans leur chambre, leur portefeuille à la main, ils se couchaient sur leur lit nuptial et mouraient en songeant au vaisseau des Indes qui n'était pas arrivé après trois mois et demi de voyage, ayant relâché au cap le 26.

On inscrivait leurs vertus sur une épitaphe.

CI-GIT
JÉROME GABRIÉZI.
IL FUT BON PÈRE,
BON ÉPOUX;
SON COEUR ÉTAIT L'ASILE DE TOUTES LES VERTUS.
IL INTRODUISIT LA COCHENILLE
DANS SA PATRIE,
IL FUT LE PÈRE DE SES COMMIS.
SA VEUVE INCONSOLABLE LUI A DONNÉ CE
RENDEZ-VOUS DE LA TOMBE :
IL EST ARRIVÉ LE PREMIER.

Et les veuves inconsolables de ces épitaphes se remariaient à l'expiration du deuil avec un de ces commis dont le défunt mari avait été le père.

J'ai vu des millionnaires qui semblaient prier Dieu d'avoir pitié de leur bonheur; ils tenaient leurs millions à deux mains, se demandant ce qu'il fallait en faire, et, après de mûres réflexions, ils n'en faisaient rien. Ils faisaient beaucoup de lieues en chaise de poste; ils examinaient le dos de beaucoup de postillons; ils lisaient l'enseigne de beaucoup d'auberges; ils mangeaient les restes de beaucoup de tables d'hôte, et ils appelaient cela voyager !

O voyage, voilà ce qu'ils ont fait de toi! Voyage! noble excitation de l'âme et du corps! seule vie de la vie! naissance de tous les jours! révélation de tous les instants! extase emportée au vol! c'est ainsi que ton nom est prostitué sur la feuille du tarif des relais!

Ils arrivaient ces millionnaires, ils arrivaient un jour quelque part; je ne sais où; ici ou ailleurs : que leur importe à eux? voilà une ville, il y a un in-douze (chez le libraire), qu'on nomme *indicateur*. On trouve, là, la nomenclature des curiosités de la ville; l'auteur a indiqué par des points d'admiration toutes les merveilles à voir : et les voyageurs, leur cicérone à la main, se posaient comme des points d'admiration devant ces merveilles, et s'entredisaient : Voilà qui est beau! très-beau!

Et quand ils avaient fait assez de lieues, ils rentraient chez eux pour raconter quelque chose à des voisins qu'ils appellent leurs amis. Et ces amis se révoltaient contre la tyrannie de ces contes de voyage, et ils allaient respirer ailleurs.

J'ai vu des files de voitures versant à la porte d'un bal de ville un flot de danseurs et de danseuses. Ces gens-là paraissaient bien heureux, en entrant : et, à leur sortie, ils étaient tristes et pâles; et ils bâillaient beaucoup; un orchestre déchirant avait jeté à leurs oreilles quatre ou cinq heures d'étourdissements harmonieux; ils s'étaient rués les uns sur les autres, dans une cohue brûlante, et dans un choc de quadrilles à briser les coudes et les pieds; ils avaient adressé cent questions qui avaient perdu leurs réponses dans le fracas de la danse; ils avaient fait cent réponses qui n'avaient aucun rapport avec les questions; ils sortaient d'un rêve fou, d'un tourbillon dévorant qui donne toute sensation humaine, excepté le plaisir.

J'ai vu la foule traverser les villes dans les jours de fête, et goûtant les charmes de la promenade.

Il n'y a pas au monde un plus mélancolique tableau. Quelle tristesse dans ce flux et reflux de têtes vides qui ont la stupide curiosité de voir, et l'absurde prétention de se faire voir !

J'ai vu des hommes et des femmes bien élevés se réunir le soir, dans un salon, pour échanger leurs idées, et n'échangeant, hélas ! que des paroles. Quelle stérilité de propos ! Mais qu'auraient pu dire ces gens-là, si l'enfer n'avait pas inventé la calomnie et la médisance ? Sans cette heureuse prévoyance de l'enfer, la société humaine était muette éternellement ; et ils appellent toujours ces échanges stupides de paroles empoisonnées, les *délices de la conversation!* on allume vingt bougies pour éclairer ces turpitudes de salon doré. Donc, ils sont tous, là-bas, hommes et femmes, à travers villes et champs, traînant les boulets de l'envie, de la cupidité, de l'ambition, de la vengeance, de l'ennui, de la haine, du travail, de l'oisiveté, de la débauche, de la corruption et de toutes les variantes des sept péchés mortels. Quel bagne ! quels condamnés !

Oh ! qu'ils ont bien fait de m'exiler ici, dans cette île flottante ! Puisqu'ils ont détruit les monastères, où me serais-je réfugié pour me faire un abri contre leur liberté ?

Autour de moi que d'air et de lumière ! quelle irradiation descend de partout sur mon domaine ! je suis le cénobite de cette thébaïde : j'ai cherché comme Jérôme l'oasis du désert, où jamais n'arrive le fracas du monde. Seul, j'ai ma liberté, cette liberté que tout esprit demande, et qu'il n'obtient jamais. Ma maison n'a point de voisin, mon salon n'a point de visiteurs, ma table n'a point de parasites, mon sommeil n'a point de sursauts, une armée veille pour ma sûreté,

parce qu'on me redoute ; et moi je ne crains personne.
Je suis arrivé à cette heureuse position où l'infortune
étant épuisée, il ne reste plus dans l'avenir de place
que pour les éventualités du bonheur. Qui sait! peut-
être ce bonheur fantôme, toujours poursuivi, est ici,
sur ce ponton désert! Puisque, de l'aveu de tous les
hommes libres, le bonheur ne se rencontre nulle part,
il y a au moins chance probable de le rencontrer aux
lieux où personne ne l'a cherché. — Abîmer sa pensée dans un recueillement obligé, ne faire envie à aucun, exciter l'intérêt dans tous, plaindre ceux qui
vous plaignent, contempler les vagues orageuses du
monde, et les convulsives agitations de la foule de son
isolement tranquille; méditer sur l'énigme éternelle
de la vie et de la création, avec la cruelle volupté de
sentir que jamais ces effrayants mystères ne se laisse-
ront dévoiler; pardonner à l'homme, et lancer au
ciel des regards d'accusation et de désespoir, voilà
tout ce qui peut consoler du malheur de vivre ; et ce
n'est qu'ici, loin des distractions puériles, qu'on peut
rencontrer ce quelque chose qui ressemble à du
bonheur!

UN VISITEUR.

> Un de ces hommes qui, dans les choses,
> ne voient jamais ce qu'il faut y voir.
> Mme DE SÉVIGNÉ.

Ce matin, un étranger vêtu de noir est venu promener sa vertu libre et son bonheur dans l'hôpital :
c'est une galerie de tableaux comme une autre.

Il était accompagné d'un planton, espèce de cicérone, ou d'aboyeur de spectacles forains. En entrant, le cicérone a dit :

« Voilà l'hôpital du bagne, monsieur.

— Mais c'est très-bien ! on n'est, ma foi, pas mal ici. Est-il ancien cet hôpital ?

— Il a été bâti en 1784.

— C'est absolument la répétition de la salle du rez-de-chaussée, n'est-ce pas ?

— Oui, monsieur : là-bas les gardes-chiourmes ; ici, les forçats malades.

— Mais c'est très-bien ! Il y a fort peu de malades en ce moment.

— Soixante et un.

— Soixante et un sur six mille forçats... Voyons la proportion : en soixante, combien de fois six... c'est à peu près le centième ; ce n'est pas beaucoup. Le régime alimentaire de l'hôpital est-il bon ?

— Comment, monsieur ?

— Je vous demande si les malades sont bien traités ?

— Comme à l'hôpital de marine.

— Ah ! c'est bien ! c'est bien ! l'humanité, l'humanité ! La vue est fort belle d'ici ; comment nommez-vous ces espèces de hangars, là-bas ?

— Ce sont les cales couvertes pour les vaisseaux en construction.

— C'est admirablement imaginé. »

Un galérien convalescent aborde le visiteur d'un air timide et lui dit :

— Monsieur, voudriez-vous m'acheter cette petite corbeille ?

— C'est vous qui avez fait ce petit ouvrage-là ?

— Oui, monsieur.

— Avec du sureau ? avec de l'ébène ? avec quoi donc est-ce travaillé cela ?

— Avec de la paille, monsieur.

— Rien que de la paille ! c'est prodigieux : êtes-vous ébéniste ?

— Non, monsieur.

— Alors c'est d'instinct... effectivement, il a sur les yeux les protubérances des beaux-arts; et combien vendez-vous cela?

— Quinze francs, monsieur.

— Diable ! c'est un peu cher. Et que faites-vous de l'argent, ici ?

— Ce qu'on en fait partout, monsieur : vous comprenez bien que ma ration de trente onces de pain et de quatre onces de fèves ne me suffit pas à moi...

— En effet, c'est un colosse, une constitution athlétique. Et alors, avec de l'argent...

— Avec de l'argent, je vais chez le *fricotier*, où je mange comme un homme.

— Il a raison, le scélérat !.. cependant, il ne faut pas encourager ses penchants vicieux... Allons, laisse-nous tranquilles. » Le galérien sort.

« Dites donc, monsieur le cicérone, n'avez-vous pas ici quelque forçat curieux?.. de ces gens qu'on lit dans la gazette ?

— Mais si..... tenez, voilà le fameux *Lamour*, celui qui arrêtait les voyageurs sur la route de Plombières.

— Je ne le vois pas bien en face : ne pourriez-vous pas lui dire de se tourner de mon côté ?

— Ah bah ! vous croyez que je suis un maître d'école, ici ?

— Tiens, c'est singulier ! Alors je vais m'approcher...

— Prenez garde, il vous dira quelque sottise.

— A un homme comme moi ?

— A tout le monde : il se gênerait peut-être !

— Mais j'irai me plaindre à M. l'intendant, pour lequel j'ai une lettre de recommandation.

— Ça ne vous ôterait pas les sottises... Tenez, monsieur, voilà Gravier.

— Gravier !.. je connais ce nom...

— Gravier du Pétard.

— Ah! j'y suis! Comment, il est bossu! je ne savais pas qu'il fût bossu. Ah! c'est Gravier! je suis bien aise de le voir de près... Il lit, il lit... quel diable de livre peut-il lire?

— Oh! vous pouvez l'aborder, il est honnête, celui-là.

— Je vais l'aborder... Hum! hum!.. Eh bien!.. mons... malheu... Ah! c'est M. Gravier; vous lisez... Eh! ça fait passer le temps, n'est-ce pas?

— Oui, monsieur, répond Gravier.

— Y aurait-il de l'indiscrétion à savoir quel livre...

— Si cela vous intéresse, c'est Rousseau.

— Ah! Rousseau de Genève, le philosophe?

— Oui, monsieur. Bonne lecture aux galères?

— Pourquoi?

— Parce qu'elle ne console pas.

— Tiens, c'est drôle; je croyais, moi, qu'il faut avoir des consolations dans le malheur.

— Oui, dans le malheur, mais non pas dans les galères.

— Je ne comprends pas.

— Tant pis. »

Et Gravier fit un signe de tête, comme pour donner congé au visiteur.

L'interrogant étranger tira de sa poche un joli portefeuille maroquin vert, en disant : C'est fort curieux toutes ces réponses; je vais écrire tout cela, parce que ces petits détails amusent en société.

Il s'arrêta court et pâlit. En prenant une chaise au pied de mon lit, il rencontra mes yeux et la foudroyante expression de ma figure; au même instant toutes les chaînes de l'hôpital s'agitèrent sous les linceuls. — Misérable! m'écriai-je, de la pauvreté et de l'énergie avec ton cœur froid, et tu serais ferré ici ; c'est la fortune de ton père qui t'a sauvé!

Le visiteur n'écrivit rien, et sortit ; il m'avait reconnu : c'était un de mes jurés.

UNE DESTINÉE.

« Je sors dans cinq jours, m'a dit mon voisin : avez-vous quelque ordre à me donner?

— Aucun.

— Aucun! réfléchissez bien.

— C'est tout réfléchi.

— Mais, si je puis vous être utile pour...

— Ah!.. j'y songerai... j'ai besoin de quelques conseils... et ici, je ne sais trop à qui me fier...

— Bah! vous trouverez plus de discrétion ici que dans le monde. Je vous présenterai ce soir au vieux Caron... il a l'expérience de ces choses, lui... quarante ans de service au bagne!

— Je ne veux pas être présenté à ce vieux brigand.

— Chut, imprudent! il n'y a point de brigands ici, nous sommes tous frères.

— Veux-tu te taire, misérable!

— Oh! vous pouvez m'insulter, moi ; je suis d'airain à tout ; et quand vous aurez mangé dix ans les fèves de cet hôtel, vous serez comme moi : rien ne démoralise un homme comme les fèves et un argousin.

— Et pourquoi ne se tuent-ils pas tous?

— Ah! l'espoir les fait vivre ; et puis, pourquoi se tuer? Il y a des douceurs attachées à l'état ; et la vie passe ici comme ailleurs : on la regrette moins quand il faut mourir, c'est autant de gagné : voilà la philosophie de ce pays. Que diable! j'avais vos idées, moi aussi, en entrant, et je me suis apprivoisé; j'ai eu de l'honneur autant que vous; mais le destin!..

— Ah! ils disent tous cela.

— Ma foi, c'est une accusation raisonnable.

— Et commode pour les scélérats.

— Mais dites donc, l'ami vertueux, est-ce une bonne œuvre de charité qui vous a fait gagner votre bonnet vert?.. Ne vous fâchez pas : voulez-vous me frapper, voilà ma joue. Il y a douze ans qu'un soufflet reçu m'avait donné la jaunisse; aujourd'hui, je m'en soucie comme d'un baiser. Je suis mort à tout.

— Et tu as une famille? un frère? une sœur? des amis?

— Je n'ai plus que moi, comme vous voyez, ce n'est rien. J'avais des parents, des parents bien chers; ils sont morts...

— De chagrin?

— De chagrin : pauvres gens!

— Et tu pleures! tu te fais plus méchant que tu n'es.

— Non, je ne pleure pas; je suis un homme vil, un misérable, et je veux travailler à m'avilir davantage; c'est ma consolation... J'étais honnête, il y a douze ans environ; oui, douze ans, le 15 mai 18...

— C'est singulier de préciser l'époque.

— Ah! vous trouvez cela singulier! eh bien! écoutez mon histoire; elle sera courte : ne vous alarmez pas.

— Contez votre histoire.

— Avant de commencer, je suis bien aise de vous faire une question. Savez-vous pourquoi les Turcs perdirent la bataille de Petervaradin !

— Quelle diable de question?

— C'est une question comme une autre, tant que la réponse n'est pas connue.

— Eh bien, non.

— Alors, je vous apprendrai qu'elle fut perdue parce qu'un bonze, allant se baigner dans le Gange, avança le pied gauche au lieu du droit.

— Oh! c'est une vieille histoire que j'ai sue dans le temps.

— Bon! je vous ferai grâce de la série de chaînons qui conduisent le raisonnement du pied du bonze à la bataille perdue; mais j'en fais le texte de mon histoire. Moi, je suis au bagne, parce que j'ai lu un traité du docteur Pinel, sur le banc de pierre qui est adossé à l'enclos des Chartreux, dans le jardin du Luxembourg. Veuillez bien suivre les chaînons de ma destinée.

« J'étais le plus studieux de tous les élèves qui as-
« siégent les chaires et les amphithéâtres de Paris;
« j'étais l'orgueil de mes professeurs et la joie de mes
« vieux parents; mon unique passion était la méde-
« cine, mes plaisirs une représentation par mois à
« l'Odéon.

« Un jour, c'était le 15 mai 18.., par un temps
« malheureusement beau, je descendis de ma man-
« sarde pour aller étudier un livre du docteur Pinel,
« dans le jardin du Luxembourg. Je fus arraché à ma
« rêverie par le froissement d'une robe, et je vis une
« figure éblouissante de fraîcheur. Je me levai machi-
« nalement et suivis la jeune femme comme à mon
« insu.

« Elle descendit la rue de Tournon, la rue de Seine,
« prit à droite la rue Dauphine, et se glissa légère-
« ment sous une porte cochère du numéro 36, vis-à-
« vis la rue Christine. J'entrai au café du coin, et,
« l'œil collé à la vitre, j'attendis je ne sais quoi. Au
« bout d'une heure je sortis et remontai lentement
« vers mon hôtel, où cette ravissante image brûla mon
« sang toute la nuit. Le lendemain, à la même heure,

« j'étais posté au jardin du Luxembourg, plutôt par
« souvenir que par espoir, lorsque je vis la même
« dame descendre vers la rue de Tournon, en co-
« toyant le grand bassin. Me voilà de nouveau sur ses
« traces : elle suit le chemin de la veille et se glisse
« dans le même hôtel, avec une précipitation qui
« avait quelque chose de mystérieux. Cette fois, j'entre
« dans la cour presque au même instant qu'elle ; je
« tourne la poignée d'une porte grillée, qui venait de
« se refermer d'elle-même, et je me trouve dans une
« petite salle, ignoble à voir, et dont les murailles
« sont couvertes de chapeaux ; deux hommes assis me
« regardaient. Persuadé que je suis dans l'arrière-
« boutique d'un chapelier, je prends du sang-froid,
« et je prie ces messieurs de me faire voir un chapeau.
« — Quel chapeau ? me dit en se levant un homme
« grand, sec et sérieux. — Eh ! un chapeau comme
« les autres, répondis-je... à la mode. — C'est bon,
« monsieur, c'est bon, dirent-ils tous les deux en-
« semble, passez votre chemin ; et, au signe qu'ils
« firent, un gendarme sortit d'un cabinet sombre, me
« poussa dans la cour, et ferma le vitrage sur moi. Je
« cherchai la loge du portier ; ni loge ni portier : c'é-
« tait un hôtel unique dans Paris.

« Mon imagination s'exalta ; je voulus me rendre
« raison de ces choses étranges, approfondir quels
« rapports pouvaient exister entre ces hommes, à face
« dure, ces chapeaux, cette salle ignoble, cet insolent
« gendarme, et cette femme céleste plus ravissante
« encore qu'hier. Toutes mes conjectures ne me satis-
« firent pas, et, dévoré d'impatience, je me décidai à
« attendre la sortie de mon inconnue, dussé-je me
« promener dans la rue jusqu'au lendemain.

« Deux heures s'étaient écoulées ; la nuit et le
« brouillard obscurcissaient la rue Dauphine ; plus
« hardi dans les ténèbres, je m'assieds sur la borne

« même de l'hôtel, et, pour me donner une conte-
« nance, j'engage la conversation avec un conducteur
« de cabriolet stationné devant moi. Je languis peu à
« ce nouveau poste. Au coup de cinq heures et demie
« la belle mystérieuse arriva lestement sur le seuil de
« l'hôtel, elle monte dans le cabriolet, en me frois-
« sant de sa robe et de son châle. Dans une minute,
« je me trouvai seul ; le cheval se précipita au galop
« vers le carrefour Bussy, et tout disparut.

« Ce fut ma vie pendant quinze jours; cours, am-
« phithéâtre, Dubois et Pinel, douces études du cabi-
« net, tout était délaissé; mes professeurs m'avaient
« écrit des lettres amicales auxquelles je n'avais pas
« répondu; ma passion était enveloppée de trop de
« singularités pour me laisser ce sang-froid qu'exige
« l'étude. Vingt fois je voulus aborder au Luxem-
« bourg l'inconnue, mais un scrupule me retint; je
« craignis d'attenter au mystère de ses promenades,
« et de me perdre à tout jamais dans son esprit.

« Cette incertitude était accablante : un soir je pris
« l'énergique résolution de la suivre, de franchir de
« vive force la salle des chapeaux, et de monter aux
« étages supérieurs où sans doute les renseignements
« ne me manqueraient pas : pour les payer, j'avais
« dans ma bourse toutes mes économies, douze pièces
« de vingt francs.

« Je m'enveloppe de mon carrick, j'affecte une dé-
« marche militaire, j'ouvre le vitrage d'un air décidé,
« et, sans écouter les cris des deux gardiens, je pousse
« une seconde porte et je me trouve dans une salle
« pleine d'hommes muets et debout. Au même instant,
« une main arrache mon chapeau, et glisse dans la
« mienne une petite plaque d'ivoire jaune avec un
« numéro. Tous les regards se tournent vers moi, un
« ricanement général m'accable; n'osant rebrousser
« chemin, je longe le mur, la tête haute et le refrain

« à la bouche, une nouvelle porte s'offre à moi, je la
« franchis... et si jamais la foudre m'écrase, comme
« je l'espère, je serai raide de stupeur comme devant
« l'étrange tableau qui frappa mes yeux.

« Trente dames étaient assises autour d'une im-
« mense table verte, toutes dans un silence effrayant,
« et les yeux fixés sur des cartes qu'un hideux ban-
« quier déroulait devant lui. Chaque joueuse assem-
« blait des cartes rayées et pressait une pile de petits
« écus, et ma belle inconnue frappait le tapis de son
« poing blanc et potelé, avec une expression épilep-
« tique de douleur qui ne frappa que moi. Puis, se
« levant avec dépit, elle dit d'une voix harmonieuse :
« Quand ce gros monsieur taille, il y a dix refaits par
« heure ; voilà vingt masses que je perds sans gagner
« un seul paroli !

« Je m'attendais à une insurrection générale de
« joueurs, de joueuses et de banquiers : tout fut
« calme. Le gros monsieur ne fit aucun signe d'impa-
« tience, aucune tête ne se leva, on n'entendit que le
« cliquetis argentin des écus refoulés par un râteau
« d'acier. Ma belle inconnue avait disparu. Sa chaise
« était vacante, je m'y précipitai avec transport, et je
« m'assis comme un furieux. Au même instant, un
« gros homme chauve me jeta des cartes rayées sous
« le nez, et m'offrit de longues épingles fixées à la
« manche de son habit : j'acceptai machinalement. Le
« banquier me présenta la coupe ; je coupai, il me re-
« mercia. Une dame, ma voisine, laide et vieille, se
« pencha vers moi en me disant : « Êtes-vous heu-
« reux à la coupe ? — Oui, Madame. — Alors je vais
« jouer le *tiers et tout ;* je crois que vous jouez la *sé-*
« *rie*, vous, Monsieur ? — Quelquefois, Madame. —
« Comme madame Duverger ; elle a beaucoup perdu
« aujourd'hui. — Ah ! cette dame qui vient de
« partir est madame Duverger ? — Oui, Monsieur,

« veuve d'un colonel, à ce qu'elle dit du moins. »

« Alors une voix aigre comme celle d'un huissier
« nous imposa silence. Pour étouffer ma confusion, je
« jetai vingt francs sur le tapis; c'était prendre mon
« inscription de galérien!

« Voulez-vous en savoir davantage, maintenant? »

« — Non, lui ai-je répondu : je devine à peu près
« tout.

— « Trois mots encore. Mon amour s'évanouit; je
« devins effréné joueur et faussaire un an après : me
« voilà! Que dites-vous de mon étoile? Pour moi j'y
« ai beaucoup réfléchi, et les loisirs ne m'ont pas
« manqué pour cela. J'en ai conclu qu'il y a dans ce
« bas monde deux sortes d'hommes bien distincts.
« Les uns naissent et vivent sans que le ciel ait l'air
« de se soucier d'eux; ils ont une vie bien monotone,
« dont tout le bonheur est dans l'absence du malheur;
« les autres, au contraire, semblent être nés pour être
« les hochets de quelque malin génie; leur existence
« est un cahotement perpétuel; tout leur vient à mal,
« chacun de leurs jours a sa physionomie particulière;
« les incidents non prévus leur tombent comme dans
« une tragédie. Toujours l'inverse de la chose atten-
« due, toujours le côté noir de la chance sur laquelle
« ils jouent; toujours l'orage quand leurs voisins ont
« un ciel pur. Et, souvent, quelle est la cause pre-
« mière qui détermine cette échelle sans fin de caho-
« tements? Une vétille, une feuille qui tombe, un pa-
« pillon qui vole : allez vous méfier de si peu! Si ma
« fatale banquette du Luxembourg eût été placée deux
« pieds plus loin, je ne serais pas ici. »

Mon voisin était tombé dans l'abattement de la rêverie : il y avait peut-être du repentir dans ce silence,
je le respectai.

LE VIEUX CARON.

> Et pour mieux cacher nos projets,
> Chantons gaîment la barcarolle !
> *(La Muette de Portici.)*

Un vieillard aux galères est hideux.

Ce matin, en m'éveillant, je l'ai vu qui s'entretenait avec mon voisin : ils parlaient une langue inconnue, l'argot sans doute. A peine ai-je fait un mouvement que le vieillard m'a regardé froidement avec ses yeux d'un bleu pâle, en me disant : « Eh bien! le Parisien me dit que l'air de la montagne est bon, qu'en pensez-vous ? »

J'ai fait un signe affirmatif.

Il a continué :

« Vous avez des galions, n'est-ce pas? avec ça le perroquet du *Barberot* volerait jusqu'à la grosse Tour, et plus loin encore.

— Oh! beaucoup plus loin, lui dis-je, et d'un autre côté surtout.

— Oui, par le Nord-Est, c'est mieux. Vous connaissez la porte de France?

— Je l'ai reconnue en entrant.

— Et après, que trouve-t-on?

— Que m'importe! tout chemin est bon.

— Bien pensé. On m'a dit que vous aviez un coffre-fort dans votre matelas?

— J'ai ma fortune à votre service.

— Votre fortune! qu'en ferais-je? achèterais-je tout le tabac de la Havane? toute l'eau-de-vie du Languedoc? voyez mes cheveux et mes rides : je n'ai plus que quelques petits verres à boire et quelques pipes à fumer.

— Je vous comprends.

— Eh bien! écoutez-moi... »

(En ce moment un garde s'arrêta devant nous, le vieillard continua tranquillement.)

« Écoutez-moi..... C'était dans le mois de novem-
« bre 1793, vous voyez que je date de loin, il y avait
« un autre logement de nuit pour les forçats, et d'une
« petite lucarne qui s'ouvrait sur la rade, je voyais le
« Petit-Gibraltar clair comme je vous vois. Ces co-
« quins d'Anglais avaient joliment fortifié cette re-
« doute... »

(A mesure que le garde s'éloignait ou revenait, le vieillard changeait le texte de son discours avec un admirable sang-froid.)

« Vous me donnerez quinze louis pour les premiers
« frais, je vous aurai un costume de monsieur et une
« perruque..... Vous trouvez ça un peu cher peut-
« être?.. Ah! c'était une redoute aussi forte que La-
« malgue, trente-six canons de vingt-quatre, des
« fossés larges comme le grand canal, et des chevaux
« de frise; il fallait avoir le diable au corps pour
« prendre cela... Quand vous serez rétabli, vous ren-
« trerez au bagne flottant, et là, quelqu'un se présen-
« tera, pendant trois jours, qui vous portera votre
« costume pièce à pièce ; vous cacherez tout sous la
« sangle de votre lit... Vous savez que Bonaparte n'é-
« tait qu'un conscrit alors, un caporal, quoi. Le drôle,
« qui connaissait son état mieux que le citoyen Du-
« gommier, devina qu'il fallait prendre le Petit-Gi-
« braltar; c'était un morceau dur à digérer, mais il
« dit aux réprésentants : Ma foi, je m'en charge, don-
« nez-moi un régiment... Il vient souvent de bons
« enfants vous voir au bagne, n'est-ce pas? Attendez
« qu'il vous en tombe une bande, cinq à six, et choi-
« sissez bien votre monde, observez les figures. Pen-
« dant qu'ils feront des questions aux voisins, habil-
« lez-vous... Quelle nuit il faisait! jamais nous n'avons

« vu sa pareille, de mémoire de forçats… Dites donc,
« monsieur Paillou, voulez-vous entendre mon his-
« toire? prenez une chaise; ah! vous l'avez entendue
« trente fois, c'est bien honnête, promenez-vous… Je
« reviens à ma nuit; des éclairs comme des soleils, des
« tonnerres coup sur coup; on voyait le Petit-Gibral-
« tar comme en plein midi. Les Français suivirent les
« collines là-bas au pas de charge; ils descendirent
« dans le vallon, et ils placèrent une batterie, sur un
« mamelon que je vous ferai voir dimanche en nous
« promenant… On vous donnera une lime pour tra-
« vailler votre ferraille; une bonne lime, c'est l'affaire
« d'une heure de travail. Quand vous serez habillé, vous
« descendrez fièrement avec les autres, si le planton
« vous tourne le dos. Soyez bien tranquille; on ne se
« méfie pas de vous, je le sais, moi; allez bon train,
« et marchez sur la grande porte comme un honnête
« particulier. Après à la garde de Dieu; il y a des
« choses qui sont d'idée dans ces moments-là; je ne vous
« dit que le gros : vous devez être fin, parce que vous
« avez le nez pointu… Ils tiraillèrent deux heures, c'é-
« tait une musique de tonnerres et de canons : après
« ils montèrent à l'assaut par une brèche, tuèrent
« tous les canonniers sur leurs pièces et massacrèrent
« la garnison. Si le vent du nord ne s'était pas levé,
« le petit-Gibraltar aurait coulé à fond tous les vais-
« seaux anglais de la grande rade; mais ces coquins
« d'Anglais sont si heureux!.. J'ai fini, j'ai fini, mon-
« sieur Paillou… Adieu, mes camarades; dimanche,
« je vous ferai voir le mamelon de la batterie de Bona-
« parte : c'était une fière position qu'il avait prise là,
« ce gaillard! »

Allons, ne soyons pas scrupuleux sur le choix des moyens et des hommes; ne voyons que le but. Que puis-je risquer d'essayer, tant d'autres ont réussi, et bien plus coupables que moi! O fortune!

INCIDENT.

Je pouvais balancer l'autre jour, maintenant je suis prêt : Camille est ici ! ! ! Que cette lettre se colle à mon sein !

« Il n'est point de faute qui ne puisse être expiée :
« c'est moi qui suis criminelle, et je dois m'en punir.
« J'ai fait mes adieux à notre pays ; je viens respirer
« l'air que tu respires, et me réchauffer à ton soleil.
« Je n'ai qu'un compagnon, c'est ton fidèle Bruno ;
« c'est lui qui est mon guide et mon soutien. Nous
« habitons depuis deux jours la petite ville voisine,
« en attendant que notre ermitage d'Évenos soit prêt.
« C'est une ferme abandonnée, et bien éloignée de
« toute habitation ; un véritable désert sur une haute
« montagne. De là, je vois dans le lointain la prison
« que tu habites : cela suffit à ma vie. Quand je me
« sentirai plus courageuse et plus forte, j'irai te voir ;
« mais, ne nous trahissons pas devant les autres,
« afin qu'on n'élève pas quelque obstacle entre nous.
« Bruno te remettra ce billet avec précaution. Je serai
« à mon ermitage d'Évenos, le 13 du mois d'août,
« dans huit jours seulement ; avec une lunette d'ap-
« proche, tu pourrais distinguer cette habitation : elle
« est adossée à un grand pin isolé. Adieu, je ne te dis
« pas de m'aimer ; mais pardonne-moi.
                « CAMILLE D***. »

Qu'attendent-ils pour me délivrer? toute ma fortune à qui me donnera ma liberté ce soir!

Ce soir ! ou l'impatience va rallumer ma fièvre, et demain je rentre à l'hôpital ! Oh ! que la santé m'est précieuse aujourd'hui ! Soignons-la comme ferait un homme heureux et libre.

Mon voisin de lit m'aurait-il oublié? Il est libre, lui, depuis deux jours; et mon sort est entre ses mains.

Attendons.

. . . .
. . . .
. . . .

Le vieux Caron m'a fait le signal convenu. L'honnête homme!

N'écrivons plus.

. . . .
. . . .

Ce sera long encore... bien long... enfin il faut se résigner, la liberté est au bout.

. . . .
. . . .

Elle m'a dit le 13... c'est un chiffre de malheur! je serai prêt.

ÉVENOS.

> Évenos s'élève sur une colline isolée : un étroit sentier jeté sur des abîmes sans fond lui sert d'avenue.
> Rey-Dusseuil. (*Confrérie du Saint-Esprit.*)

Il est un village unique au monde, c'est Évenos; il domine à pic les gorges d'Olioulles, ces Thermopyles de la Provence. Quand on aperçoit Évenos du fond de la vallée, en levant les yeux au zénith, ce n'est qu'un monceau de ruines féodales, mêlées aux scories noires d'un volcan éteint; mais si l'audace vous prend de gravir ces sentiers brûlés de lave, et d'aller examiner ce nid d'aigle, dans le voisinage du ciel, vous trouverez là-haut de doux plaisirs pour votre vue et votre cœur ; car jamais la nature n'aura semé tant de contrastes sous vos pieds, n'aura déployé devant vous un plus vaste horizon. Vous marchez sur le cratère d'un volcan, et tout le couronnement de la montagne semble pleurer sa végétation première. Là-bas, ce sont des rocs pelés et grisâtres, amoncelés par des géants, sans arbustes ni crevasses, tous équarris comme par le ciseau. Ce sont deux montagnes jumelles, toutes d'un bloc, qui se sont séparées pour laisser passer un torrent ; il fait bien sombre dans ce gouffre, et le soleil ne monte jamais assez haut pour y jeter ses rayons ; mais avancez vers l'ouest, c'est le passage de la mort à la vie ; il n'y a point de transition, la nature n'en fait jamais ; là où expire la dernière dentelure de roc commence une végétation de fleurs et d'or ; jardins semés de lauriers-roses et d'oranges, de grenades et de jasmins, vives cascades qui tombent des roches, collines aux molles inflexions, étagées de vignes et d'oliviers ; et par intervalle, des toits de rouges tuiles si riantes à l'œil : lancez-vous à l'horizon ; la campagne fuit vers la mer, en ondulation de verdure ; et quand la terre manque au regard, c'est l'éblouissante Méditerranée, c'est la rade de Toulon dont vous voyez les mâts gigantesques à travers les bois de pins jetés sur le rivage, comme pour prêter leur ombre aux matelots.

Comme la pureté de l'air m'a rafraîchi le sang ! quelle force donne à mes nerfs détendus cette vive atmosphère de montagne imprégnée des parfums des orangers et de la mer ! Maintenant vienne qui voudra me traquer sur cette pyramide de rocs ; mon œil domine tout : dans le vallon, dans la campagne, sur le flanc poli de ce mont, pas un être vivant ne peut se lever à mon insu ; et puis j'ai ma ressource toute prête pour un dernier malheur : cet abîme idéal ouvert sans cesse sous mes pas dans mon orageuse vie, je le vois aujourd'hui dans son horrible et matérielle réalité. De ce bloc où je suis assis, au torrent qui coule là-bas, il y a bien huit cents pieds de muraille à pic, et pas un arbuste officieux pour accrocher le désespoir en chemin! Ah! je croyais trouver plus de bonheur dans la liberté! C'est que pour être heureux, il faut être plus que libre; c'est qu'en déposant la chaîne du bagne, on ne dépose pas ses remords et ses souvenirs. Eh bien! prenons le beau côté de ma position; loin de la rejeter, emparons-nous de la seule idée de bonheur qui me reste, pour m'en faire un bouclier contre mon désespoir. Jamais il n'a été donné à un homme de savourer une femme en pareille situation. Hier, j'étais galérien, avec des jours d'ennui sombre, avec des nuits de désirs dévorants; aujourd'hui, libre, voisin du ciel, nageant dans un air pur, enivré de thym et de soleil, et là, sur cette place, dans une heure, une femme viendra poser, comme une statue grecque sur un piédestal, une femme à moi, et que j'ai assassinée par amour, et qui m'aime comme son assassin; choses au-dessus des vulgaires intelligences, science et raffinement de passion qu'on achète au prix d'un sang de feu! Et je brûlerai de ma bouche l'empreinte de ma balle, et elle me dira de ces mots qui coulent comme des laves dans la poitrine! de ces mots du moment qu'une femme invente, et qu'on ne redit pas. Après, arrive un lendemain de mort, arrive une escouade de gendarmes et d'argousins, ma nuit aura été pleine, mon avenir sera dignement payé.

Voilà mon lit d'hyménée! digne de moi, la volupté sur l'abîme.

Que fait ce soleil, depuis une heure, immobile dans la crevasse de cette ruine? et point de nuages autour de lui pour me tromper sur sa lenteur! Oh! quand le verrai-je glisser entre ces deux pins à éventail qui sont si calmes à l'horizon ? et la plaine aussi est calme ; nul signe d'impatience n'éclate dans cette fête de tous les soirs ; il n'y a que moi de spectateur ennuyé ; c'est que ma place n'est pas ici, pauvre intrus !

J'ai trop pensé à Camille pour y penser encore dans ce moment de corrosive impatience ; c'est une image qu'il faut éloigner, ou les artères de ma gorge vont se briser, ou mon cerveau va éclater d'un coup de sang. Il faut consommer ces trois heures d'attente par des calculs et des jeux puérils. Loin, bien loin de moi toute idée de chair et de volupté ! Si j'avais mes instruments de mathématiques, je mesurerais le pic voisin qui me regarde, avec ses deux antres ronds et noirs ; si j'avais mes pinceaux, je peindrais ce paysage sur cet énorme bloc blanc et poli comme une toile. Bonne idée ! voilà, je crois, la petite graine dont on fait le vermillon ; avec du noir et du vert qu'on trouve ici partout, et ce filet d'eau pour délayer mes couleurs, je vais m'improviser un atelier...

Oh ! trompe-toi, trompe-toi, malheureux ! prends le langage de la vie heureuse, pour te donner du calme, tu ne seras pas dupe de ta mystification ; en vain tu veux asseoir ton sang, jeter une écluse au torrent de tes idées d'amour, d'évasion, de crime ; ces poignantes idées te débordent ; il faut les subir une à une, et toutes ensemble, sans choix de ta volonté. Roule-toi sur le roc, ris, pleure, récite des vers, compte les arbres de ce bois, les feuilles de cet arbre, les blancs cailloux du torrent, toujours, toujours au milieu de ces puériles distractions, gronde à ton oreille, comme un infernal accompagnement, l'orage de la dévorante passion !

O viens, viens, douce brise de la colline, odorante rosée, qui rafraîchis le sang : montez du vallon à la montagne, légères harmonies du soir, roulement des cascades, chants des rossignols, refrains de jeunes filles, sons de la cloche pieuse ; arrivez à l'oreille de l'être qui souffre, saintes et suaves expressions de la vie heureuse; voix qui donnez une âme à ces jardins de parfums, à ce village qui se baigne dans les fontaines, à cet horizon de pins et de mer qu'un dernier rayon sème de nuages d'or !!!

On chante là-bas!.. j'ai entendu une voix... une voix connue... c'est le signal! ce doux chant monte aussi comme un parfum du soir.

> Te souvient-il du lac tranquille
> Qu'effleurait l'hirondelle agile!

Oh!.. oui; mon cœur se fond à ce souvenir : la voilà!

En jetant mon regard dans la direction de la rade, j'ai vu briller un éclair... deux coups de canon ont retenti contre ce pic voisin; c'est un signal aussi, mais terrible : un forçat vient de s'évader du bagne... c'est moi.

DERNIER COUP.

> Quoi! ne l'avais-je assez en mes vœux désirée!
> N'était-elle assez belle ou bien assez parée!
> RÉGNIER. (*Élégie.*)

Oreste jusqu'au bout!

Écrivons, cela console; que faire, d'ailleurs?

> *Quoi! ne l'avais-je assez en mes vœux désirée!*
> *N'était-elle assez belle ou bien assez parée!*

Ces deux vers sont, je crois, de Régnier : je les répète depuis deux jours; c'est le cri mélancolique et si naturel de la passion trompée; c'est le cri de la force

J'ai appelé Camille, et lui ai montré du doigt l'épouvantable apparition.

virile et puissante que paralysa trop d'ardeur. Encore une consolation refusée à ma vie!

Aussi bien, quel enfantillage de penser qu'une nuit de voluptueuse épilepsie m'eût versé l'oubli de tous mes malheurs! Étrange nuit!

Et pourtant j'aurais pu être heureux encore!

Quand l'aube a blanchi les volets de la petite ferme qui nous servait de retraite, j'ai voulu respirer la fraîcheur du matin : un instant j'ai cru que mon imagination délirante m'offrait dans le lointain comme un mirage de gendarme; j'ai appelé Camille, et lui ai montré du doigt l'épouvantable apparition : Nous sommes perdus, s'est-elle écriée en pâlissant, sauvons-nous.

— Impossible, lui ai-je dit, il fait déjà trop clair sur ce plateau sans arbres; restons : je crois même qu'ils ne marchent pas dans notre direction. Comment peuvent-ils soupçonner que je suis ici? Au même instant on frappe à grands coups à la porte d'entrée, opposée à notre chambre. Un cri s'est élevé : *Ouvrez de par le roi*. A ce cri je me suis élancé de la croisée à demi nu; mais la commotion a été si forte, qu'avant de me relever j'étais déjà garrotté. Un brigadier s'est avancé qui m'a demandé mes papiers. Mes papiers! hors quelques notes écrites moitié au crayon, moitié à la plume, je n'avais rien à exhiber. Alors j'ai entendu ces mots prononcés à quelques pas de moi : C'est lui, c'est bien lui!

Camille, conduite par trois gendarmes, est arrivée sur le lieu de la scène; elle pleurait. « Pourquoi madame n'est-elle pas libre? ai-je dit au brigadier. — Libre! ah! il est bon là le particulier! » m'a dit un alguazil en ricanant. Les traits de Camille étaient voilés par son mouchoir. Je voyais en frémissant des mains larges et noires qui rajustaient gauchement le désordre de sa robe, et des yeux ardents qui s'attachaient à elle, avec un sentiment qui n'était pas de la compassion. Pour savoir jusqu'où peut aller la frénésie des désirs, il faut avoir vu une belle femme, demi nue, la figure en larmes, cernée par quinze alguazils, sur le sommet désert d'une montagne, à cinq heures du matin.

Allons, en route! a dit le brigadier. Je marchais devant le brigadier et un officier de paix; mes mains étaient liées derrière le dos; j'entendais les pleurs de Camille, son pas léger, le frôlement de sa robe sur le thym; mais je ne la voyais pas. Une seule idée m'affectait péniblement, l'arrestation de Camille; toutes mes demandes à ce sujet restaient sans réponse et ne provoquaient que des rires stupides. L'officier de paix et le brigadier avaient déposé leur physionomie d'arrestation, et leur accent de corvée; ils avaient repris leur figure calme, et s'entretenaient d'une voix douce de choses étrangères à ma situation.

Nous descendions lentement une rampe adoucie dans sa pente par des sinuosités, et comme taillée dans le roc vif; nous dominions presque d'aplomb le village d'Ollioules. Je tournai la tête machinalement pour voir lever le soleil; il était radieux et calme, tel que je l'avais vu la veille à son coucher : je cherchais dans le cercle immense de l'horizon quelque site lugubre qui répondît à mon âme; tout riait d'éclat et de bonheur; j'étais le démon de cet Éden, le repoussoir de ces paysages dorés. Que de reconnaissance n'avais-je pas pour le ciel qui m'avait choisi sur cent mille pour faire contraste! Voilà le cimetière, dit une voix rauque de gendarme; et je précipitai mes yeux sur le cimetière : c'était un jardin bien gai, avec des eaux vives et des charmilles d'aubépines et de jasmins espagnols.

Il faut avoir passé dans cette vallée avec des menottes, et le bagne en perspective, pour bien sentir le bonheur de l'artiste libre en voyage. Parfois, à force d'imagination, je me dérobais à l'horreur de ma réalité;

le moindre accident me jetait en rêverie ; une jeune paysanne, brune et fraîche ; la roue de l'usine immobile sur l'écluse ; un arrosoir vert auprès d'une source parmi des touffes de rosiers ; des raquettes aux branches de l'oranger ; une jolie figure de ville sous la persienne d'un kiosque ; des fermes bien propres, avec leurs treilles italiennes, leurs puits sous le figuier, leurs volières à l'ombre ; et devant, la jeune demoiselle en vacances qui joue et chante, matinale pour jouir complétement de son beau jour.

Et c'est avec ces gracieuses idées du matin, au chant des douces romances, au concert des rossignols, au parfum des orangers, aux harmonies des cascades, que j'entrai dans Ollioules ; là, des maisons de ville, des cabarets noirs, des ombres poudreuses de tentes d'auberge, commençaient à rembrunir le paysage, et me servaient comme de transition pour m'apprivoiser au cachot où j'étais attendu.

J'y suis à cette heure. Un cachot de village a quelque chose encore qui me plaît ; à travers les barreaux, j'ai des échappées de campagne ; je vois, assis sur des bancs de pierre, de vieux paysans, à guêtres jaunes, qui ont fait leur temps de forçats et qui se reposent ; je compte les ormeaux de la place ; j'entends les cris joyeux des petits enfants qui se préparent par des jeux à cinquante ans de charrue ; le vent pousse jusqu'à mon visage la poussière d'eau qui tombe de la grande fontaine. — Malheureusement, ce n'est ici qu'un relais !

LA VIERGE D'AOUT.

C'est aujourd'hui dimanche, jour de repos pour la justice et les condamnés ; demain, à cinq heures, il faudra repartir à pied pour Toulon, gendarmes aux trousses, et menottes aux mains. Le peuple m'attend aux portes; bon peuple! il raffole des plaisirs qu'il n'achète pas. Maintenant je puis dire comme mon patron d'Argos :

Grâce au ciel, mon malheur passe mon espérance !

Eh bien! il y a au moins du calme dans l'extrême malheur! C'est une position que je ne soupçonnais pas; on a un certain orgueil à pouvoir dire : rien de pire ne peut m'advenir, je suis aux confins de l'humaine infortune; maintenant il faut que la chance tourne par le retour vers le bonheur ou par la mort. La mort! quelle grande consolation ce mot terrible porte avec lui! Avec quel transport de joie on le prononce, quand on vient de sonder les abîmes de sa vie, et d'embrasser d'un coup d'œil l'horreur présente et l'intolérable avenir! O bonheur! mon corps n'est pas immortel! la divinité me fut au moins une fois propice en me donnant une vie que je puis briser comme un hochet d'enfant.

Et pourtant je l'aime cette vie, car elle est douce; et j'avais reçu du ciel tout ce qu'il faut pour en user; santé robuste, tendresse de cœur, dons de l'esprit, et fortune toute faite que j'avais ramassée au berceau. Mais, dans les harmonies de ce monde, il fallait un horrible pendant à quelque fat heureux, et l'Ordonnateur m'a choisi; ainsi vont les choses : qu'y faire! M'a-t-on demandé si cette répartition était de mon goût? Non : je ne demanderai donc conseil à personne pour casser l'harmonie.

Si je parlais ainsi tout haut dans le monde, aussitôt, quelque monsieur calme et frais, rentier et bourgeois, qui a réglé sa vie comme une montre, s'écrierait avec une émotion froide : que mes discours sont mêlés de blasphême et de folie ; que l'homme est le maître de sa destinée, et qu'il la maîtrisera aisément, s'il s'accoutume de bonne heure à dompter ses passions ; un pédant me citera le chapitre de Sénèque : *de Cupiditatibus reprimendis ;* un magistrat me déblatérera quelque réquisitoire filandreux, écrit sans conviction, dans un boudoir, avec des aphorismes de Justinien ; et la moutonnière foule, qui veut passer pour vertueuse, à tout prix, m'écrasera de phrases et de mots.

Ah ! ce n'est ni avec des phrases, ni avec des mots, ni avec une indignation feinte, qu'on refuse les choses de sentiment.

Un seul homme pourrait avoir raison contre moi ; le vieux philosophe chrétien, tout ridé par ses combats intérieurs, qui me dirait avec onction : Mon fils, ne raisonnez pas ; humiliez-vous et priez : la lumière ne vient que d'en haut : la bouche de l'homme n'a point de consolation pour les extrêmes malheurs ; il faut la chercher autre part. Que comprenez-vous aux secrets de ce monde mystérieux ? Rien : le meilleur système philosophique n'est qu'une ingénieuse absurdité. Souffrez vos douleurs avec espoir et résignation ; qui sait si vous ne prenez pas à faux le sens de vos termes profanes ? qui sait si votre infortune n'est pas du bonheur ?

Oh ! si je pouvais encore façonner mon esprit à ces consolantes pensées de religion et de morale ! Si quelque germe de pieuse croyance, quelque vague souvenir de l'alcôve de ma mère, pouvait retremper ma vie, j'irais avec joie me replacer à mon banc, me créer une Thébaïde dans le bagne, subir mes quarante ans de poteau, bien convaincu que tant de résignation et de repentir ne seraient pas perdus devant Dieu.

Mais comment combler le vide de mon cœur ? pourrai-je m'habituer à cette longue pensée pieuse qui, jusqu'à ce jour, me fut étrangère ou indifférente, et qui seule doit, tout le reste de ma vie, soutenir ma faiblesse d'homme, et dompter mes vieilles passions?

Que me coûtera-t-il d'essayer ! le jour ne peut être plus propice à ma réhabilitation. C'est fête au village sans doute, car on jonche les rues de genêts et d'immortelles, et leur agreste parfum se glisse dans mon cachot : même en mes jours de passions orageuses, j'ai toujours aimé les fêtes de village, si fraîches et si riantes dans le Midi. C'est déjà un bonheur pour moi d'avoir été arrêté hier; qui sait si le jour de demain m'eût apporté les mêmes inspirations! J'en rends grâces au ciel.

La foule gaie et bruyante se groupe sous les ormeaux de la grande place, quatre heures sonnent. Oh ! je veux m'enivrer de ce spectacle de calme et de sainte poésie. Écartez-vous, oisifs de la ville, hommes indifférents; laissez entrer, par les barreaux de mon soupirail, la vie et le soleil; laissez-moi asseoir de loin à cette fête, comme un convive obscur et ignoré, j'en ai soif et besoin : ce sera pour moi une provision d'ineffables souvenirs pour mon dur voyage ; je ne puis plus vivre que de souvenirs.

. . . .
. . . .
. . . .

Ah ! mes larmes coulent encore d'enivrement et d'amour; ce tableau s'est identifié avec moi, je le reverrai toute ma vie tant qu'une brise de midi m'apportera le son d'une cloche et les parfums des genêts de la colline. Les jeunes filles, vêtues de blanc, suivaient les vertes bannières; on portait les images des saints et la statue de la Vierge ; on balançait des encensoirs, on semait le chemin de bluets et d'immortelles, et la foule se prosternait devant. Puis mille sensations m'arrivaient à la fois, vent frais du rivage, frémissement des banderolles, parfum d'encens et de thym, gai carillon de cloches, cris d'une joie enfantine, chants des vierges et des pauvres matelots qui saluaient *l'étoile de la mer*. La Théorie chrétienne a passé, j'ai vu ses derniers rangs se perdre sous les arbres ; en ce moment elle entre dans les jardins d'orangers : après quelques intervalles de silence, j'entends encore dans le lointain l'*Ave maris stella* des jeunes filles, air pieux, empreint d'une grave et touchante mélodie, qui arrive dans ma prison comme le chant d'espoir du naufragé.

L'AMOUR DE LA LIBERTÉ.

Me voilà comme avant, dans ma première cage de bois !

Grâce à une invisible protection, j'ai obtenu deux faveurs : je suis entré de nuit dans la ville, et l'on m'a épargné l'infâme châtiment qu'on inflige aux forçats évadés. Un redoublement de précautions est la seule vengeance que mes geôliers aient exercée contre moi. Que m'importe ce luxe de surveillance ! Ma tentative malheureuse m'a dégoûté de la liberté ; je veux mourir ici.

J'ai un nouvel hôte dans la cabine voisine ; c'est un grand et fort jeune homme de vingt-cinq ans, qui marche avec peine, car de vives et récentes blessures lui ont ôté l'usage libre de ses pieds. J'ai sympathisé avec lui dès que j'ai connu le motif de ses souffrances ; je veux recueillir son récit ; malheureusement je ne pourrai transcrire son touchant organe, et ces douces intonations de sensibilité qui résonnent encore à mon oreille.

« Je suis né à Paris, m'a dit l'infortuné ; à vingt ans

j'entrai en liaisons avec M. M***, dont on vantait les richesses, et qui les gagnait assez aisément : il battait la fausse monnaie. J'eus le malheur de l'aider dans ses travaux criminels ; la justice nous découvrit tous deux ; je fus condamné aux travaux forcés à perpétuité.

« A peine entré dans le bagne de Toulon, je fus accablé d'une pensée constante, mon évasion.

« J'étais lié de bonne amitié avec un camarade qui travaillait en ville par faveur ; il m'apporta pièce à pièce un habit complet de matelot et un ressort de montre. Je passai cent nuits à scier mon anneau. Dès que j'eus la cheville libre, je changeai de costume ; je sortis hardiment du bagne flottant, et je pris le chemin de la porte de l'Arsenal. Mon étoile voulut qu'il se trouvât sur mon passage un argousin et un payol qui me connaissaient : pour les éviter je me détournai un peu à droite ; ils firent un mouvement de tête et quelques signes de mon côté : mon sang-froid m'abandonna, je me précipitai entre deux larges pièces de bois, et je me fis une couverture de vergues et de vieux débris d'un vaisseau démoli. Par une petite ouverture que je m'étais ménagée, j'épiais tous les mouvements des deux factionnaires de la Porte-de-Fer, en attendant la minute précieuse où ils me tourneraient le dos. Mais on eût dit que c'était convenu entre eux de se promener à rebours ; de manière que j'avais toujours devant moi la face de l'un d'eux. La nuit vint, on ferma la porte, et je m'endormis. A mon réveil, il faisait grand jour ; je mourais de faim et de soif, dans la position la plus gênante qu'on puisse imaginer, et m'attendant à me voir arraché, à chaque instant, de ma retraite. Enfin je crus toucher à ma délivrance ; les deux factionnaires regardaient défiler un régiment ; j'écartai doucement les pièces de ma prison de bois, et j'allais m'élancer derrière une échoppe voisine, lorsqu'un coup de canon retentit dans l'Arsenal : c'était le signal de mon évasion. Aussitôt je vis un grand mouvement de gendarmes et de gardes-chiourmes ; j'entendis prononcer mon nom, ou du moins je crus l'entendre ; il me sembla que les yeux de tous les argousins se fixaient sur ma retraite ; les chefs donnaient des ordres ; les limiers écrivaient mon signalement sous leur dictée ; les uns sortaient en secouant la tête d'un air de menace ; d'autres s'enfonçaient dans l'arsenal dans l'espoir de m'y relancer, au cas que je n'en fusse pas sorti. Une journée se passa encore ; la fièvre qui me brûlait m'avait au moins rendu service, j'avais perdu l'appétit ; mais la soif me dévorait, et j'entendais avec rage le bruit de la fontaine voisine qui coulait à pleins bords, et formait un large ruisseau à six pas de moi. Le sommeil de la nuit me donna quelques forces ; à l'aube je souffris d'un froid aigu ; ma langue s'était collée à mon palais ; mon gosier et mon cerveau brûlaient à m'ôter la raison. A tout prix, je voulus me délivrer d'un état plus terrible que le premier. N'usant d'aucune précaution, et m'abandonnant au hasard, je me levai, et mon apparition fit pousser un cri à une cantinière qui sortait de l'échoppe de bois. — Au nom de Dieu, lui dis-je, taisez-vous. Je ne sais ce qu'elle me répondit, car elle parlait la langue du pays ; mais je compris à ses gestes, et à l'expression de pitié de son regard, qu'elle me prenait sous sa protection. En me versant un verre d'eau-de-vie, elle me fit signe de sortir. Personne ne m'avait vu, c'était un vrai miracle. Je pris la tournure d'un matelot provençal, balancement d'épaules et tête inclinée sur le côté : un factionnaire me regarda fixement ; je devais être horrible de pâleur : il pensa de moi ce qu'il voulut ; j'étais dans dans une rue, ivre de joie et de ma liberté.

« Toulon m'était inconnu. Il eût été imprudent de demander mon chemin à quelque passant, et même de montrer de l'embarras dans le choix des rues. Je pris à gauche à tout hasard, et je me trouvai sur une vaste place couronnée de beaux arbres, avec un grand hôtel au milieu. Je traversai cette place, j'entrai dans une rue longue et droite, en suivant toujours de préférence les paysans et les vendeuses de légumes, dans l'espoir qu'ils me guideraient vers quelque porte, et je ne me trompai pas : je débouchai sur une petite place, d'où je découvris un pont-levis et les remparts. Il y avait foule sous le guichet ; en deux minutes je fus dans la campagne.

« Il était dix heures. La chaleur était étouffante, et la poussière blanche qui tourbillonnait sur la grande route m'ôtait la vue et la respiration. Je n'avais pas le sou, j'étais malade, et, malgré cela, je me trouvais plus heureux qu'un roi. Au bout d'une heure de marche j'aperçus un village au bas d'une colline ; je jugeai à propos de l'éviter et de prendre à travers champs. Pour atteindre une chaîne de montagnes, qui me servait de but, je traversai une petite plaine semée de mûriers blancs ; c'est là que je fis mon premier repas depuis trois jours d'un jeûne forcé : je me rassasiai des fruits de ces arbres, et je bus au ruisseau, ce qui doubla ma fièvre une heure après. N'importe, j'étais libre.

« Je ne parvins qu'à la nuit au sommet de cette chaîne de montagnes ; une ruine de fortification me prêta son abri. Avant le jour je me remis en route, toujours indifférent sur la direction de mon voyage : l'essentiel pour moi était de m'éloigner de Toulon, et de m'écarter des sentiers battus. Dans ce chemin que je me frayais par les montagnes, je ne rencontrai que quelques pâtres déguenillés, plus malheureux que moi, qui n'avaient rien à m'offrir. Pour me soutenir, je mangeai des feuilles d'arbres et des raisins verts. Si quelquefois je me présentais à la porte d'une masure pour demander du pain, on me repoussait avec des injures et des cris : il est vrai que mon extérieur n'était pas rassurant ; mais le peuple de ces campagnes n'est guère hospitalier.

« Ma chaussure tombait en lambeaux ; déjà même je me déchirais la plante des pieds et les orteils contre les ronces et les rochers aigus ; une longue trace de sang aurait pu indiquer ma piste à ceux qui auraient pu me poursuivre de ce côté. Le septième jour de marche je me trouvai barré dans mon chemin par une large rivière très-impétueuse ; c'était la Durance : là je reconnus la route que j'avais suivie avec la chaîne ; je conjecturai que je n'étais pas éloigné du village de Saint-Andiol, et que je ne tarderais point de tomber sur le pont de bois jeté sur la Durance, où il y a des gardes et un bureau de péage.

« Il fallait éviter ce pont : je descendis, par les campagnes, la rive gauche de la rivière, en cherchant un gué ; alors mon intention était de suivre la route de Paris, d'entrer dans Lyon de nuit, et de me placer comme ouvrier dans quelque manufacture où j'aurais gagné facilement mon pain.

« Ce projet me fit du bien : il me fallait marcher longtemps et péniblement encore ; souffrir la faim, perdre le peu de chair qui restait aux os de mes pieds, mais l'espoir était au bout ; mon courage ne m'attendait pas. Sept heures du soir sonnaient à Saint-Andiol, le temps était beau, et le vent de la rivière éteignait la chaleur du jour ; je venais de manger des figues vertes et des raisins aigres, et de panser mes blessures avec mon dernier lambeau de chemise ; la rivière coulait devant moi en deux bras peu profonds, séparés par une île de gravier ; j'entrai dans l'eau et j'atteignis l'île sans peine. En tournant la tête pour comparer la largeur des deux lits, je frisonnai d'horreur : cinq gendarmes me regardaient, appuyés sur les poignées de leurs sabres; au même instant, j'entendis le galop de plusieurs chevaux sur le pont, et trois autres archers se montrèrent en face de moi, de l'autre côté de l'eau. Je me précipitai dans la rivière de désespoir; mais il n'y avait pas de fond : ma figure se meurtrit contre le gravier; en me relevant tout étourdi de ma chute j'avais déjà les menottes aux mains.

« De retour dans cet enfer, un argousin me demanda sérieusement pourquoi je m'étais échappé. — Pour être libre, lui répondis-je; et je subis vingt coups de bâton : on donna cent francs aux gendarmes qui m'avaient pris. Eh bien! Monsieur, mon histoire vous a sans doute consolé; n'est-ce pas? »

— Pauvre jeune homme! lui dis-je; et quel espoir vous reste-t-il aujourd'hui?

— L'espoir de m'évader encore : puis-je me résigner à vingt-cinq ans, vigoureux comme je suis?

— Ne parlez pas si haut, imprudent.

— Bah! je le leur ai dit en face : qu'ils dressent leurs batteries, je vais préparer les miennes, c'est au plus fin : et vous, camarade, pardon, Monsieur, de la familiarité, et vous, votre parti est-il pris?

— Moi? on connaîtra bientôt ma détermination.

— Ah! je crois que vous êtes pour le suicide, vous; c'est un parti comme un autre; mais je ne le prendrai qu'après m'être échappé trois fois : je ne veux point avoir de regrets.

— Et trois fois encore vous subirez tous les tourments réservés à une évasion : fièvre d'attente, marches forcées, privations mortelles, châtiments honteux; non, je ne crois pas la vie chose assez précieuse pour qu'on puisse la conserver à ce prix.

— Ma vie ne m'est rien, mais ma liberté est tout; je veux avoir ma liberté, la perdre, la reprendre encore; ma faute, trop sévèrement punie, n'attache point de rougeur à mon front. J'aime le travail, je veux rentrer dans la société, et vivre mon temps d'homme libre. Quand tout espoir sera perdu, je me casserai la tête contre ce cadenas.

Et il se tut pour avaler une eau grasse dans laquelle trempaient quelques morceaux de biscuit de mer : c'était son repas du soir.

NUIT D'INSOMNIE.

> La fantasque arabesque.
> (*Bacriade*.)

Il dort tranquille, lui! rien ne donne du calme à une âme forte comme une énergique résolution, comme un projet irrévocablement conclu de marcher sur un but sans détourner la tête, et ce n'est ni dans des livres, ni dans des raisonnements qu'il a puisé cette indomptable fermeté, elle est chez lui de nature et d'instinct. Pauvre jeune homme! d'autres temps, d'autres occasions, ce serait un héros ; aux yeux des sages, ce n'est aujourd'hui qu'un énergique brigand.

Je voudrais me retremper à ce voisinage; mais il paraît que la force morale n'est pas contagieuse : quand les nerfs sont affaiblis, la vigueur de tête s'émousse; mon âme est lasse comme mon corps. Un profond dégoût de la vie s'est emparé de moi; c'est le seul sentiment que j'éprouve. La sueur de la fièvre coule sur mes bras nus et sur mes tempes ; mes souvenirs, mes idées d'amour, de liberté, de religion, de morale, me reviennent sans excitation; je les accueille et les abandonne avec la même indifférence, je suis de glace à tout.

Au moins, ces jours derniers, je m'étais fait une

perspective agréable de liberté : j'avais un but prochain à atteindre ; toutes mes combinaisons de réussite, tous mes plans d'évasion me tenaient en haleine ; je marchais, étourdi par les incidents et par l'intérêt de la situation, vers le dénouement du drame dont j'étais le premier acteur. Aujourd'hui, je n'ai pas même la mort à ma disposition pour me consoler ; il me faut subir les heures, le poids de ces heures de bagne, de ces heures sans fin que notre cruelle horloge sonne sur un air de gaieté. Pourquoi mettre des horloges dans les bagnes ? est-ce dans la loi, par hasard ? Pourquoi torturer des malheureux en leur étalant un cadran largement divisé, avec des aiguilles sans mouvement visible ? Les heures ne sont inventées que pour les hommes vertueux qui travaillent pour vivre ou qui vivent pour jouir ; il faut de l'ordre dans les plaisirs et dans les travaux. Mais ici, de quel prix est le temps ? c'est la chose qu'on voudrait prodiguer, et on nous le divise par compartiments, comme si nous voulions en être économes. Démolissez cette tour odieuse, puissants galériens, on ne vous fusillera peut-être pas pour cette insurrection ! Qui sait !.. Camille est bien loin, bien loin ; on violente sa volonté ; n'est-elle pas libre d'élire son domicile où bon lui semble, à Toulon ou ailleurs ? Pauvre fille ! qui la protégera maintenant ? Ah ! n'y pensons plus ; ne pensons plus aux gens du dehors. Mon Dieu, qui me donnera de l'égoïsme ! il y en a tant en circulation aujourd'hui, ne puis-je pas en avoir mon contingent ?.. Un coup sonne à cette maudite horloge, un seul coup ; c'est le moment le plus amphibologique de la nuit : est-ce minuit et demi ? une heure ? une heure et demie ? Voilà ce qu'on devrait expliquer par supplément aux gens éveillés, quand on prend la peine de leur dire l'heure qu'ils ne demandent pas ; c'est le moment aussi où toutes les créatures dorment, où le temps passe sur elles à leur insu, où elles vieillissent sans vivre. Il y a bien aussi dans les bois tièdes de là-bas quelques bouches ardentes qui se cherchent pour s'unir, quelques duos de spasme irritant sur les feuilles sèches et résineuses des grands pins. C'est la saison où l'on aime à dormir le jour, quand la cigale chante sur les pâles oliviers, quand le soleil jette une poussière d'étincelles, quand le ruban de la grande route brûle les yeux du pauvre piéton : alors on se roule nu sur les coussins du sopha d'Orient; la brise joue sur les fontaines, et se glisse fraîche entre les persiennes du salon, et arrondit comme une voile de brick le rideau de mousseline : que le sommeil est doux alors! doux et si léger qu'on entend la voix des jeunes femmes qui folâtrent sous les acacias. Mais la nuit, on veille, on attend qu'une robe blanche passe avec un soupir sur le sentier connu; on s'asseoit sur le thym; on regarde les sept étoiles du Chariot, Orion et sa massue nébuleuse, et l'immobile étoile du nord; cela fait mieux penser à la femme attendue, et charme l'impatience du désir. Quand elle tombe, toute dorée de cheveux, comme une apparition, dans les grands blés jaunes, mêlés de rouges renoncules, on n'a plus assez de force pour se lever, assez de souffle pour dire, Viens : on ne parle qu'après, après, quand on revoit confusément, à travers des larmes, Orion et le Chariot, les grands blés et la cime noire des pins. La douleur veille aussi, la douleur d'une mère surtout! Pauvre mère ! elle pense à son fils; pensée éternelle, sans intervalles de distraction! Sa chambre doit lui sembler tendue de noir, car la veilleuse est près de s'éteindre; la servante dort, elle n'a point d'enfant aux galères. Le silence de la nuit est horrible à l'oreille d'une mère souffrante qui veille; mon portrait est devant ses yeux, blond et riant comme aux fêtes de ma jeunesse. Pourquoi n'a-t-on pas brûlé cette trompeuse image qui ment à l'avenir? C'est moi qui l'ai peint ce tableau, il y a quinze ans au moins ; mon heureuse mère inspectait mon travail, appuyée sur le dossier de mon fauteuil, et elle m'embrassait en riant. Quel crime a-t-elle commis pour être ainsi torturée par son fils? qu'on m'explique cela ; qu'on me l'explique ! Oh! il n'en faut pas douter ! une autre vie est au delà de la mort, vie de réparation pour les injustices souffertes : si cela n'était pas, il n'y aurait point de Dieu. Et toujours, toujours entendre de ma cabine les râles prolongés et sourds de ces milliers de misérables qui dorment : harmonie d'enfer! Pas un d'eux ne veille, ils ont travaillé quinze heures ! on aurait du sommeil à moins. Quel étrange recueil ne ferait-on pas des six mille rêves qui étouffent leurs poitrines en ce moment ! j'aime mieux entendre le son léger des petites vagues qui se brisent contre la carcasse verte de ma prison; elles ont mis bien des années à venir du cap de Horn ici, dix siècles peut-être ; mais elles étaient insoucieuses du temps et de l'espace, et les voilà sous mes pieds; et moi, être penseur, je m'inquiète de mes quelques jours de vie esclave ; ils passeront aussi rapides qu'un demi-siècle de vie heureuse : quand le terme est arrivé, l'ennui du voyage s'oublie, on ne voit que les douceurs du port. Que Toulon est beau la nuit, quand la lune se lève sur cette montagne grisâtre taillée à pic comme un gigantesque rempart! Les eaux de la rade secouent des teintes scintillantes, les angles du fort Lamalgue sont écartelés de lumière et d'obscurité, la cime des pins s'argente comme une chevelure, les mâts du port, à demi cachés dans une vapeur confuse, rappellent ces tableaux de marine flamande, toujours voilés d'un brouillard ; le vaste Arsenal, avec son architecture fantastique, ses larges blocs informes, équarris, ciselés, couchés sur le sable, ses monuments ébauchés, ressemble à quelque Palmyre moderne qui n'attend qu'une population. Bizarre organisation ! une de mes idées chasse l'autre, comme la vague pousse la vague ; je suis léger à la douleur, comme au plaisir ; je ne puis attacher à rien une réflexion assidue et forte, comme ceux qui se dessèchent sous le poids d'une pensée unique, ou qui perdent la raison en raisonnant sans fin sur le même objet. Est-ce un bien ou un mal ? S'il faut que je me tue un jour, il me faudra saisir au vol la minute de bonne inspiration ; l'arme m'échapperait des mains au moindre rayon du soleil qui viendrait jouer sur ma vitre, au moindre nuage qui teindrait de gris les eaux vives de ce bassin. Que d'agonies cela me promet ! Ah ! je n'étais fait ni pour le crime, ni pour le bagne, pourtant je suis criminel et galérien ; et c'est une destinée sans appel. Voyez, voyez, qu'ils sont heureux ces mariniers levés avec l'aube ! gais pêcheurs à bonnets rouges, aux larges bas de laine grise, qui regardent la lune et croisent l'antenne sur le mât de leur bateau ; ils chantent avant le jour comme l'alouette ; ils voguent au large, et c'est pour eux que la mer exhale ses premiers parfums d'algue verte et de coquillages. Je voudrais être marin et faire mon quart à cette heure, au large, par une petite brise du nord-ouest, dans la Méditerrannée, sur un brick léger comme un alcyon, avec ses mâts obliques et son corsage délié. J'aimerais à me dire, en me promenant sur le pont : Bientôt je verrai à l'horizon le Vésuve, et le soleil levé sur le Pausilippe, Misène et Ischia ; nous entrerons dans le port à pleines voiles en saluant le fort Saint-Elme ; ce soir, je serai à Saint-Charles, dans une loge, avec des femmes brunes et vives, qui ont compris la vie du Midi. Musique enivrante, chants célestes, danses lascives, spectacles de féerie, peuple enthousiaste, langue de Sybarites, amoureuses Napolitaines coiffées des roses de Pæstum ; voilà, voilà ce que la nature a placé sur ce rivage pour le marinier qui descend avec ses rêves de femmes, de musique et de promenades sur le gazon.

Encore cette maudite horloge! on dirait qu'elle triple sa voix dans la nuit, comme un fantôme placé là tout exprès pour ramener aux galères ma vagabonde imagination. Assez, assez, grâce de ta réplique! à quoi me sert ce luxe d'avertissement? tais-toi. Ah! elle n'a pas parlé sans fruit. J'entends les gardes qui se réveillent en jurant, par forme de prières du matin : les chaînes retentissent dans les chiourmes. Je ne veux pas voir ces pâles figures sortir de leur enfer. O Dieu, pitié pour moi; qu'un peu de sommeil me rafraîchisse sur mon grabat de paille; donne-moi des rêves de rose, ce sera toujours autant d'arraché au malheur; que l'illusion me console un instant de la sombre réalité!

LE TRAVAIL.

Ah! voici qui va rompre la monotonie de mes jours, et me donner patience pour attendre mon heure de mort! C'est d'aujourd'hui que date ma vie du bagne. En punition de mon évasion, je suis accouplé à mon voisin le faux monnayeur, et nous avons travaillé dix heures au chantier. Il a fallu trois jours au conseil suprême pour prendre cette haute décision. Merci.

Oh! que la société doit être contente! J'ai aujourd'hui démoli à coups de hache la quille d'un gros vaisseau, et je me suis blessé trois fois, aux éclats de rire de mes compagnons. On m'a dit que je serais plus adroit demain : avec un peu d'ambition, je puis devenir bon charpentier dans un quart de siècle; je serai jeune encore ; j'aurai même quelque orgueil à voir passer dans la rade un beau trois-ponts né dans mon chantier. Avant de mourir, j'ai du temps assez pour construire une petite escadre. A l'article de la mort, c'est une consolation.

J'ai dîné en famille aussi ; ma journée est complète : on m'a jeté le fromage de Gruyère et le biscuit, comme à un chien ; un argousin m'a imposé silence, parce que je critiquais l'ordonnance du festin ; je suis tombé en récidive, il m'a menacé du bâton. Oh ! l'avilissement est plein ; je n'ai plus rien à désirer. Eh bien, je veux me mettre au niveau de tous ; je veux être digne de mon titre, et justifier la rigueur des lois. Oh ! gens vertueux, qui vous promenez avec quelques passions dans le monde, et qui marchez à votre insu sous les batteries du Code pénal, une réflexion bien naturelle ne vient jamais vous empoisonner. Ne savez-vous pas que l'irritation d'un moment, dans vos villes d'orage, peut changer du soir au matin votre feutre noir contre un bonnet vert ? Je parierais qu'à l'instant où j'écris, mille jeunes gens, fort honnêtes d'ailleurs, méditent l'émission d'une fausse pièce qu'ils n'ont pas fabriquée ; que mille jaloux parlent d'assommer un amant heureux ou de poignarder une amante infidèle ; que de hauts fonctionnaires, d'avides usuriers, de riches fournisseurs, soit par des concussions ou des vols en grand, sautent à pieds joints sur les terribles lignes du Code qui les envoient à Toulon, si le bonheur ou la protection ne les sauve pas. Qu'ils viennent ces galériens de droit, sinon de fait, contempler cet enfer terrestre dont ils ont conquis une place, ces hideux festins, ces chantiers brûlants dont ils se sont faits les convives et les ouvriers ; et qu'ils m'accusent ensuite sans pudeur, et qu'ils donnent leur approbation à mon châtiment ! C'est cette idée d'être le privilégié du malheur qui m'accable ; je me dévouerais gaiement à mon avenir de sueurs, si je savais que la société est pure et que tous les coupables sont ici.

LA VEILLÉE.

C'est conclu, mettons-nous à leur niveau, prenons leur langage, leur insouciance, leurs vices même, s'il le faut. J'ai déjà fait trois camarades; de bons vivants, comme on les appelle ici. J'ai passé la soirée avec eux; ils m'ont conté leurs histoires, intéressantes comme des romans. Que de héros dignes d'être imprimés en quatre volumes vivent dans ce bagne! Quelle collection de drames on pourrait tirer de cet arsenal! La vivacité, le pittoresque des expressions et des récits, sont ici choses naturelles; je veux transcrire une de ces biographies dans mes loisirs; elle pourra être méditée un jour avec fruit par d'autres : ce sont d'éloquentes leçons.

ROBINSON (1).

Ma vie a commencé de bonne heure. Je suis né près d'ici, à La Ciotat, en 1782. A neuf ans, j'étais mousse à bord du *Solide,* et je fis le tour du monde avec le capitaine Marchand, qui se brûla la cervelle à l'Ile-de-France. Son lieutenant, M. M***, ramena le

(1) C'est le surnom du galérien célèbre dont on va lire l'histoire.

vaisseau à Toulon. Je descendis sur ce quai, plus riche que je ne le suis aujourd'hui, j'avais quelques pelleteries que j'avais achetées sur les côtes de la Chine, et trois cents francs. En arrivant chez moi, mon père me prit mon trésor pour le garder; il le joua à la vendôme dans un cabaret, le perdit, et me mit à la porte de la maison, en me disant d'aller chercher fortune. Cette injustice décida de ma vie, et m'a fait ce que je suis.

Je vécus quelques années, mendiant sur la grande route, pour vivre. Un jour, je me décidai à partir pour Marseille. J'avais sur moi un livret où étaient inscrits mes petits états de service; je les montrai le lendemain à tous ceux qui m'étaient désignés comme capitaines marins. Enfin, je rencontrai M. M***, qui me reconnut et me promit de me placer sur quelque bord; mais sa protection me fut inutile, parce que le commerce était mort et tous les bâtiments désarmés. M. M*** me donna quelque argent et me conseilla de partir pour Toulon, et de m'y engager dans la flotte de la république.

Me voilà encore en route. C'était dans le mois de décembre; il tombait de la neige, et j'avais froid, parce que j'étais habillé comme au printemps. La nuit me surprit dans un vallon fort sombre et désert, qu'on appelle le *Vaisseau*. Il y avait à cent pas de la grande route une maison isolée d'où sortait une clarté vive; je m'en approchai pour y demander une petite place au feu et un verre de vin, j'avais de l'argent pour payer.

Le vestibule était vide; j'ouvris une porte à gauche, et je me trouvai dans une grande salle sans meubles, éclairée par le feu brillant d'une large cheminée à niveau du plancher. Quatre hommes, assez mal vêtus, se chauffaient en fumant, et une vieille femme filait, assise sous le manteau. « Que veut ce jeune homme?» dit un des quatre en me voyant entrer. Je répondis gaiement : « Me chauffer un instant, avec votre permission, mes braves gens, et boire un coup ; j'ai l'estomac et les pieds gelés. — Allons, assieds-toi là : tante Anne, faites boire cet enfant. Et où vas-tu comme ça ? — A Toulon, citoyen. — Pas de citoyen ici, entends-tu ? — Ah ! ne vous fâchez pas, monsieur, je ne savais pas votre usage ; je suis marin et j'arrive du bout du monde. — Ah ! tu nous conteras ton voyage cette nuit : nous ne couchons pas, nous ; as-tu sommeil, toi ? — Moi, je n'ai jamais sommeil ; les marins ne dorment pas. — Bien ! Est-il dégourdi, ce gaillard ! Et as-tu beaucoup d'argent ? — J'ai deux écus de six francs à votre service, monsieur. — Bravo ! il est généreux comme un roi : et que vas-tu faire à Toulon ? — Je n'en sais rien ; j'espère trouver quelque place sur un vaisseau de la république. — Oh ! ils sont dans un joli état les vaisseaux de ta république ! Tu mourras de faim, mon petit ; car tes douze francs ne te mèneront pas loin. — On ne meurt pas de faim quand on aime le travail et qu'on est vigoureux. »

La vieille me servit des œufs durs et du pain, sur une petite table dans un coin de la salle ; et je mangeais en observant mon questionneur et ses compagnons. Ils parlaient à voix basse, et me regardaient parfois avec intérêt. Quand j'eus fini, je me levai en jetant sur la table une pièce de six francs. « Va, garde ta pièce, me dit toujours le même homme ; nous paierons pour toi. Écoute, mon enfant, puisque tu ne crains pas la fatigue, il faut que tu me rendes un service. — Volontiers, monsieur ; que puis-je faire pour vous ? — Sors avec moi, je te parlerai. »

Nous sortîmes sur la petite terrasse. Le froid était moins vif, la neige ne tombait plus.

« Mon petit ami, me dit l'inconnu, veux-tu gagner un louis d'or ? » Je sautai de joie, en criant : « Oui,

— Vois-tu ce vallon-là, vis-à-vis? — Je le vois. — Il faut le suivre et remonter jusqu'au sommet de cette montagne; arrivé là, tu ramasseras des broussailles et des pins secs, et tu feras un grand feu; tu redescendras ensuite par le même chemin; voilà un briquet, du soufre et de l'amadou : dans une heure tu dois être de retour; je t'attends, et voilà le louis d'or qui t'attend aussi. »

Je partis comme un éclair dans la direction indiquée; la neige était presque fondue; il soufflait une petite brise de sud. J'arrivai tout essoufflé sur la montagne; mais je n'y trouvai ni broussailles ni pins; le sommet était pelé comme l'île Baux, que nous découvrîmes dans la mer du Sud. Je voyais bien sur un pic voisin des bouquets d'arbres; mais il fallait descendre dans un vallon et remonter encore : c'était beaucoup de temps perdu, et l'heure s'écoulait. Une idée me saisit; je fis un bûcher de mes vêtements et de mon chapeau goudronnés; une flamme forte et bien nourrie s'éleva; et je revins au gîte, nu et transi.

Cet exploit me valut les plus grands éloges; j'en étais tout fier; la vieille me servit du vin vieux; on jeta, en mon honneur, de nouveaux fagots à la cheminée, et je me revêtis provisoirement des habits d'un jeune pâtre qui dormait dans le cellier.

J'avais besoin de dormir aussi, mes paupières se fermaient malgré moi. J'allais succomber au sommeil, lorsqu'un coup de sifflet, plein et prolongé, retentit dans le vallon. Je me levai subitement, en disant : « Entendez, il y a des voleurs près de nous. — Crois-tu? me dit l'inconnu. — Eh! qui sifflerait de nuit dans ce désert? — Ah! tu as raison; on vient nous attaquer, sans doute. Eh bien! que faut-il faire? — Nous défendre à coups de poings. — Oh! mon petit, tu ne serais pas le plus fort contre des voleurs : veux-tu des armes? — Donnez, donnez. — Tiens, voilà une paire de pistolets; mets-toi en sentinelle sur la porte, et tue les deux premiers : nous nous chargeons des autres. »

Je m'emparai des armes avec la fierté d'un homme, et je pris mon poste en les croisant sur la poitrine. Mon œil perçait les broussailles et les petits bois de pins dont notre ferme était entourée. Tout à coup, je vois briller des armes le long d'une masure abandonnée, qui, une heure avant, m'avait servi de point de reconnaissance. « Les voilà! les voilà! » dis-je à voix basse, en m'adressant à mes nouveaux compagnons. — « C'est bien, » me répondit tranquillement l'un d'eux. En ce moment, je découvris toute la bande; elle était nombreuse et se dirigeait sur un petit pont jeté sur le lit desséché d'un torrent. J'arme mes pistolets; je vise la première file et presse la détente... Au lieu de la double détonation, je n'entendis que de longs éclats de rire et des applaudissements. Mon premier interlocuteur vint à moi et m'embrassa : « Tu es un homme, me dit-il, et ta fortune est faite; compte sur nous. »

Les quatre hommes sortirent de la ferme, sans armes, et se mêlèrent amicalement à ceux qui arrivaient. Je compris, alors, que je me trouvais au milieu d'une bande de voleurs que j'avais appelés moi-même avec mon feu. Ils s'entretenaient probablement de moi; car de temps en temps, le seul qui m'eût parlé, me désignait de la main aux autres, et quelques instants après deux ou trois se détachèrent du corps, et vinrent me féliciter de mon courage et de ma présence d'esprit. Bien loin d'être honteux de me trouver en pareille compagnie, j'en ressentis de l'orgueil; mon amour-propre en était satisfait; j'avais rendu service à des hommes; il m'importait peu que ces hommes fussent des brigands : j'avais l'amour des aventures périlleuses, et cette rencontre m'en promettait pour l'avenir.

Les chefs s'étaient retirés à l'écart sous un mûrier, et ils tenaient conseil, sans doute. Souvent ils regardaient les étoiles, comme pour y consulter l'heure, et ils imposaient silence à la bande pour prêter l'oreille aux bruits de la nuit qui sortaient des bois de pins. Un petit coup de sifflet rallia la troupe; ils étaient tous armés de carabines, de haches et de pistolets : mon protecteur, qui était le chef principal, me donna un fusil de chasse et des munitions, et je me mis à la file d'après son ordre.

Nous marchâmes longtemps dans une plaine inculte, au bout de laquelle était un petit bois que nous traversâmes ; à la lisière, se trouvait le grand chemin, bordé par une haie d'aubépine. Là, on fit halte; le chef inspecta nos armes, nous ordonna de nous coucher à plat-ventre et de nous lever au premier coup de feu.

Une heure après environ, nous entendîmes distinctement vers l'est un galop de chevaux et des roulements de roues. Ce bruit devint tout à coup plus clair, et il paraissait qu'une voiture publique, escortée de cavaliers, venait de déboucher d'une gorge et entrait dans notre vallon. Alors, on entendit la voix de notre chef prononcer cet ordre : *A toi, Marnet!* Ce Marnet se leva seul et attendit. La voiture n'était qu'à trente pas. Notre homme, d'une voix de tonnerre, cria : *Halte! Votre trésor ou la vie!* Un coup de feu partit de l'escorte; Marnet tomba : nous nous levâmes soixante.

Soixante, avec des cris horribles, en faisant feu de toutes nos carabines. Des douze dragons qui escortaient, sept tombèrent morts; les autres s'enfuirent au grand galop : la voiture fut mise en pièces à coups de hache; on retira du secret quantité de sacs; on ne prit rien aux voyageurs. En cinq minutes, tout fut fini.

Dans ma longue vie d'aventures, rien ne m'a plus frappé que cette scène de nuit. Tous mes camarades d'ici conviennent que c'est la plus belle arrestation qu'on ait faite. Par un hasard assez singulier, j'ai rencontré, vingt ans après, un des dragons de l'escorte, qui me dit que les cheveux se dressaient encore sur sa tête, quand il pensait à cette épouvantable apparition.

Après cette scène, nous nous enfonçâmes dans les bois, vers le nord. A notre droite, nous laissions une vaste plaine déserte; à gauche, nous suivions une longue chaîne de montagnes incultes, comme celles qui aboutissent à la montagne du Lion, au Cap-Sud de l'Afrique. Ce chemin paraissait parfaitement connu de tous. Après deux heures de marche, nous commençâmes à gravir une montagne toute couverte de petits rocs brisés. J'étais épuisé de fatigue. Arrivés au sommet, nous descendîmes par des sentiers doux, qui nous conduisirent sur le flanc d'un pic suspendu sur un abîme. On fit halte. L'aube blanchissait déjà l'Orient; la moitié de la bande était déjà entrée dans une grotte immense, taillée dans le roc, éclairée par un grand feu. A droite, je voyais les ruines d'un couvent incendié; à gauche et sous mes pieds, commençait une forêt magnifique qui se perdait dans l'ombre. Ce point me parut bien choisi pour une retraite de voleurs (1).

J'entrai dans la grotte où déjà mes camarades se partageaient le butin; mais le sommeil fut plus fort chez moi que l'amour de l'argent; je me couchai sur une espèce d'autel de marbre, au fond de la grotte, et je m'endormis.

A mon réveil, la grotte était déserte et le feu éteint;

(1) C'est probablement la Sainte-Baume.

il faisait grand jour. Je sortis pour chercher mes compagnons : il y avait sur la plate-forme une sentinelle qui m'indiqua la partie du bois où je les trouverais. Ils étaient tous couchés en demi-cercle devant une fontaine agreste, et mangeaient en s'entretenant de choses étrangères à leur profession de voleurs. Ils avaient presque tous meilleure mine que je ne pensais; les plus jeunes surtout me frappaient par leurs manières distinguées et la douceur de leur accent : le capitaine seul avait un ton et une figure rudes; il me fit signe d'approcher, et me servit du mouton rôti, des poires sauvages et du vin : je dévorai tout. « Il paraît que tu as bon appétit, Olivier, » me dit-il. — Oui, capitaine.
— Nous sommes contents de toi, tu as bien travaillé; mais ce n'est pas tout, il faut travailler encore, si tu veux manger demain. Voilà le reste de nos provisions.
— Vous n'avez qu'à me commander, capitaine. — Ecoute-moi : cette nuit, nous nous sommes battus pour avoir l'argent de leur république; mais, autant que possible, nous aimons à épargner nos cartouches et le sang surtout. Nous bénissons le ciel, quand il nous donne, par faveur, l'occasion de nous rassasier sans être cruels; mais il faut manger, et tout moyen est bon pour se procurer le pain et la viande des républicains. Ce soir j'ai su, par mon espion, qu'il y avait noce à la Grande-Peyrade, de l'autre côté du plan d'Aups, à deux lieues d'ici. C'est un *ménage* de gens riches; il faut que nous soupions à leurs frais. Sais-tu lire, Olivier? — Oui, capitaine. — Tiens, prends ce papier, et suis mot par mot toutes les instructions que je t'ai indiquées. T'es-tu bien reposé ce matin?
— Oui, capitaine. — Te voilà frais maintenant; pars. »

Je dis adieu à la bande, et je m'enfonçai dans le bois en marchant vers le nord. A la lisière du bois commençait une large plaine semée de blés; j'avais en face une ceinture de rochers que je franchis. J'aperçus d'une hauteur un grand mûrier isolé sur lequel je me dirigeai, d'après mes indications. J'entrai dans un vallon étroit, et je ne tardai point à découvrir la Grande-Peyrade, bâtie sur le penchant d'une colline. Je m'arrêtai, et j'attendis la nuit.

A l'heure indiquée, je me présente à la porte de la maison dans mon costume de pâtre. A force de cantiques et de pleurs j'attire l'attention des gens de la noce : on me fait entrer, pour que je porte bonheur aux mariés ; on me fait asseoir à la table des domestiques ; je leur invente une histoire de mes malheurs ; toute la maison s'intéresse à mon sort ; le maître me prend à son service comme garçon de ferme ; je me précipite à ses pieds et lui baise les mains : l'attendrissement est général. Minuit arrive ; les convives montent dans leurs appartements : tous les lits sont occupés ; je me contente d'une botte de paille placée au vestibule, et cette résignation me fait le plus grand honneur aux yeux de mes hôtes.

Une heure après, un silence profond régnait dans la maison : je n'entendais sur ma tête qu'un léger bruit ; il partait sans doute de la chambre des jeunes époux. J'ouvre avec précaution la grande porte, et je rallume les flambeaux de la table de noces ; puis j'attends.

La bande ne tarda pas à arriver ; elle était beaucoup moins nombreuse que la veille. Ils prirent tous place à la table ; je retirai des buffets les provisions intactes ; le vin était en abondance. On m'invita à prendre place au repas ; nous mangeâmes avec une avidité sans exemple ; personne ne parlait : on attendait l'ordre du chef ; il était silencieux.

Bientôt le vin échauffa les têtes. Pleins de confiance dans leurs forces, leurs armes, leur courage, isolés dans un vallon désert, ils rompirent tout à coup le silence par une explosion de cris qui ébranla la maison. Un d'eux entonna un air du temps : *O Richard, ô mon roi!* et la troupe hurlait le refrain en battant la mesure sur la table chargée de plats et de verres. Des pleurs de femmes et d'enfants nous répondirent dans les appartements supérieurs. On entendait sortir, par les croisées ouvertes sur la campagne, ce cri cent fois répété : *Au secours! au secours! Les fuyards! les fuyards!* Mais rien n'arrêtait l'enthousiasme de notre bande; le délire était au comble. Ils arrachèrent les rideaux blancs de la salle, les lièrent à des perches, pavoisèrent le vestibule, et dansèrent en rond autour d'un grand feu de bois vert qui remplissait la maison de fumée et d'étincelles : c'était un véritable enfer. Les hurlements sourds des femmes, le roulement des meubles dont on barricadait les portes des chambres, le pétillement des branches du bûcher, les chants des voleurs, le fracas de la danse, tout cela formait un concert épouvantable, tel que j'en avais entendu chez les sauvages de la mer du Sud.

Ces cris : *Au secours! les fuyards! les fuyards!* continuaient à retentir des croisées dans le vallon. Le chef me dit : « Olivier, sors et envoie quelques balles à ces fenêtres ; va, crible leurs volets. » Je pris un faisceau de fusils et me postai sur la terrasse ; j'allais commencer mon feu, lorsque je crus entendre un galop de chevaux dans l'éloignement. Je rentrai pour avertir le capitaine, qui avait conservé son sang-froid. « Impossible, me dit-il, ce sont les chevaux d'hier que tu as encore dans l'oreille. — Non, non, capitaine, fiez-vous à moi, j'ai l'habitude des bruits de la nuit : en mer, je distinguais le souffleur à dix lieues. »

Le capitaine devint pensif.

« Esnard n'est pas avec nous, je crois, me dit-il. — Esnard, le paysan, l'espion; je ne l'ai pas vu. — Il devrait être avec nous ; cette absence m'offusque ; j'aurais dû me méfier de lui. Couche-toi, Olivier, mets l'oreille à terre, et écoute encore. — Capitaine, dites à nos... messieurs de se taire un instant : je n'entends plus rien ; mais croyez que je ne me suis pas trompé... Tenez, tenez, voyez là-bas, là-bas, vers cette bergerie blanche ; ils vont au pas, maintenant, parce que le chemin doit être mauvais. Prenons nos armes... »

Le capitaine dit avec un calme feint : « Ce coquin m'avait assuré que les dragons avaient quitté le poste de Sainte-Zacharie ! Et il rentra en disant : Allons, assez de danses ; prenez vos armes : nous sommes trahis. »

Presque au même instant cinquante dragons tombèrent devant la treille de la terrasse. Nous avions fermé la grande porte et barricadé les fenêtres basses du salon. Toute notre bande gagna l'étage supérieur ; nous brisâmes l'escalier à coups de hache ; les portes des appartements furent enfoncées : hommes, femmes, enfants, toute la noce fut précipitée de vive force dans le vestibule couvert de ruines ; et, maîtres de la forteresse, nous fîmes par les œils-de-bœuf une décharge de nos carabines sur les dragons.

Ils enfoncèrent la grande porte sous le feu continuel de nos pistolets ; mais, comme nous étions obligés de nous découvrir pour tirer perpendiculairement, nous perdîmes cinq ou six hommes. Notre capitaine, blessé à la tête, donnait des ordres avec un beau sang-froid ; et, quand il vit que les dragons étaient maîtres du vestibule, il laissa dix des nôtres en tirailleurs sur les œils-de-bœuf, et cria aux autres : « Amis, à l'escalier, et tirez juste de haut en bas : choisissez vos hommes ; ne perdez point de coups. »

Le feu mal éteint de notre orgie inspira aux ennemis une idée terrible ; ils jetèrent sur les cendres chaudes tout le bois vert de la grange, toutes les vignes arrachées de la treille, lancèrent des tisons embrasés dans la grange contiguë à la maison, et nous abandonnèrent à l'incendie. En un instant la flamme nous environna.

Les dragons n'étaient pas loin; ils se retirèrent derrière un mur de clôture, dont ils se firent un épaulement crénelé, et ils attendirent que le désespoir nous fît une loi de sortir, pour nous fusiller à bout portant.

« Voyons, que tout le monde m'entoure, dit le capitaine : combien sommes-nous vivants?.. Vingt-quatre. Douze de nous tomberont ici, les autres échapperont; le point de ralliement est au mûrier des Signores. Suivez-moi. »

Il se précipita dans les flammes du vestibule : nous l'imitâmes tous. Étouffés par la fumée, brûlés par un plancher de charbons, nous nous élançâmes sur la terrasse avec l'agilité du désespoir. Les dragons firent feu et se levèrent au même instant pour nous couper le chemin des montagnes. Plus leste que mes compagnons, je franchis le mur de la terrasse; plusieurs balles sifflèrent à mes oreilles : je redoublai de vitesse; chaque décharge de mousqueterie me donnait des ailes; en un quart d'heure, j'étais hors de toute portée, sans autre blessure que celles que les flammes de l'incendie avaient imprimées sur mon visage et mes mains. Arrivé au mûrier, j'attendis mes compagnons.

Un seul arriva au rendez-vous, noir et couvert de sang; il m'apprit que les autres avaient été sabrés sans quartier; que les dragons étaient remontés à cheval pour atteindre dans la plaine ceux qui avaient échappé au massacre de la terrasse, et qui couraient difficilement avec leurs pieds calcinés.

Nous nous concertâmes sur le parti qu'il fallait prendre. Mon camarade insistait pour regagner le quartier-général. « C'est une imprudence, lui dis-je; si nous avons été trahis dans cette expédition, on connaît déjà notre retraite, et nous y trouverons, à coup sûr, encore ces maudits dragons. Faisons le métier pour notre compte; associons-nous; vous serez mon capitaine, si vous voulez.

— Tu es un enfant, me dit mon compagnon; veux-tu que je me déshonore à courir les grands chemins comme un voleur? »

Pour le coup, je ne le compris pas, et je le regardais la bouche ouverte d'étonnement et sans parler.

« Pourquoi me regardes-tu comme ça? ferais-tu le métier de brigand, toi?

— Mais que faisions-nous tantôt, et hier?

— Nous faisions la guerre; nous étions une armée; nous combattions en bataille rangée les républicains; mais, associés nous deux, ce serait un vrai brigandage de grande route, indigne d'un homme d'honneur. Tu es trop jeune peut-être pour comprendre cela.

— C'est vrai, je ne le comprends pas.

— Écoute-moi; je vais te donner un bon conseil. Il faut nous séparer de peur de nous faire reconnaître. Tout à l'heure, au lever du soleil, tu retourneras du côté de la Grande-Peyrade : quand tu auras pris un bain dans cette source, personne, en te voyant, ne se doutera que tu es un *fuyard*. Tu iras au village voisin, en suivant toujours ce vallon, et là, tu écouteras ce que disent les paysans de notre expédition; surtout tâche de savoir si quelqu'un de nos compagnons aurait survécu au combat. Nous pourrions encore l'arracher à l'échafaud s'il était prisonnier; tous nos amis ne sont pas morts; nous avons encore des affiliés au mont Cassien et dans les montagnes de Tretz, de Nans, de Saint-Maximin. Au premier signal, cent cinquante fuyards dévoués peuvent tomber de nuit sur un village et enlever les prisonniers, malgré la garnison. Demain, dans la nuit, je t'attends ici : porte-moi des provisions, si tu peux, car j'aurai faim. »

Le jour commençait à poindre; mon camarade s'enfonça dans une gorge de montagnes, et moi je rentrai dans le vallon du désastre, en affectant une démarche insouciante et en sifflant des airs de Noëls. Mon gros bonnet de laine cachait mes cheveux brûlés ; l'eau vive de la source avait rendu à ma figure noircie sa première fraîcheur ; les traces de l'incendie ne paraissaient plus sur mes haillons de berger : j'étais sans crainte.

C'était un jour de fête ; toute la population des campagnes voisines remplissait le vallon de la Grande-Peyrade : je me mêlai à la foule ; partout il y avait des groupes où un témoin oculaire racontait, à sa manière, les événements de la nuit. La terreur était au comble parmi les paysans ; les femmes levaient les mains au ciel, en le priant de les préserver de ces terribles *fuyards*. Avec bien de la peine, je parvins jusqu'à la terrasse ; l'incendie avait tout consumé ; il n'y avait à la place de la maison qu'un tas de cendres noires et fumantes. On avait déposé dans un pavillon de jasmin un cadavre ; c'était celui de la jeune mariée qui avait été étouffée par les flammes en tombant dans le vestibule. Autour du corps noirci et méconnaissable, des jeunes filles pleuraient ; on emportait vers la maison voisine son époux dans les convulsions du délire. Tous ces détails que je recueillis avidement m'auraient attendri ; mais je ne pensais qu'à mes camarades massacrés, et surtout à mon pauvre capitaine, à qui j'avais voué une affection de fils. Je cherchais partout leurs cadavres ; on les avait jetés dans un puisard desséché, déjà comblé de terre par les paysans.

J'avais une lueur d'espoir de sauver de l'échafaud trois de mes compagnons qu'on venait de conduire, couverts de blessures, à Saint-Zacharie. D'après les renseignements que je pris, il m'était permis de conjecturer que le capitaine était du nombre : je volai au village.

La grande place était encombrée de curieux ; je m'assis sous un ormeau, en prêtant l'oreille aux discours de mes voisins. L'excès de ma joie faillit me trahir, lorsque j'appris qu'on avait conduit dans la prison de la commune un *fuyard*, petit, large d'épaules, teint brun, cheveux noirs et crépus, et dont les yeux étaient effrayants d'expression. Il portait de hautes guêtres, une culotte de velours, une veste de même, et un gilet écarlate : c'était le capitaine, on devait l'exécuter le lendemain.

Il ne m'était pas difficile de trouver la prison ; c'était une cave de la commune dont les barreaux rouillés étaient presque de niveau avec la voie publique. On avait placé devant deux sentinelles : plusieurs curieux se penchaient vers les soupiraux pour tâcher de découvrir les prisonniers ; je ne voulus point afficher une curiosité inutile ; j'examinai seulement avec attention les localités, et j'arrêtai mon plan.

J'entrai dans la boutique d'un marchand de ferrailles, ouverte ce jour-là pour les emplettes des paysans, et je demandai une bêche : le maître m'en montra une douzaine et me dit de choisir ; je choisis longtemps pour me ménager l'occasion de glisser sous mon gilet une forte lime ; puis j'achetai la bêche, et je pris le chemin de la campagne.

Ce n'était rien ; il fallait glisser ma lime jusqu'aux prisonniers : cette difficulté me paraissait insurmontable.

Tout en cheminant au hasard, j'aperçus à un quart de lieue du village une bergerie ouverte, vers laquelle je me dirigeai. Elle renfermait un troupeau de chèvres et de brebis ; c'était la propriété d'une vieille femme qui filait, assise sur la pierre de la porte. Je lui demandai si elle pouvait me vendre une chèvre qui pût nourrir deux chevreaux, en offrant de la bien payer, et je fis sonner mes écus. La vieille m'introduisit dans la bergerie ; je lui désignai une chèvre qui me convenait ; elle m'en demanda un louis ; je ne marchandai pas, et lui donnai en paiement la pièce d'or du capitaine.

J'attachai un long ruban au collier de bois de l'animal, et je rentrai dans le village, offrant mon lait à grands cris, et chantant mes airs de Noëls, si bien connus des fuyards. Je criai et chantai de préférence devant les soupiraux du cachot de la commune, et avec une affectation qui devait infailliblement frapper l'intelligent capitaine. Bientôt nous nous comprîmes tous deux ; il y a entre les esprits rusés une communication d'idées qui échappe aux hommes grossiers.

Une espèce de concierge villageois ouvrit une porte et m'appela : je m'avançai machinalement et comme avec répugnance vers lui. « Voyons, me dit-il, donne-moi du lait. — Je ne le donne pas, citoyen, je le vends : combien en voulez-vous ? — Trois pots. — Alors, allez prendre un vase plus grand ; je ne suis pas un voleur comme ceux que vous gardez, et je veux faire bonne mesure. » Le concierge fut prendre une large soupière ; il fallut traire la chèvre devant lui avec une gaucherie de pâtre apprenti. Enfin, profitant d'un moment propice, je glissai ma lime au fond du vase en lui disant : « Tenez, cette belle écume ressusciterait un mort : ne la laissez pas tomber ; vous me paierez après ; je vous attends. »

La porte se referma ; j'étais sur les épines : un quart d'heure se passa, et le concierge reparut son plat vide à la main. « Ta chèvre a-t-elle encore du lait ? me dit-il ; ces canailles en veulent encore : ils l'ont trouvé bon ; et puis, ils m'ont bien payé, et je te paierai bien de même, parce que je suis honnête. — Ce n'était donc pas pour vous, ce lait ? lui dis-je avec un air stupide. — Que te fait cela ? — Moi, rien ; donnez-moi votre soupière. »

Je la repris de ses mains, et, en l'examinant, j'aperçus au fond le chiffre 12 tracé avec l'ongle, à côté d'une feuille sèche de mûrier. « Ah ! n'ôte pas cette feuille, me dit le concierge ; ils disent, ces coquins, que cela donne bon goût au lait : pour des gens qui doivent être guillotinés demain, ils sont bien délicats. »

Le concierge me paya mal ; cela m'importait peu : mon stratagème avait réussi et je pensais en moi-même que si mon capitaine devait périr le lendemain, malgré mon secours, au moins cette preuve d'amitié adoucirait ses derniers instants. J'avais compris parfaitement son chiffre 12 et sa feuille de mûrier ; c'était une énigme claire pour moi : il me recommandait de me trouver à minuit au vallon des Signores.

Une heure avant je me trouvai au lieu indiqué. Là se rendirent après moi quelques camarades que je connaissais déjà, et d'autres que je voyais pour la première fois : en tout dix hommes : c'était bien peu. On tint conseil, mais il manquait une tête : l'absence du capitaine se faisait sentir. Tous les avis proposés me paraissaient absurdes ; j'obtins la permission de donner le mien, et j'eus le bonheur de le voir adopter. Mes services et ma précoce intelligence me donnaient déjà parmi ces hommes une assez grande considération.

Cinq hommes devaient se porter un à un vers un ravin profond et couvert de hautes broussailles, au midi du village, et y attendre mes ordres ; les autres s'étaient chargés d'incendier un bois de pins qu'on voyait de la grande place. Pour moi, je me dirigeai hardiment vers la commune, pour y faire mes observations. Une cinquantaine de dragons bivouaquaient devant l'horloge ; deux sentinelles se promenaient toujours en veillant sur les prisonniers. La foule des curieux s'était dispersée ; il ne restait plus que quelques villageois qui fumaient sur la porte du cabaret. Cela connu, je fis un détour et rentrai dans la campagne.

Bientôt je vis le feu éclater en cinq points différents, vers le bois de pins; un vent favorable propagea rapidement l'incendie. J'entrai comme un furieux dans la grande rue du village, en criant : Les fuyards! les fuyards! Au secours! au secours! A ce cri, les villageois effrayés me suivent en courant; je les attire sur mes pas, vers la place de l'Horloge, où l'on sonnait déjà le boute-selle. Toutes les mains désignent aux cavaliers le point de l'incendie; ils s'éloignent au grand galop dans cette direction, et la foule les suit.

Du côté opposé arrivent mes cinq autres compagnons; je les conduis aux soupiraux de la prison, faiblement défendus par les deux sentinelles. On aurait pu les égorger; on se contenta de les désarmer. La main vigoureuse du capitaine enleva deux barreaux de fer déjà entamés par sa lime; en un instant il fut libre et dans nos bras. Nous eûmes beaucoup de peine à arracher du soupirail nos deux autres camarades prisonniers; car ils étaient faibles et épuisés par le sang qu'ils avaient perdu.

Nous amenâmes avec nous les sentinelles dans les montagnes; elles ne furent libres que le lendemain : ce fut un de ces actes de générosité assez familiers au capitaine. Il eût été dangereux de reprendre le chemin de la grande route; l'espion qui nous avait déjà trahis devait avoir aussi indiqué à nos ennemis notre retraite de la forêt. Nous résolûmes donc de changer de quartier général. Le capitaine, qui connaissait parfaitement les lieux, nous fit descendre dans une grande plaine que nous traversâmes; nous gravîmes ensuite de hautes montagnes en face de nous, et, de crête en crête, nous arrivâmes au pic le plus élevé de la contrée : on le nomme le *Val de Bretagne*. C'est une haute muraille de rocs, d'où l'on découvre un horizon sans bornes.

Nous vécûmes là quelques années de fruits sauvages et de racines que deux hommes de la bande allaient acheter aux petites fermes éloignées. Depuis longtemps, deux de nos compagnons étaient morts de leurs blessures : le capitaine était tout-à-fait rétabli ; il n'avait reçu que trois coups de feu à la tête, blessures ordinairement peu dangereuses. Notre troupe était réduite à dix, dont plus de la moitié étaient découragés ; car nous avions appris que les bandes affiliées des montagnes de Nans et des bois de la Sambuc avaient été détruites récemment. Le capitaine comprit qu'il n'y avait plus moyen de tenir la campagne. Un soir, il nous réunit autour de lui, et nous parla ainsi : « Mes camarades, je vous rends vos serments ; vous
« êtes libres. Je sais qu'aujourd'hui la France re-
« prend du calme ; vous pouvez rentrer et y vivre en
« honnêtes gens. Pour moi, vous le savez, trois fois
« condamné à mort par les tribunaux révolution-
« naires, comme rebelle et conspirateur, échappé sou-
« vent comme par miracle à leur guillotine, je me re-
« garde comme un homme perdu sans retour. Eh
« bien ! j'attends mon destin. Nous avons dans la pe-
« tite grotte de la forêt douze cents livres en or ; je
« vous les donne et n'en réclame rien : embrassez-moi
« tous, et bon voyage ; mon parti est pris, je vais ga-
« gner un port de mer voisin, et passer aux Anglais,
« si je puis échapper à l'échafaud. »

Nos compagnons cachèrent mal leur joie ; la vie aventureuse leur pesait : ils embrassèrent le capitaine en murmurant quelques mots d'adieux, et gagnèrent la crête des montagnes qui s'allongent à l'est jusqu'au grand bois de la grotte. Le capitaine me conseilla vivement de les suivre ; mais il fut touché aux larmes, quand il m'entendit former la résolution de ne le quitter qu'à la mort. « Eh bien, me dit-il, nous ne nous séparerons pas, mon sort sera le tien ; tu es robuste, brave et intelligent, avec ces qualités on gagne partout sa vie ou sa mort, ce qui est la même chose. »

Cet homme exerçait sur moi un pouvoir que je ne comprenais pas. On aurait dit qu'il avait à sa disposition plusieurs caractères et plusieurs sortes de voix. Dans le feu d'un combat, ses traits étaient horribles d'expression et son organe rude et brusque; dans la conversation, sa figure prenait un caractère séduisant de douceur et de noblesse; et sa voix, son accent, ses intonations, avaient un charme qui ravissait. On voyait qu'il n'était pas né cruel; mais qu'il s'abandonnait à des actes de vengeance, en souvenir de quelque grand malheur. Personne ne savait son nom : on ne l'appelait que le capitaine; et je continuai à lui donner ce titre, quoique je fusse, moi, la seule armée qui lui restât.

Quand la nuit fut venue, il me dit : « Suis-moi, Olivier, » et je le suivis.

Il marchait d'un pas sûr, sans hésitation, en homme qui connaît parfaitement son chemin. Nous nous précipitâmes, pour ainsi dire, du Val de Bretagne sur la plaine immense qui s'étend au sud, et que traverse la grande route de Toulon. Quelquefois le capitaine s'arrêtait, croisait ses bras, et considérait longtemps, avec un mélancolique sourire, quelques traces d'une récente dévastation : c'était une petite ferme déserte, une grange incendiée, une métairie en ruines.

Nous reprenions ensuite notre chemin par les ravins, les précipices, les lits des torrents, évitant toujours les sentiers battus. Arrivés au sommet d'une haute colline, le capitaine s'arrêta et me dit, en désignant du doigt les vestiges noirs d'un ancien feu : « Olivier, reconnais-tu cette place?—Très-bien, répondis-je, c'est là où j'allumai le signal...—Oui, dit-il en m'interrompant, le signal qui appelait tous nos pauvres amis à la mort; pas un d'eux ne repassera par ici. »

Il faisait nuit sombre encore quand nous heurtâmes à la porte de la petite ferme où si longtemps auparavant le capitaine m'avait recueilli. J'avais fait bien des choses depuis cette nuit.

La vieille femme vint nous ouvrir sa porte : elle tremblait de froid et de peur. « Vous êtes seuls? » nous dit-elle. — « Seuls, répondit le capitaine. — Et les autres? — Les autres... » Le capitaine haussa les épaules, avec ce sourire de mélancolie qui lui était familier : la vieille pleura.

Nous passâmes vingt-quatre heures à la petite ferme; il était nuit quand nous en sortîmes. Le capitaine avait enlevé une somme considérable en or, enfouie sous un petit pont, et ce fardeau était partagé entre nous. Il eût été difficile de juger de l'état de notre fortune par la misère de nos vêtements. Nous gravîmes une montagne presque à pic, qui s'élevait de l'autre côté du vallon du *Vaisseau*. Quelques heures après, je crus reconnaître la campagne que nous traversions. « Nous ne sommes pas bien loin de la mer, dis-je au capitaine. — A une demi-lieue tout au plus, me répondit-il; s'il était jour, nous la verrions là-bas. Écoute-moi, Olivier, crois-tu que ton père soit à La Ciotat? — Mais, oui. — Il aime l'argent, ton père? m'as-tu dit. — Oui. — Et tu m'as dit aussi qu'il était bon marin. — Oh! c'est un loup de mer, surtout quand il vient de se ruiner au jeu. — C'est bon, » dit le capitaine, et il se tut. Il n'aimait pas à parler inutilement; je laissai tomber la conversation.

Avant le jour, nous arrivâmes à La Ciotat. « Conduis-moi chez ton père, me dit le capitaine; s'il dort, il se réveillera. »

Mon père venait de se lever; il nous ouvrit lui-même sa porte, et poussa un cri de joie en me reconnaissant. J'oubliai ses mauvais traitements et je l'embrassai de bon cœur. Le capitaine regardait cette scène

Vous avez là un brave garçon.

les bras croisés. « Vous avez là un brave garçon, dit-il à mon père; nous voyageons ensemble, et nous n'avons pas voulu passer devant La Ciotat sans venir vous souhaiter le bonjour. — Soyez les bienvenus, répondit mon père; et où allez-vous donc en voyageant comme ça? — Nous voyageons pour un petit commerce assez lucratif; et, comme il ne faut pas être secret avec vous, nous faisons la contrebande; mais, à vous parler franchement, le métier se gâte tous les jours; il y a trop de concurrence : aussi, nous le quitterions volontiers, si nous pouvions faire autre chose... La course, par exemple. — La course! mais il vous faudrait un navire pour cela, un petit brick. — Oh! oui; nous ne voudrions pas faire la course en bateau. — Mais pour noliser un brick, il faut beaucoup d'argent, et vous ne m'avez pas l'air d'être en fonds. — Si j'avais le brick, j'aurais de l'argent. — Oh! le brick sera trouvé aujourd'hui. — Eh bien, j'aurai l'argent demain. — Touchez là. Que me promettez-vous pour ma peine? — Prenez cet à-compte; cela vous donnera de l'ardeur. »

Le capitaine jeta sur la table un petit sac de toile plein d'or; mon père s'en empara.

Les liaisons devinrent bientôt intimes entre eux; d'un côté, il y avait apparence de richesse et générosité; de l'autre, point de scrupule à recevoir et peu de souci de connaître de quelle source venait notre argent. Nous passions les jours et les nuits, le capitaine et moi, cachés dans la maison, parce que nous n'avions aucun papier de route à exhiber aux autorités locales, très-sévères, dans ce temps, contre les étrangers; mon père déployait une activité incroyable pour seconder nos projets. Enfin il trouva un vieux cutter de huit pièces de canon, recruta vingt hommes d'équipage, acheta des munitions et des armes, et quand ses lettres de marque qu'il avait demandées au gouvernement arrivèrent, tout était prêt à bord pour mettre à la voile.

Nous partîmes de nuit, selon notre usage ; mon père commandait le cutter, le capitaine était sous ses ordres. Nous avions quitté, lui sa vieille veste de velours, moi mes haillons de pâtre, pour l'uniforme des marins. Nous courions à toutes voiles, sous une bonne brise nord ; à l'aube, nous reconnûmes la Corse : deux frégates anglaises étaient en croisière devant cette île. Nous gouvernâmes sur la côte d'Espagne, dans l'espoir de rencontrer quelque marchand anglais ou espagnol.

Dès qu'on signalait une voile, mon père prenait sa lunette et criait : « Allons, enfants, à vos pièces ; c'est un Anglais. » Et s'adressant au capitaine avec une joie bruyante : « Mon ami, lui disait-il, en se frottant les mains, ce soir nous aurons les galions : ou je me trompe fort, ou c'est quelque riche chargement. »

Mais ces beaux projets ne tardaient pas à s'évanouir; c'était toujours quelque gros vaisseau qu'il fallait fuir. Heureusement nous avions un fin voilier qui filait huit nœuds malgré sa vieillesse ; et, pendant plusieurs mois, son agilité nous rendit de grands services, mais ne nous enrichit pas.

Un matin, par un temps assez brumeux, nous aperçûmes une voile sous notre vent ; mon père soutenait, selon son usage, que c'était un marchand, contre quelques matelots qui pariaient pour un brick de l'escadre de Nelson. Bientôt le point fut éclairci ; mais il n'était plus temps d'éviter le danger, il fallait combattre : notre croisière devait commencer et finir là. Nos matelots prirent l'alarme, nos canonniers abandonnèrent les batteries ; nous fûmes abordés par les Anglais, qui nous firent prisonniers et brûlèrent notre cutter.

Le capitaine, que j'avais vu si brave dans quelques affaires, ne prit aucune part à celle-ci ; il considéra tout, les bras croisés, sans brûler une amorce. Amené à bord du brick anglais, il demanda à parler à l'officier de service, et s'entretint longtemps avec lui, en mettant sous ses yeux des papiers et des parchemins. On lui accorda sans doute la faveur de rester sur le pont; notre petit équipage fut jeté à la cale, et l'on ferma l'écoutille sur nous.

Trois mois après environ, nous fûmes transportés à bord de *l'Endeavour,* vaisseau anglais qui croisait dans les eaux de Cadix. Le capitaine resta probablement à bord du brick; je ne le revis plus. Ma vie fut longtemps celle d'un prisonnier de ponton anglais. Notre nourriture était horrible; l'eau que nous buvions était pourrie et pleine de vers; à la moindre plainte, on nous rouait de coups. Je formai le projet de forcer la sentinelle, et de courir me précipiter à la mer, par un sabord de la batterie de trente-six. Mon père n'approuva pas ma résolution, et me conseilla de supporter la vie quelque temps encore; il songeait trop au peu d'or qu'il avait laissé chez lui : cette pensée le consolait, lui.

Un jour nous entendîmes au dessus de nos têtes un mouvement extraordinaire, comme des apprêts de combat. Quelques coups de canon se firent entendre, suivis une heure après par de longues détonations : bientôt nous ne pouvions plus douter que nous étions dans quelque grande bataille navale, contre les Français sans doute. Le fracas devint si épouvantable qu'il nous ôtait la respiration. Mais notre joie était vive; cet événement devait changer notre sort, au moins nous l'espérions. La canonnade dura presque tout le jour; elle ne finit qu'à la nuit. Nous ignorions à laquelle des deux nations la victoire était restée ; seulement, il paraissait que l'équipage de *l'Endeavour* devait avoir bien souffert, parce que de petits ruisseaux de sang filtraient jusqu'à la cale à travers les ponts. Le lendemain la canonnade recommença, mais beaucoup moins soutenue que la veille. Pour le coup, je ne voulus pas laisser échapper cette occasion : sans prendre cette fois conseil de personne, je me glisse entre les jambes de la sentinelle ; l'entrepont était couvert de fumée, un éclair m'indique un sabord: je profite du recul de la pièce, et je m'élance à la mer.

Tout en nageant au hasard, j'entends à dix pas de moi des cris de : *Vive la France!* qui partaient d'un vaisseau battant pavillon anglais : je lis sur sa poupe le mot *Bucentaure.* En deux élans me voilà sur le pont : là se livrait un combat terrible ; je m'emparai d'une pique d'abordage, et je me mêlai aux combattants. Les Anglais furent tués ou jetés à la mer ; on arbora le pavillon français à misène, en un instant *le Bucentaure* s'était repris.

C'était le lendemain de la bataille de Trafalgar. Presque tous les vaisseaux français qu'on remorquait en Angleterre s'étaient repris comme *le Bucentaure,* grâce au secours imprévu que vint leur prêter le brave M. Cosmao, qui commandait *le Pluton.* La mer était horrible ; une tempête s'était élevée la nuit, et jusque-là elle leur avait été favorable ; mais on craignait alors que le gros vent ne nous empêchât d'entrer dans la rade de Cadix. *Le Bucentaure* cargua ses voiles et attendit le calme. Le calme ne vint pas. Après le coucher du soleil, la tempête redoubla de furie. On demandait trois hommes de bonne volonté pour descendre dans un canot, gagner la ville, et rapporter du secours. Les trois hommes furent bientôt trouvés, mais il n'y avait à bord que des canots criblés de mitraille. Enfin, on trouva une petite chaloupe moins endommagée par le combat ; deux matelots et un enseigne, nommé M. Donnadieu, se déshabillèrent et se jetèrent avec la chaloupe à la mer. Vers minuit plusieurs embarcations arrivèrent de Cadix et recueillirent l'équipage : il était temps ; deux heures après *le Bucentaure* fut jeté à la côte et la couvrit de ses débris.

Personne n'avait pris garde à moi ; un seul officier m'avait demandé à quel bord j'appartenais ; j'avais répondu : Au *Neptune*, commandant l'Infernet : c'étaient deux noms que j'avais entendu prononcer dans le tumulte. Quand j'eus touché la terre, je me séparai de l'équipage et m'enfonçai dans les rues de Cadix, à la garde de Dieu.

J'offris longtemps mes services, comme domestique, dans plusieurs maisons de riche apparence, me donnant pour un pauvre matelot échappé à Trafalgar ; ce qui était presque vrai. Un négociant français me recueillit chez lui par compassion, et me recommanda à une espèce d'intendant pour me former au service. Mon travail se réduisait à si peu de chose, que j'y pris goût ; j'aurais même été heureux, si j'avais pu recevoir des nouvelles de mon père et du capitaine, car j'ignorais ce qu'ils étaient devenus.

Je passai quatre ans à Cadix, et j'y serais sans doute encore aujourd'hui heureux et tranquille, si mon bienfaiteur n'eût pas été contraint d'abandonner l'Espagne, aux premières nouvelles d'une guerre avec la France : son commerce se ressentit de ces nouvelles ; il lui restait à peine assez d'argent pour payer son passage et celui de sa famille, et gagner quelque port de France. Il me donna généreusement l'arriéré de mes gages que j'avais laissé grossir entre ses mains. Nous arrivâmes à Marseille : là, nous nous séparâmes, lui pour se rendre à Paris et faire des réclamations auprès du gouvernement, moi pour revoir mon pays natal et recueillir la petite succession de mon père, au cas que la nouvelle de sa mort y fût parvenue.

Les créanciers de mon père avaient pris les devants ; je ne trouvai rien. Sans perdre un jour, je courus à la petite ferme du vallon du Vaisseau, où mes aventures avaient commencé, espérant d'y avoir au moins des nouvelles du capitaine. La vieille Anne vivait encore ;

elle me reconnut et m'embrassa de joie : « Ah! qu'il sera heureux de vous revoir, lui aussi! — Lui! m'écriai-je; le capitaine est ici? — Oui, reprit-elle, pas en ce moment, mais vous le verrez bientôt; prenez patience encore une quinzaine au plus tard. Voilà bientôt deux mois qu'il est parti pour ***. — Eh bien! lui dis-je, je vais partir; je veux le voir tout de suite : si je le manque, je reviendrai. » Et, sans lui donner le temps de me faire une objection, je me précipite sur la grande route.

J'arrivai à *** vers les dix heures du matin.

Il y avait foule dans les rues, et on se portait avec empressement vers une grande place bordée d'arbres; je suivis par curiosité la même direction. Il y avait des gendarmes à cheval et la guillotine; j'entendais à côté de moi cette question et cette réponse : « Qui va-t-on guillotiner? — Un ancien chouan, un espion des Anglais. »

Au mouvement de la foule, je compris que le malheureux s'avançait vers l'échafaud; je gagnai autant de terrain que je pus pour m'approcher le plus près possible : je le vis monter l'échelle, il me tournait le dos; il fit volte-face, et allongea le poing avec fierté vers la foule; un nuage passa sur mes yeux, les veines de mon cou se gonflèrent, mon cœur battit : c'était le capitaine.

« Adieu! adieu! lui criai-je d'une voix forte, en me précipitant vers l'échafaud. La foule disait : « C'est son fils! c'est son fils! laissez-le passer, ce pauvre marin. » J'arrivai même au pied de l'échelle. « Adieu, Olivier, me dit le malheureux en souriant; j'en ai tué deux, le troisième m'a pris. Voilà mon mouchoir; tu le tremperas dans mon sang, et tu le garderas en souvenir de moi. »

Je pris le mouchoir avec rage; mes yeux étaient secs.

Après, il prêta docilement l'oreille aux discours d'un prêtre, pria à voix basse, leva les yeux au ciel, et dit avec force : « Bourreau, je suis prêt. »

L'exécution faite, je me fais indiquer la caserne des gendarmes, et j'y vole comme un furieux. Je m'adresse à un brigadier, assis sur un banc de la porte : « Pourriez-vous, lui dis-je en me modérant, me désigner ce brave qui a arrêté l'espion anglais ? — Tenez, me dit-il, le voilà qui cause avec des camarades, sous l'arbre. — C'est bon.

« Est-ce vous, camarade, lui dis-je, qui avez arrêté l'espion anglais? — Pourquoi me faites-vous cette question ? — Pour rien. Je suis son fils, pas plus que cela. — Que voulez-vous que j'y fasse? j'ai fait mon métier; j'en suis fâché pour vous. — Alors, mon ami, puisque vous êtes si brave, vous m'accompagnerez bien jusque sur les remparts avec votre sabre; j'ai deux mots à vous dire là. »

Le gendarme se mit à rire et me menaça de son gant jaune.

Je saisis la poignée de son sabre, je le désarmai lestement, et lui déchargeai un coup terrible sur la tête; il tomba baigné dans son sang.

Je fus arrêté à l'instant même, et je ne me défendis pas.

Mon procès fut bientôt fait. Aujourd'hui, je suis au bagne de Toulon, mon père au bagne de Brest, le capitaine au ciel; j'ai son mouchoir encore, je le garde pour m'étrangler.

LE SUICIDE.

L'acte d'un découragement incurable.
A. CARREL.

Chose singulière! la pensée du suicide est peu commune ici. On lit sur presque toutes les figures la résignation de l'avilissement ; ce n'est pas au moins crainte de la mort, la mort est ici regardée comme une faveur ; ce n'est point lâcheté ou défaut d'énergie ; tous ont des cœurs qui battent vigoureusement, des muscles et des nerfs qui ne pourraient trahir, par défaillance, une forte volonté. Qu'un régiment vienne les coucher en joue, ils vont courir, la poitrine nue, au devant des balles, pour recevoir d'autrui la grâce qu'ils ne veulent point se donner. Ils ont donc compris leur position. Ces mêmes hommes qui rient à la mort, qui ont pétri la terre avec du sang, qui regardent pistolets et poignards comme des outils de profession, qui ont joué avec des cadavres, qui parlent l'idiome de l'assassinat, aiment mieux attendre la mort plate de la vieillesse ou de l'hôpital, que de s'étrangler avec la chaîne de leurs voisins.

C'est que, pour se tuer, il faut plus que de l'énergie, plus que du courage ; il faut une âme haute, une fierté digne qui ne transige pas avec le malheur consommé, ou bien il faut ce désespoir réfléchi et calculé qui naît du sentiment de son irrévocable misère, bien différent de cette frénésie instantanée et d'inspiration qui presse une détente ou pousse un poignard. De ces hommes voués à une vie infâme et laborieuse, ôtez la fierté native ou d'éducation, ce ne sont plus que des esclaves résignés à leur condition par la monotonie de l'habitude et l'étourdissement du travail. Et tellement le malheur est de l'essence de l'homme, qu'on pourrait affirmer que presque tous ont une certaine affection pour leur métier, et que, rendus par faveur à la liberté, ils tourneraient quelquefois, de loin, les yeux, avec de vagues regrets, vers ces chantiers arrosés de leurs sueurs. Tous sont nés avec cette organisation indolente qui n'exclut pas la force physique, mais qui est répulsive au travail; et pourtant ils se sont façonnés au travail par crainte ou par besoin de distractions. Pourquoi se tueraient-ils? Ils travaillent et ne pensent pas; leur infamie est leur moindre souci; ils ne comparent jamais leur sort avec le bonheur d'autrui, pas plus que l'artisan des villes ne songe avec dépit au riche bourgeois qui passe. Ils ont fini même par s'intéresser à la réussite d'une charpente, à la solidité d'une voûte hardie, à l'essai d'un mécanisme nouveau. Dans leurs entretiens du soir, point de souvenirs de pays natal, de jeunes affections de village; mais ils se félicitent qu'on ait deviné un procédé ingénieux qui simplifie les transports, un cordier à roues pour tordre les câbles, un billot mobile pour battre les pilotis. Ils se sont pris de belle émulation et de jalousie de chantier à chantier, comme si le maître leur tiendrait compte des résultats; ils sont fiers de leurs œuvres, et déprécient les œuvres de leurs voisins, comme si les dalles d'un monument ou la quille d'un vaisseau devaient porter les signatures des auteurs. Quand une escouade arrive du chantier de Saint-Mandrier, on l'entoure avec un empressement d'artiste; on veut savoir si les colonnes de la chapelle seront d'ordre ionique ou corinthien, si les croisées du nouvel hôpital sont à plein cintre, si l'on a prémuni les salles du rez-de-chaussée contre l'humidité; alors des discussions s'engagent : on trace des devis sur le sable, on critique les plans adoptés; d'ingénieuses idées éclatent tout à coup dans ces cerveaux d'architectes faussaires ou assassins; les mains se lèvent, les yeux s'animent, les injures se croisent, le sourd cliquetis des ferrailles accompagne ces théories sur les beaux-arts... Eh bien! toute vie est supportable encore, quand on y rencontre de telles émotions. Mais dans un coin de ce tableau si vif et si brillant, on voit toujours, debout et muet, quelque galérien fier qui proteste; celui-là n'a jamais mis ses affections dans son travail; il n'a qu'une pensée, la liberté par le suicide ou par l'évasion.

C'est le point auquel on revient toujours, quand un crime de hasard vous a cloué ici, sans vous arracher votre cœur et votre dignité d'homme!

Il y a des moralistes qui ont écrit de belles pages contre.

C'étaient des hommes graves et heureux qui avaient des rentes sur l'État, des pensions royales, et des vertus. Nés dans Paris, vivant dans Paris, sans souci aucun de la province et des voyages, versés dans la science des hommes et des passions, à force d'études sur le théâtre grec; de bons magistrats qui s'enfoncent dans un cabinet calme avec de hauts pupitres, des livres, des tableaux et des tapis des Gobelins; qui déjeunent à dix, dînent à cinq, sur linge damassé et vaisselle plate, auprès d'un domestique qui verse le vin dans des verres à pied de cristal; des philosophes sans nerfs qui passent devant la Vénus de Médicis pour étudier le buste de Socrate; qui se couchent à dix heures, et ne trouvent qu'un prompt sommeil sur la molle chaleur de l'édredon. Ceux-là, un beau jour, s'assirent devant leur pupitre d'acajou, jetèrent sur leurs vitres la draperie rose, trempèrent leur plume dans un encrier doré, et écrivirent contre le suicide des arguments pleins de logique et de haute raison.

Bonnes gens ! avant d'écrire et de condamner, faites-vous une organisation qui comprenne tout ce qu'il y a d'intime dans le malheur; jugez ensuite.

A leurs yeux, l'homme malheureux est celui qui tend la main et demande son pain du soir; l'aveugle qui passe avec son chien ; l'infirme qui étale ses plaies sur la natte; le jeune amant trahi par sa maîtresse; le riche de la veille ruiné le lendemain; le joueur terrassé par la fortune; l'incurable sans lueur de guérison. Voilà tous les genres de désespoir classés méthodiquement ; hors de là, il n'y a plus que les brigands du bagne; mais une philanthropie de bon goût dédaigne de s'abaisser jusqu'à eux : ce sont des êtres flétris, des êtres d'exception, que le bâton corrige et qu'une balle de plomb punit. Et si on disait aux moralistes : Eh bien! dans ces repaires d'infamie, il est des hommes qu'une minute d'irritation perdit à tout jamais; des hommes dont l'épaule est flétrie et l'âme pure; qui cent fois le jour expirent de honte sous les regards des curieux; qui sont coudoyés, tutoyés, insultés, battus par leurs camarades les brigands; qui boivent et mangent une eau et des légumes souillés de bave; qui, la nuit, sentent glisser sur leurs lèvres d'épouvantables baisers; voyons à quel système de consolation, à quel livre de morale doivent-ils recourir, ces malheureux qui n'ont pas été inscrits dans votre catégorie? Ils ont épuisé toutes les voies des juridictions criminelles; plus d'appel pour eux; ils sont jugés et bien jugés; ils ont trente ans, une santé de fer, une tête forte, tout ce qui assure une longue vie, une raison à l'abri de tout ébranlement. Cinquante ans d'orgies, de fétides exhalaisons, d'atmosphère empoisonnée, de voisinage hideux, de nourriture immonde, de travaux d'enfer, leur sont réservés largement; ils souffrent tout à la fois, comme les damnés, les souvenirs cuisants, les horreurs du jour, les tortures d'un avenir sans fin : quelle est leur planche de salut? Répondez, sages de bonne foi.

La religion soutient et console : oui, dans les maux ordinaires; mais ici, quelle ferveur d'anachorète, quelle constance d'élu, ne seraient pas ébranlées? Il faudrait être saint et prédestiné, ou du moins pouvoir se retremper avec les souvenirs d'une jeunesse pieuse, pour trouver à chaque instant en soi des forces toujours nouvelles. Mais sont-ils aux galères, ceux qui sont nés avec ces heureux penchants? Et les hommes d'honneur, quoique de foi et croyance tièdes, qui s'y trouvent, peuvent-ils s'improviser ces vertus fortes qui, pour avoir leur efficacité plénière, doivent être apportées du berceau? Sans doute, ce fut une idée sublime d'élever un Christ au centre du bagne, en plein air, au bas de l'escalier de l'hôpital; mais cette idée a-t-elle éveillé une sympathie chez tant de malheureux? Les railleries seules n'ont pas manqué.

Pourtant tout pourrait se concilier encore : rigueur des lois, philanthropie, humanité; les législateurs devraient venir au secours des moralistes, et prévenir le désespoir et le suicide par de nouvelles combinaisons de châtiments ou de localités; la France est vaste, et tout crime pourrait y trouver sa prison et ses geôliers de convenances. Le soldat ivre qui menace, le jeune étourdi qui signe un billet d'un autre nom que le sien, l'amant qui tue par désespoir, devraient-ils être accolés aux homicides et aux brigands de grands chemins? Voilà la source du mal. Les hommes parlent, les sages écrivent, les philosophes font des traités de morale; mais ils s'arrêtent à la surface des choses, tout en visant à la profondeur. Le monde est si beau, nos villes ont tant d'éclat, nos fêtes sont si enivrantes, qu'on répugne à fouiller des plaies sous le vernis. Un homme monte sur les tours de Notre-Dame, il contemple avec ravissement la belle rivière qui baigne des palais et des galeries; il admire les croix d'or qui étincellent sur les dômes, les flèches gothiques, les colonnades, le gracieux Panthéon; mais il ne voit pas l'Hôtel-Dieu, vaste et sombre, qui pleure à ses pieds.

PRESSENTIMENTS.

Noctium phantasmata.
(*Hymne.*)

Quand j'étais innocent et libre, il m'arrivait souvent, après une journée de bonheur plein, d'aller me recueillir sous le grand tilleul que j'aimais. Là, je faisais un examen de ma vie dans ses rapports avec mes amis, avec mes parents, avec mes voisins; je m'assurais qu'aucun nuage ne pouvait ternir la sérénité de mon âme, que mes relations étaient bonnes, mon amitié payée de retour, ma fortune bien assise; qu'en outre j'avais la plénitude de mes forces, une verdeur incomparable de jeunesse, une puissance de constitution qui semble promettre l'immortalité du corps ; et, dans ma joie d'enfant, je serrais mes bras autour de ma poitrine comme pour m'embrasser. Alors, si une petite branche sèche tombait à mes pieds en froissant les feuilles du tilleul, si quelque figure inconnue et triste passait sur le petit sentier de la ferme, si quelque soudaine brise du soir se glissait dans les marronniers comme une plainte, je laissais tomber mes bras sur mes genoux, ma tête haute et fixe, dans l'attitude d'un simulacre égyptien ; un frisson coulait dans mes veines, une larme mouillait ma joue, mes tempes se serraient, je sentais jaillir comme une étincelle des racines de mes cheveux : la campagne se colorait d'une étrange teinte; le soleil couchant me semblait pâle, quoiqu'il n'y eût point de nuage au ciel. En m'en revenant au château, je remarquais, avec une sorte d'effroi, que le bruit de mes pas trouvait de l'écho sur le gazon, et je tournais vivement la tête comme pour voir quelque chose d'inattendu. Au souper, j'étais triste devant ma mère, et gai par boutades pour la rassurer. Enfermé dans ma chambre, je n'osais lever mes yeux sur la glace; je me déshabillais lentement, à regret même, parce qu'il me semblait que cette journée n'était pas finie, que ma porte devait se rouvrir à quelque messager sinistre. Je feuilletais un livre au hasard; mais le livre ne m'apprenait rien; puis j'éteignais, d'un faible souffle, mon flambeau, et je retrouvais sur le chevet quelque songe effrayant de la nuit passée, un songe tout en relief, comme si je l'avais déposé là le matin.

Je crois qu'on appelle cela un pressentiment; mais les hommes sages ne croient pas aux pressentiments; ils n'en ont jamais : qu'ils sont heureux! Quand une infortune les frappe, ils s'écrient : « Ah! je ne m'attendais pas à celle-là! » Les fous, comme moi, s'attendent toujours à une infortune; ils ont des avertissements secrets.

La veille de mon crime, le dernier jour de ma vie d'homme, je me promenais sur la terrasse en pensant à Camille; elle parut tout à coup dans l'allée, et pour la première fois, sa vue me laissa froid. Je ne sais quel jeu d'optique me fit illusion dans l'ombre des arbres, mais elle me parut plus grande que de coutume, et sa robe avait une teinte bizarre qui me déplut. J'examinai sa figure, quand elle m'aborda; sa figure avait une expression indéfinissable qui ne répondait à aucun sentiment connu. Il y eut un moment où ses yeux se fixèrent sur les miens; nos bouches étaient muettes, nos corps immobiles; je ne pus me rendre compte de ce qui se passait alors en moi, mais je frissonnai comme de peur. Ma mère nous appela du perron, et je tressaillis.

La nuit je fis un rêve étrange, un de ces rêves qui survivent aux autres, qui restent dans le souvenir, qui nous suivent, et dont l'impression ne se modifie jamais.

J'étais assis sur l'escalier d'une vieille chapelle ; le temps était d'un violet clair ; il n'y avait pas de soleil, il n'y en a jamais dans les rêves, du moins dans les miens. Camille vint s'asseoir à mon côté ; elle était brune et maigre, et parlait avec volubilité une langue inconnue que je comprenais pourtant. Une cloche se mit à sonner derrière nous ; je tournai la tête, la cloche avait une face humaine et nous regardait en sonnant. On chantait dans la chapelle ; je voyais l'intérieur par les larges fentes de la porte ; il n'y avait ni cierges allumés ni prêtres à l'autel ; quelques statues dans leurs niches criaient par intervalles ce mot : Jérémias ! Jérémias ! et ces cris me glaçaient. « Voilà notre noce qui vient, » me dit Camille, en jetant autour de mon cou un bras très-long et nu. Ce n'était plus Camille ; c'était ma mère, bien vieille, et auprès d'elle mon père que je n'ai jamais vu. Mon père pleurait ; il avait les joues jaunes et des cheveux gris hérissés : un prêtre en manteau blanc vint ; nous nous jetâmes à genoux, ma mère et moi ; il nous maria. Alors j'entendis un grand bruit d'eau ; je glissai par une pente mouillée dans un gouffre noir ; des bouches invisibles soufflaient dans mes oreilles, et je pirouettais, les yeux sur l'eau, dans les rouages d'un moulin souterrain. Je m'éveillai en sursaut : le reflet de l'aube dans ma chambre me fit peur : la pluie ruisselait sur mes vitres. « Ah ! dis-je presque à haute voix, je ne chasserai pas ce matin, » et je regardai mon fusil debout dans l'angle de la console. « C'était bien la peine, ajoutai-je, que Bruno veillât jusqu'à minuit pour laver le canon. » Puis la pluie cessa; la sérénité revint au ciel, et je neme réjouis pas. Trois heures après j'étais criminel.

Aujourd'hui rien de pire ne peut m'arriver; mon malheur semble à son apogée : cependant il y a dans l'air que je respire, dans les bruits aériens que j'entends, dans la couleur du ciel, dans les figures qui passent, quelque chose de mélancolique qui me donne du froid et me fait rêver; ce n'est point ma tristesse habituelle, c'est un abattement lourd qui tient à d'autres causes, et qu'un rien a déterminé. Tantôt, en levant mes yeux vers le soleil, comme pour lui demander une consolation, qui sait si je ne me suis pas mis en rapport, par un angle idéal et immense, avec un être qui m'est cher et qui souffre, et qui regarde le soleil à la même minute que moi? Oh! dans ce moment de crise nerveuse et de mystérieuses sensations, qu'il me serait doux de m'asseoir entre deux amis bien gais, de parler de femmes, de peinture et de musique, comme on fait lorsqu'on sort de l'Opéra sur le boulevard Italien.

CALME.

> Un souvenir sanglant dans notre destinée,
> Voilà l'irréparable!
> S. B.

Je ne sais quelle invisible main me protége à mon insu!.. Cette fois les pressentiments ont tort.

Il me paraît que j'ai suffisamment expié le crime de mon évasion; me voilà libre encore, libre comme on l'est au bagne; le Mézence du lieu m'a délivré du cadavre que je traînais avec moi ; j'ai revu mon ancienne cabine, et, le dirai-je? avec un sentiment de plaisir : O misère du pauvre cœur humain !

Quel singulier attrait avais-je donc trouvé dans cette hutte immonde? Auquel de ces meubles hideux avais-je accordé l'honneur de mes affections? A ce lit de sangles qui craque sous mon poids, à cette table que tant de mains sanglantes ont vernissée, à ce plancher de goudron, à cet escabeau de cuir gras? Qu'il faut peu de chose pour tenter notre convoitise! Et puis-je maintenant blâmer ces misérables qui prennent intérêt à leurs travaux! Quelle révélation! Et si l'habitude allait me dominer aussi! Si, moitié résignation, moitié pieuse croyance, j'allais accepter la vie, vivre mon contingent! O Dieu! viens à mon secours : je suis dans la voie.

C'est cette épouvantable image du sang répandu qu'il me faudra subir si longtemps! Oh! le crime de sang est toujours le crime ; ici aucune subtilité de sophiste ne peut changer le sens du mot! Otez-moi ce souvenir, et je me sens capable d'aller jusqu'au bout. Pourquoi ne suis-je pas ici pour autre chose?

Et si c'est un véritable crime, ne faut-il pas se soumettre à l'expiation?

Si j'avais forfait à cent lois conventionnelles, qu'on a jugé à propos d'inscrire dans le pacte social; si je n'étais que voleur, je leur dirais : « Prenez toute ma fortune, et délivrez-moi de mes remords. »

Mais le sang, le sang veut du sang; et quand on répugne à s'ouvrir les veines, il faut au moins souffrir un demi-siècle et prier.

LETTRE ANNEXÉE AU MANUSCRIT.

« Mon cher maître,

« Vous m'avez fait jurer que je vous instruirais de tout ce qui se passera à la maison, que ce soit une bonne ou mauvaise nouvelle; je croirais manquer à la fidélité que je vous dois, si je vous cachais l'horrible événement d'hier. Je crains que cette lettre ne vous parvienne pas; cet homme que vous avez connu à l'hôpital, et qui vit par vos bienfaits, m'a répondu sur sa tête de vous la faire tenir par un de ses amis. Mais venons au fait.

« Hier matin, à neuf heures, mademoiselle C*** est venue à la maison; elle était pâle et bien maigre, tellement que je ne la reconnaissais pas. Elle m'a dit avec une voix sourde : « Je veux parler à madame. » J'ai été fort embarrassé pour lui répondre; mais comme elle me pressait beaucoup, et qu'elle se jetait à mes pieds, j'ai fait la sottise de la faire monter aux appartements. Madame était couchée et prenait du bouillon. En entrant, mademoiselle C*** lui dit :
« Vous voyez devant vous une pauvre fille sans pa-
« rents, sans amis, repoussée de partout, qui vient
« vous demander comme une grâce de lui accorder un
« asile; elle vous servira comme la plus humble de
« vos servantes. »

« Madame l'a regardée quelque temps avec attention, et lui a demandé si elle n'était pas mademoiselle C***. Elle a fait un signe de tête, pour dire oui. Alors madame a fait un geste menaçant, et elle est tombée dans ses crises nerveuses. Mademoiselle C*** s'est jetée sur une chaise longue, et elle pleurait en répétant : « Je l'avais pensé, je l'avais pensé; que je suis malheureuse! — Pardon, mademoiselle, lui ai-je dit, faites-nous la grâce de sortir d'ici, que madame ne vous revoie plus en revenant à elle. — Oui, oui, a-t-elle répondu, je vais sortir; mais, à votre tour, accordez-moi une grâce aussi; conduisez-moi à l'appartement de Gustave. » Mademoiselle C*** était si pressante, et sa voix douce me touchait tellement, que je lui ai dit : « Allons, suivez-moi; il faut vous obéir. » En ce moment, madame reprenait connaissance, et deux domestiques lui prodiguaient leurs soins.

« Votre chambre n'avait jamais été ouverte depuis vous. Il y avait des toiles d'araignée entre les volets fermés et les vitres; tout était à sa place. Mademoiselle C*** s'est assise en sanglotant sur votre fauteuil, devant votre chevalet; elle a longtemps regardé le petit paysage que vous n'avez pas fini, et sur lequel il y a deux figures tracées, assises près d'une source. Sur votre somno, il y avait un livre ouvert, un verre d'eau rempli à demi, et quelques grains de sucre à côté; mademoiselle a considéré tout cela en secouant tristement la tête; elle m'a fait ensuite un signe, mais sans parler, pour me montrer votre lit dont les draps étaient en désordre du matin, un foulard noué, et un enfoncement dans le milieu du chevet. Nous pleurions tous deux. Elle a arraché, avec rage, le long signet de papier dont vous aviez marqué la page du livre, et elle a bu le verre d'eau. Je ne croyais pas qu'il pût y avoir tant de sujets de larmes dans d'aussi petits détails. Mademoiselle me fendait le cœur à chaque découverte qu'elle faisait. Croyez-vous qu'elle a passé une demi-heure au moins dans le petit cabinet où est votre volière; vos deux loris, qui avaient des couleurs si vives, sont morts de faim. « Pauvres oiseaux? pauvres oiseaux! a dit mademoiselle; eux aussi, eux aussi. » A côté de la cage, nous avons remarqué du chanvre grossier que vous aviez préparé pour leur nid. En passant devant la glace, elle a détaché le petit médaillon de son portrait que vous avez peint. « Dis, Bruno, m'a-t-elle dit en se regardant dans le miroir, me reconnaîtrait-il aujourd'hui, comme je suis faite? » Je n'ai pas eu le courage de lui faire un compliment faux, car la pauvre femme me paraissait horrible en ce moment.

« Elle a recommencé sa tournée dans votre chambre, en répétant toujours les mêmes choses, toujours accompagnées de pleurs. Enfin, elle a paru s'animer et prendre du courage : ses yeux sont devenus secs et son teint coloré comme autrefois ; elle a pris votre foulard sur votre lit, l'a croisé sur sa gorge comme un fichu, et m'a dit : « Sortons, Bruno ; je te remercie de tes bontés ; prends cette bague, elle est de lui. »

« J'ai pris la bague, parce qu'elle était de vous, et j'ai accompagné mademoiselle jusqu'au perron. « Et où allez-vous maintenant? lui ai-je dit; avez-vous besoin de quelqu'un pour vous accompagner? — Non, m'a-t-elle répondu, Bertrand m'attend à la ferme, pour me conduire chez ma marâtre. — Alors, mademoiselle, lui ai-je dit, que Dieu veille chez vous ; venez me voir quelquefois. »

« Le soir, vers les six heures, j'ai vu du perron quelques paysans qui couraient vers le vallon de la Source; j'ai même entendu des cris de femmes partir de ce côté. Mon fils est arrivé un instant après, pâle comme un mort : « Ah ! m'a-t-il dit, quel malheur! quel malheur! Mademoiselle C*** est là-bas, morte, morte, avec un visage violet qui fait peur. » J'ai couru tout de suite au vallon, et j'ai trouvé la pauvre fille étendue sur le dos, la figure couverte de ses cheveux et votre foulard aux dents. Les paysans avaient fait un grand cercle autour d'elle, et il était défendu d'approcher jusqu'à l'arrivée de la justice et du chirurgien.

« A huit heures, les formalités de la loi ont été remplies, et le corps a été enlevé ; le chirurgien a déclaré qu'elle s'était empoisonnée avec de l'arsenic.

« Prenez du courage, mon pauvre maître, madame votre mère va beaucoup mieux ce soir.

« BRUNO. »

RÊVERIES.

Noble enfant! noble fille! c'est elle qui me montre mon chemin.

Ainsi, que sert de se raidir contre la main qui nous pousse, contre la voix qui nous crie : Marche!

Ne dirait-on pas que, lorsque je prends en moi-même quelque résolution de bon conseil, un infernal génie est aux écoutes, et va me susciter, de par le monde, un romanesque incident qui détruit tout.

L'an dernier encore, quand je m'attendrissais aux jeux tragiques du théâtre, qui m'eût dit que je serais moi-même le héros d'un drame de sang? Pourtant, tous ceux qui assistaient avec moi à ces spectacles, dans les mêmes soirées, sont libres, et rient avec leurs familles et leurs amis. Moi, j'ai été cueilli de prédilection comme une fleur dans un jardin immense.

Si un ange m'eût conduit avant ma naissance sur la coupole du Panthéon de Paris, et s'il m'eût dit : « Acceptes-tu la vie? je vais te la donner. La vie est une chose d'enivrement; regarde là-bas; un million d'hommes vivent dans cette ville de jardins, de théâtres, de femmes et de palais, et ils sont si heureux de leur vie, que tous la conservent comme un trésor. La veux-tu pour toi? » J'aurais dit : Oui. L'ange aurait ajouté : « Ecoute : dans ce million d'hommes, la justice humaine en choisit chaque année une douzaine qu'elle frappe d'un châtiment terrible, la prison sans fin. Douze sur un million : veux-tu courir cette chance? — Je veux la courir. »

Et j'aurais perdu à ce jeu! Perdu cette partie avec tant de chances de gain, que l'imagination se révolte en les calculant.

Bien plus, dans la France entière, il arrive, à longs intervalles, qu'une jeune femme se tue et brise du même coup le cœur d'un homme qui l'aimait ; on cite cela comme un phénomène. Cette année, ce phénomène est tombé sur moi. Mais, me dira-t-on, puisque cela arrive, faut-il bien que cela arrive à quelqu'un! C'est fort juste ; mais on conviendra du moins que ce quelqu'un est un malheureux de merveilleuse exception.

Si je demande aux hommes : Pourquoi? pourquoi? les hommes me répondront : « Voyez le scélérat! il assassine, puis il se plaint! Si tu avais été vertueux et honnête comme nous, tu ne serais pas ici. »

Cette solution ne me contente pas ; je m'adresse au ciel, mais avec une ferveur d'âme si vive, qu'il me semble qu'une voix d'en-haut va me répondre et me calmer.

Rien au ciel, rien qu'une douce lumière, des flocons de nuages, un azur bien gai ; c'est pour moi comme pour les autres. — Énigme partout.

HÉSITATION.

Pourquoi a-t-elle été jetée dans mon tourbillon? Quel concours de circonstances n'a-t-il pas fallu pour que mon choix de prédilection s'arrêtât sur elle, lorsque tant d'autres avaient passé devant moi comme des ombres qui ne laissent aucun souvenir? Pauvre fille! deux fois tuée par moi et pour moi! Elle est écrasée indignement sous la terre grasse du cimetière, et les vers ont déjà commencé leur festin sur ce corps de jeune femme qui n'avait été fait que pour eux. Et personne dans le monde n'a pleuré sur elle que moi. Orpheline vouée au malheur! En ce moment une marâtre, joyeuse peut-être, spécule sur l'humble héritage de la beauté. Quelque revendeuse évalue, en comptant sur ses doigts, ses fraîches robes de bal qui n'ont plus de Camille à revêtir, ses jolis chapeaux de paille, son linge blanc et parfumé, ses collerettes qu'elle broda sous les tilleuls, en chantant des airs d'amour. Pauvre fille! un moment de coquetterie et d'oubli t'a perdue! Le beau crime! Son repentir n'a fait qu'accélérer sa seconde mort. Que ne persistait-elle dans son infidélité étourdie? Elle serait mère aujourd'hui, heureuse, avec un nom, avec un époux; et moi, je pourrais vivre encore, tandis qu'à présent, c'est une expiation nouvelle que l'enfer demande; l'enfer sera content.

C'est que je ne puis m'habituer à cette idée de ma destruction volontaire; ma folle et vagabonde imagination brise mon courage : les hommes qui se suicident de sang-froid n'ont point d'imagination; ils voient le mal présent, le mal intolérable, et ils disent : « Guérissons-nous; que m'importe ce qu'il adviendra après! »

Et moi, je ne puis arrêter ma pensée tout juste aux limites de ma vie; je vois mon cadavre sanglant enlevé par quatre bourreaux de mort, et jeté, avec des railleries, dans une fosse... Puis, mes jeunes croyances reviennent fraîches à mon souvenir : ces mots d'âme immortelle, de Dieu vengeur, résonnent encore avec toute leur puissance dans mes oreilles comme à douze ans; les moqueries des gens du monde, les arguments de la philosophie, mon ancienne et forte raison, tout me paraît insuffisant pour déraciner en moi ces idées, ces impressions de l'enfance.

Ce que je puis gagner, en raisonnant de sang-froid sur ces mystères, c'est l'admission du doute, et le doute suffit pour m'arrêter.

Pauvre Camille! tu n'as pas jeté tant de contre-poids dans ta balance. Une détermination virile a poussé ton bras; et moi... moi, je cherche partout des rameaux sauveurs pour me suspendre sur l'abîme.

Je crois que cette hésitation s'appelle en langage vulgaire... lâcheté.

BILLET.

« Mon cher maître,

« Voici la dernière nouvelle que vous recevrez de votre fidèle serviteur; demandez à Dieu des forces pour supporter la vie. Madame votre mère est morte ce matin, à six heures.

« Je pars demain pour Toulon, pour y recevoir vos ordres. Mon fils gardera la maison.

« Votre fidèle serviteur,

« Bruno.

« 2 octobre. »

RÉSOLUTION.

Ma pauvre mère est morte! c'est bien, je suis content!

Content, puisque j'ai ri en recevant la nouvelle. Un fils pleure ordinairement sa mère, c'est nature; mais moi, je n'ai pas pleuré.

Mon voisin a entendu ma joie. « L'ami, m'a-t-il dit, es-tu gracié, par hasard? — Oui, je suis gracié; je serai libre ce soir. — Ah! tant mieux! Tu es un bon enfant! »

Au moins, je laisse une bonne réputation au bagne; c'est quelque chose!

Mais comment viennent les maladies d'inflammation, ces fièvres soudaines, ces accès de cerveau qui étouffent les gens heureux au milieu d'un gai festin? N'y a-t-il que l'extrême malheur qui soit assuré contre l'apoplexie? Faut-il toujours que le malheureux périsse de sa propre main, quand la nature s'obstine à lui maintenir la santé par dérision? Je n'aurais qu'à la laisser agir, cette nature, et elle me soignerait en bonne mère; elle me donnerait le tempérament de ma nouvelle position; elle rafraîchirait mon sang d'air et de sommeil, comme un bienfaisant geôlier qui engraisse une victime pour l'échafaud. A cette heure, je devrais être brisé : voyez dans les livres et les drames, comme les genoux fléchissent sous le poids d'une calamité, comme les évanouissements se lient, sans transition, aux nouvelles foudroyantes? moi, rien. Je ne sens pas mon corps; j'ai la respiration libre et fraîche, le pouls réglé..., quelques accès de léger frisson; voilà tout : il est vrai qu'avec le temps, le frisson devient fièvre; mais la fièvre ne donne pas la mort. Cinq jours de diète et d'hôpital, et l'équilibre est rétabli.

Ce n'est pas mon compte.

Plus de fièvre, plus d'hôpital, plus de convalescence, plus de vie enfin.

J'ai fait un signe au vieux Caron... Il va venir. Il faut recourir à ce vieillard brigand pour tous les genres d'évasion.

. . . .

Il est monté sur le ponton avec une indifférence bien jouée; il s'est entretenu longtemps avec tous mes voisins, et ne s'est approché de moi que comme par hasard.

« Écoute, lui ai-je dit : pour de l'argent, tu rends service, toi ?

— Oui, mon enfant, comme tout le monde. Est-ce que vous voudriez vous échapper une seconde fois ?

— Non, je veux me tuer.

— Ah ! c'est plus facile.

— Peux-tu me porter... quelque chose qui tue; voilà vingt francs ?

— Merci; quelque chose qui tue ! Mais, oui; ce que vous voudrez; à votre choix.

— Avant de prendre cette peine, donne-moi un conseil. Est-il facile de se noyer sous le ponton ? y a-t-il assez d'eau ?

— Ah! ne faites pas cette sottise; il y a des gens ici qui ont la rage de plonger un noyé; ce n'est pas au moins par intérêt pour lui, qu'est-ce que ça leur fait que vous vous noyiez ! mais, en attendant, ils vous sauvent, et, quand ils vous ont sauvé, l'argousin vous donne trente coups de bâton, parce qu'il est défendu, par les règlements, de se noyer.

— Parlons peu. Cherche dans ton esprit; je veux une arme ou du poison; je te donne vingt-quatre heures pour me trouver une arme ou du poison.

— Vingt-quatre heures! c'est court; mais enfin, je ferai ce que je pourrai; il n'y aura pas de ma faute. Quant au poison, il faut y renoncer; d'abord, parce qu'on vient de faire une ordonnance en ville contre les apothicaires qui en vendent; ensuite, parce qu'on ne doit jamais se tuer avec du poison. Avez-vous connu le grand Juif?

— Non.

— Ah! ce n'est pas de votre temps. L'envie lui prit de se tuer, à lui aussi; c'était un bon enfant : je lui procurai du vert-de-gris de chez le fricotier, où il y a des casseroles de cuivre; il prit son vert-de-gris comme un brave; oh! là, hardiment, comme un chrétien. Deux minutes après, il tomba dans l'agonie, une agonie de cheval; il était vert comme le pavillon de ce brick; ça dura huit heures : sa taille avait perdu au moins deux pieds; voyez ce que c'est que le vert-de-gris! Nous étions trois de ses amis à le regarder souffrir, il nous fit signe de l'achever; Borju le ponantais, qui est un hercule, un bœuf, lui appliqua son pouce ici, et l'étouffa comme un moineau : il faut être charitable dans ces moments. Pour en revenir à vous, à présent, si j'ai un bon conseil, un conseil de père à vous donner, c'est de vous couper le cou avec un rasoir; qu'en pensez-vous?

— Oui, j'accepte; trouve un rasoir, mais bon.

— Oh! bon; soyez tranquille : je ne voudrais pas vous tromper; je fume encore de votre argent. J'enverrai chez le *barberot* un adroit *grinche* qui lui soufflera trois rasoirs pour un, et ça à la minute : vous choisirez.

— Voilà vingt francs encore pour ton adroit voleur.

— Oh! vous, vous méritez bien qu'on vous rende service; nous boirons demain à votre santé. A présent, vous êtes sûr d'avoir votre affaire. Et l'estomac est-il bon, au moins? Vous ne ferez pas la femelle; c'est que vous m'avez l'air douillet, muscadin. Voyez, vous n'avez qu'à prendre votre rasoir, là, comme si vous vouliez vous raser, et vous restez en position : vous pensez à tout ce qui vous vexe; ça monte la tête, et, quand la grande rage vient, crac...

— Assez, assez...

— Comme vous êtes pâle! Aïe! aïe! vous ferez quelque bêtise, une égratignure de barbier; prenez garde.

— Ne te mêle de rien que d'apporter ici ce qu'il me faut.

— Bien, voilà le ton du brave, et votre visage s'est coloré. Je vais me mettre en campagne : demain vous serez content. Au coup de cinq heures, si vous me voyez paraître, préparez-vous, j'aurai votre affaire en poche; si je ne viens pas, mon tour aura été manqué, et vous tâcherez de vivre encore un peu, en attendant une autre occasion : est-ce compris?

— C'est compris.

— Si je réussis, au coup de cinq heures comptez sur moi.

— C'est convenu. »

DÉLIRE.

Bien! les orages de l'équinoxe se lèvent, les vagues mugissent dans la grande rade, le vent siffle dans les pins et les cordages : les navires du port se heurtent avec des gémissements sourds, la pluie tombe froide comme en hiver : vive ce deuil! Le ciel m'a compris, il me donne une fête digne de moi. Ma mère, Camille, soyez contentes; ce soir nous nous reverrons dans ces lieux profonds où les âmes tristes se parlent avec le souffle : ce soir il y aura du sang frais, encore du sang, celui de l'expiation. Pauvre mère! je l'ai vue cette nuit, non pas en songe, le songe est incohérent et vague; c'était une horrible apparition : ma mère, assise dans sa chambre, avec sa noble figure de vingt-cinq ans; elle brodait un lange d'enfant devant un berceau vide, fière de sa maternité prochaine, comme toute jeune femme au neuvième mois de son hymen. Ses amies la félicitaient en riant, et elle disait d'une voix timide : « C'est un garçon que je demande à Dieu.» Le vœu a été exaucé... C'est bien de faire des enfants : maudite soit la stérilité des femmes! Il faut que les vers du tombeau vivent. Voilà un salon bien illuminé; des fleurs, des fruits, des chants, un air de fête, des rayons sur toutes les figures; il y a de quoi, un enfant vient d'entrer dans la vie. Ah! qu'il sera joyeux, quand il sentira son bonheur d'homme! Ne suis-je pas né aussi comme cela, moi? Né dans une alcôve de cachemire et d'or : ma jeune mère me donnait de ces ineffables regards d'accouchée que Rubens a devinés; mon père était glorieux et caressant, de douces paroles s'échangeaient entre eux; ils faisaient des projets de bonheur sur mon berceau; la maison était pavoisée; on dansait dans le parc; on buvait à ma naissance; le prêtre mêlait mon nom au *memento* de la messe; et ce corps d'enfant a mis trente ans à grandir; c'est un homme aujourd'hui. Sonnez, joyeuses cloches de son baptême! on jettera ce soir son cadavre dans le cimetière des forçats!

Oh! c'est cette pensée de la destruction, cette pensée bien sentie, bien méditée, qui devrait dans un seul jour changer l'univers en monastère ou en tombeau. Un siècle viendra peut-être où chacun rougira de jouer cette farce ridicule qu'on nomme la vie, et donnera sa démission de vivant, et secouera librement son fardeau avant que le squèlette de l'agonie ne l'étouffe, en cheveux blancs, sur un matelas. N'est-ce pas pitié de voir cette foule étourdie et insoucieuse qui passe devant un corbillard, et ces messieurs du convoi qui rient en carrosse? « Qui passe là-bas? — Rien, c'est un mort. » Et l'on court aux spectacles, on cabale pour un emploi, on fonde un établissement, on plante des chênes et des marronniers; puis on trouve en chemin la mort, la seule chance inévitable que les plus prévoyants n'aient pas prévue. Les enfants pleurent un jour, et leur bruyante consolation du lendemain scandaliserait le défunt ressuscité. Ainsi fait-on dans les villes ces vastes hospices de fous, avec leurs cages numérotées et leurs ceintures de tombeaux.

Ah! malheureux! tu fais fi de la vie; y rentrerais-tu s'il t'était donné d'y revoir libre tous les êtres qui te sont chers?

Le monde! le monde! que les malheureux le maudissent, c'est concevable; mais cette œuvre de Dieu est belle, c'est une chose d'enivrement! Qu'importe de mourir après une vie pleine! Le monde, c'est ce globe immense où il y a des chemins pour tous les voyages et des merveilles pour tous les yeux; où il y a des îles de palmiers jetées sur l'Océan, comme de fraîches hôtelleries; des forêts vierges toutes pleines d'oiseaux dorés qui chantent sans auditoire; des vallées sans nom, où des femmes nues dorment sous l'aloès; des fleuves unis comme des lacs, où les barques passent le soir avec des voiles de cachemire. Ceylan, assise sur les perles et le corail; les Maldives, semées sur la mer comme des étoiles; Batavia, verte et fraîche sous l'équateur; l'Archipel indien, continent de forêts que découpa l'Océan; l'immense presqu'île qu'arrose le Gange, où l'on trouve des cataractes qui ont creusé des gouffres sans fond; des vallons retirés, vêtus d'arbres inconnus, baignés de sources vives, où les oiseaux s'abreuvent sans peur; des hangars de bambou, aux persiennes d'osier, suspendus sur l'anse d'un fleuve, avec leurs frêles balcons tapissés des roses de Ceylan. Voilà quel serait le monde de mon choix, si j'avais à recommencer la vie; pays de sauvage indépendance, comme il en faut aux hommes d'élite qui ne veulent pas signer le pacte social, qui se suffisent à eux-mêmes, qui manquent d'air dans notre étouffante civilisation; pays où l'on regarde comme non avenu tout ce qu'ont écrit les sages sur l'injustice des hommes et les dégoûts de la société; où l'on peut lire, avec un sourire de pitié, cette absurde comédie qui nous montre un misanthrope millionnaire, un misanthrope homme de cour, déjà sur l'âge, s'escrimant, pendant cinq actes mortels, contre les hommes, lorsqu'il lui eût été bien plus noble et bien plus aisé de se taire et de partir pour l'Inde avec sa fortune, trente ans avant le lever du rideau. O dévergondage de la pensée! Retombe sur ton escabeau, forçat agonisant; ne sens-tu pas brûler sur ton épaule le stigmate qui t'a flétri? Lettres pesantes! Leurs lignes de feu se détachent, en ce moment de crise, avec tant de relief, que je puis les lire en imagination. C'est l'enfer qui me pique avec cet aiguillon : attends, attends; on aiguise l'arme sur la pierre; je suis à toi. Camille, ma mère, vous serez contentes; tout marche au gré de mes vœux; cinq heures sonnent; le ciel se cuivre; les éclairs déchirent l'horizon; de larges gouttes tombent et se gonflent dans le bassin; les pêcheurs rentrent dans le port à coups de rame : deuil, deuil partout; toute poésie de consolation s'éteint dans la rade et sur les collines : c'est un jour sans lendemain. Mon Dieu! pardonne-moi; voici l'horrible vieillard!

NOTES ET ÉCLAIRCISSEMENTS.

Page 41. — Ollioules.

Ollioules, qui doit son nom aux bois d'oliviers qui la couronnent, est une petite ville à une lieue de Toulon ; sa position est ravissante ; c'est le sol et le climat d'Hyères ; on y arrive par une avenue de jardins baignés d'eau vive, et semés de jasmins et d'orangers. Ce délicieux paysage frappe d'autant plus, qu'il se révèle soudainement à l'issue d'un défilé horrible, Thermopyles de la Provence.

Page 42. — Salvator Rosa.

C'est *la grande bataille*, un des trois tableaux de Salvator Rosa, que possède le musée de Paris. Lady Morgan, dans son histoire de ce grand peintre, ne parle pas de cette admirable composition, bien supérieure aux tableaux du même genre et du même peintre, qu'on trouve dans les cabinets de la Grande-Bretagne.

Page 45. — Le maire de C***.

L'histoire du maire de C*** fit dans le temps beaucoup de bruit. C'est un des hommes malheureux les plus résignés à leur sort qu'on puisse voir. Il reçoit les visiteurs avec la politesse et les formes aisées de l'homme du monde, et rien n'est plus étrange à voir que cette décence de manières et cette grâce d'urbanité sous la veste rouge du galérien. L'auteur de ces notes eut avec lui la conversation suivante, l'an dernier, au mois de juin : « On m'a dit, monsieur, que vous vendiez des cocos ciselés ; je serais bien aise de vous en acheter un.

— Monsieur, donnez-vous la peine d'entrer ; je suis fâché de ne pas avoir de chaise à vous offrir : on n'a pas ici toutes ses petites commodités... Mettez votre chapeau, monsieur, je vous en prie ; l'air du port est vif. Vous voudriez de mes cocos ; ma foi, je suis au désespoir d'être au dépourvu ; voilà bientôt six mois que je ne tourne plus ; je m'étais fait une petite réputation en ce genre. Tenez, examinez celui-ci ; c'est mon dernier, et je le garde. Voyez le fini du travail ; ces arabesques sont copiées d'un dessin d'Herculanum, que j'ai dans mon portefeuille. Soit dit sans amour-propre, personne de la communauté ne travaille le coco dans cette perfection.

— Et pourquoi avez-vous renoncé à ce travail ?

— Bah ! que voulez-vous ? Je suis accablé d'affaires ; ma correspondance avec le grand chancelier me prend mes journées en plein ; il faut avoir une tête de fer pour supporter la besogne. Voyez ces liasses de manuscrits ; jetez un coup d'œil seulement ; ce ne sont là que les brouillons, les minutes ; il faut transcrire le tout ensuite sur grand vélin : jugez.

— Vous avez sans doute bon espoir, après tant de lettres écrites ?

— Oh ! mon affaire est sûre maintenant ; je n'attends plus qu'une pièce, et mon innocence est à jour : ça été une distraction du jury ; voilà tout. Il n'y a pas aujourd'hui dans le pays, un petit enfant qui ne dise :

« M. de*** a été victimé par ses ennemis; il est blanc comme neige. » On a un regret mortel d'avoir précipité la chose; enfin, on réparera tout. J'ai des amis qui m'ont servi chaudement; j'ai encore quelque crédit au château, Polignac me veut du bien : mon affaire est en bon train. Voici ce que m'écrit M. ***, un pair de France, le nom n'y fait rien, un homme de cour qui parle au roi tous les dimanches; si je vous le nommais, vous ne connaîtriez que ça... Voici :

« Paris, le... etc.

« Mon cher, etc., etc., etc.

« J'ai mis vos dernières pièces sous les yeux du
« grand chancelier : il en a été frappé. Duc, m'a-t-il
« dit... (ce pair de France est duc)... duc, m'a-t-il dit,
« est-ce que notre siècle aurait son Calas? Le mot est
« profond, comme vous voyez, et doit vous donner
« plus que de l'espoir. Votre malheur fait toujours
« ici l'entretien des hauts salons; c'est incroyable
« l'intérêt qu'on vous porte. Un peu de patience; tout
« s'éclaircira. Si vous avez besoin de moi pour autre
« chose, ne me ménagez pas. Tout à vous, etc., etc. »

Vous voyez à quel point d'intimité j'en suis avec ces messieurs. Si vous aviez le temps, je vous montrerais trente autres lettres toutes plus chaudes encore, avec des offres de services à n'en plus finir. Tenez...

— Oh! monsieur, je vous crois sur parole; il n'y a d'ailleurs qu'à vous voir...

— Oh! je sais que la France me rend justice; c'est une consolation : je suis accablé de marques d'intérêt.

— Il me semble, pardon si je me trompe, il me semble que vous êtes venu ici par commutation?

— Mais, dame! oui; ils m'avaient condamné à mort. Oh! ils ne s'étaient pas plus gênés que ça; à mort! vous concevez bien que cette sentence me fit rire sous cape. Je dis en sortant du tribunal au gendarme : « Ah! quelle bévue ils viennent de faire là ! » Le gendarme, qui était un bon enfant, haussa les épaules de pitié. Jugez dans quel cas mes ennemis se fourraient, si je m'étais laissé exécuter comme un oison; mes héritiers auraient été furieux; tandis qu'à présent, comme vous avez vu, tout doit s'arranger à l'amiable.

— Allons, tant mieux! tant mieux! Je vous en félicite; et comment trouvez-vous la vie du... de... la vie d'ici?

— Mais assez gentiment; on ne peut pas se plaindre; je reçois quelques visites. Le *payol* (1) de Saint-Mandrier vient me voir; c'est un digne jeune homme, un galant homme, auteur; il écrit : nous faisons un cent de piquet; nous causons spectacles, littérature, la petite gaudriole; tout ça fait passer le temps. Et puis, voyez; la vue est fort belle d'ici; pardon, approchez-vous de la croisée; prenez garde de fouler mes capucines; voyez, c'est un tableau fort animé, un vrai panorama; on ne voit rien de mieux chez M. Daguerre, au Château-d'Eau. Voilà la porte de l'Arsenal, c'est un passage continuel comme sur les boulevards; voilà la corderie! Avez-vous vu la corderie? Ah! c'est un monument! Derrière, vous distinguez les arbres du *champ de bataille*, promenade superbe ! seulement le soleil m'incommode un peu, ma chambre est exposée au levant; j'ai commandé une petite persienne, ça me garantira : j'ai pour principe de prendre mes aises partout.

— C'est sagement pensé. Aussi votre santé paraît excellente.

— Dieu merci, je me porte bien.

---

(1) On appele payol un forçat qui tient les registres de la chiourme.

— Cela fait l'éloge de la nourriture qu'on prend ici.

— Oh! je ne touche pas à l'ordinaire de la communauté : nous avons ici, en dessous, un restaurant bien organisé; le potage y est fort bon; pour cinq sous j'achète une portion de bœuf, je l'arrose d'excellent vinaigre, je le garnis de persil, c'est un baume à la poitrine; j'appelle ce plat une *persillade*. Il y a aussi un assortiment de légumes, des patates frites à l'huile, qui sont un manger des dieux, et pas cher; on dîne copieusement pour ses dix sous, à se rassasier, comme chez Follet, au Palais-Royal, pour deux francs. Des gens très comme il faut, là, de la ville, des étrangers, viennent quelquefois me demander à déjeuner par plaisir : et le vin! oh! excellent! un petit vin de côteau, un peu capiteux, c'est de la pelure d'oignon; six sous le litre, pas plus. Le maître d'hôtel est un galant homme qui fait son métier pour obliger les détenus; il ne gagne pas cent pistoles par an. Mais si vous voulez prendre la peine de vous asseoir sur mon lit de sangles, on va me servir à dîner dans l'instant.

— Je vous remercie; j'ai déjà trop prolongé ma visite, il faut que je parte; excusez mon indiscrétion.

— Oh! monsieur, c'est bien de l'honneur; je suis fâché de ne pouvoir vous accompagner jusqu'à la porte; prenez bien garde en descendant l'échelle, la rampe est goudronnée de frais. Monsieur, je suis votre humble serviteur; je vous fais mes civilités. »

Page 48. — Cet arsenal est une merveille.

Cet arsenal, si justement célèbre, doit ses monuments gigantesques aux misérables qui l'habitent; de sorte qu'à chaque pas un sentiment pénible se lie à l'admiration. Qu'il a fallu de mains criminelles et flétries, de générations de galériens, pour élever ces dômes, ces voûtes, ces arcades, assises sur leur base, avec cette large solidité qui semble défier tous les moyens humains de destruction. N'y a-t-il donc que les esclaves qui puissent faire de l'architecture éternelle ? et quel prix encore coûte cette main-d'œuvre ? quelques onces de légumes aux juifs du Colisée ; quelques oignons aux juifs des Pyramides ; quelques fèves aux chrétiens de Toulon ! avec cela on bâtit pour l'éternité.

Page 49. — Saint Mandrier.

On donne ce nom à la partie du rivage qu'on découvre de l'autre côté de la rade en sortant du port de Toulon. Là les forçats ont bâti un hôpital magnifique, qui de loin ressemble à un vaste palais ; en avant de l'hôpital, même sur le bord de la mer, s'élève une belle chapelle couronnée de colonnes, comme le dôme du Panthéon. Ces édifices sont d'une blancheur éblouissante au coucher du soleil.

Même page. — Les ruines jaunâtres du Petit-Gibraltar.

Les Anglais, maîtres de Toulon en 1793, élevèrent sur la rade une grande redoute si bien fortifiée, et dans une position si heureuse qu'ils la nommèrent le Petit-Gibraltar. « Voilà Toulon, dit Bonaparte en montrant ce point important ; c'est là qu'il faut marcher ! »
C'était une idée de génie.

Page 53. — Le massacre.

Cette insurrection des forçats éclata sur la rive du port opposée à l'arsenal, au pied de la colline où s'élève le fort Lamalgue. Les troupes arrivèrent de la ville au pas de charge et exécutèrent des feux de pelotons contre les masses des insurgés. Il y eut des tués et des blessés, puis tout rentra dans l'ordre.

Page 68. — Voilà Gravier.

L'infortuné Gravier, condamné à mort *pour avoir fabriqué un pétard dont l'explosion, si elle avait eu lieu, aurait pu occasionner l'avortement de la duchesse de Berry.* Cet atroce jugement fut modifié, et la clémence royale commua la peine en travaux forcés à perpétuité.

L'auteur de ces notes a eu fréquemment de longs entretiens avec Gravier, à bord du bagne flottant où il traînait une existence de désespoir. Gravier lisait habituellement Rousseau, parce que, disait-il, *cette lecture ne consolait pas.* C'était un homme de beaucoup d'esprit, et d'une organisation nerveuse, qualités qui centuplent le malheur. Au bout de quelques années il s'est laissé mourir de chagrin.

Page 84. — Deux coups de canon ont retenti.

Il y a quelques années, quand un forçat s'évadait du bagne, on tirait le canon d'alarme. A ce signal, les gendarmes se mettaient en campagne, et ils ne tardaient pas à arrêter le fugitif. On leur payait cet exploit cent francs. On ne tire plus le canon aujourd'hui pour signaler une évasion.

Page 134. — D'ingénieuses idées éclatent tout à coup dans ces cerveaux d'architectes faussaires et assassins.

Nulle part le génie de l'invention n'a fait plus de progrès qu'à l'arsenal de Toulon. Chaque jour une nouvelle découverte y simplifie la statique, les constructions navales, l'architecture, la fonderie. Il n'est pas étonnant que les forçats, qui sont presque tous ouvriers adroits et intelligents, par métier, prennent un si vif intérêt à leurs travaux. Ils ne connaîtraient jamais le découragement et le désespoir, si leur nourriture était meilleure et leur code pénal moins arbitraire et plus doux.

Le savant M. Pruss, directeur des travaux hydrauliques de Rochefort, a publié sur l'amélioration des bagnes un mémoire plein de philanthrophie et de raison. Il trouve naturellement sa place à la suite de ces notes.

M. Maurice Alhoy cite le mémoire de M. Pruss, avec tous les éloges qu'il mérite, dans son livre si curieux des bagnes de Rochefort.

NOTES

SUR LES FORÇATS

PAR M. PRUSS.

Division des forçats par catégories.

Appelé à faire partie de la commission qui a été chargée d'émettre son opinion sur l'utilité de la division des forçats par catégories, j'ai été d'avis, comme tous les autres membres, que le système proposé par M. Quantin était préférable au régime actuel, mais seulement dans le cas où les catégories seraient isolées dans des ports différents. J'ai pensé aussi que les avantages offerts par ce système, ainsi modifié, seraient compensés par d'assez graves inconvénients : en effet, la réunion de tous les forçats à vie dans le même bagne ne serait peut-être pas sans danger, et rendrait au moins la garde et la surveillance plus difficiles et plus dispendieuses ; on aurait d'ailleurs à craindre qu'il ne fût pas possible d'occuper utilement tous ces condamnés sur un même point ; et, d'un autre côté, on serait forcé d'affecter à la fatigue, dans les autres ports, des hommes qu'il serait convenable d'employer d'une manière plus avantageuse pour eux-mêmes et plus productive pour l'État; enfin la répartition des forçats dans les bagnes des diverses catégories serait une mesure dont l'exécution présenterait de nombreuses difficultés.

Nécessité de donner aux chiourmes une organisation régulière.

Reconnaissant l'impossibilité de remédier en détail à ces inconvénients, j'ai cru devoir envisager la question d'une manière plus générale, et j'ai recherché s'il ne serait pas possible de créer un système qui, en maintenant la répartition actuelle des condamnés, offrît en même temps des moyens propres à améliorer leur moral, à assurer la sûreté des bagnes, et à produire les meilleurs résultats possibles sous les rapports des travaux.

La question du perfectionnement du régime des chiourmes a acquis un nouveau degré d'importance depuis que les rapports de M. le marquis de Barbé-Marbois, en faisant ressortir l'exagération des plaintes portées contre les forçats libérés, ont prouvé qu'il pouvait être utile de conserver les bagnes, et ont, en outre, démontré l'impossibilité de substituer la peine de la déportation à celle des travaux forcés.

J'ai cru reconnaître que le vice principal du régime actuel était le défaut d'organisation régulière. En agissant sur des masses non organisées, on rencontre constamment une force d'inertie considérable; les hommes n'y sont point individualisés; ils ne sont les uns par rapport aux autres que des éléments sans lien et sans solidarité. Il en résulte que l'action des agents de surveillance ne pénètre pas dans l'intérieur des masses, et se trouve presque toujours arrêtée à la surface; de là résulte aussi, dans l'emploi des condamnés, un manque d'ordre, de régularité et de continuité, qui est extrêmement préjudiciable à la prompte exécution des travaux.

Il me paraît donc utile de donner aux chiourmes une organisation régulière, et je regarde comme indispensable de confier aux mêmes agents la garde des forçats et la surveillance des travaux. C'est d'après ces principes que j'ai rédigé le projet d'organisation détaillé ci-après.

Projet d'organisation.

J'ai pris pour base la disposition prochaine du bagne de Rochefort qui, lorsqu'il aura été complété, sera composé de quatre salles égales et pourra servir au logement d'environ deux mille forçats ; chaque salle contiendra quatre bancs, et chaque banc recevra de cent vingt à cent trente condamnés. Il serait facile d'appliquer, dans les autres ports, l'organisation projetée, en lui faisant subir quelques modifications que les différences de localités rendraient nécessaires.

Toute la chiourme sera divisée en deux catégories : l'une formée des condamnés à temps, l'autre des condamnés à perpétuité.

La première occupera trois salles, la quatrième salle ne sera occupée que par les hommes de la seconde catégorie.

Tous les condamnés à temps seront affectés à des travaux d'art et d'intelligence ; tous les condamnés à perpétuité seront réservés pour les travaux de force.

Les hommes de la première catégorie seront classés par corps d'état ; ceux qui sont sans profession, ou qui ont exercé des professions non utilisées dans les ports, seront classés comme apprentis dans la proportion des besoins des divers chantiers.

On divisera les condamnés par escouade de dix hommes, parmi lesquels on choisira un chef et un sous-chef ; deux escouades réunies formeront une brigade, qui sera mise sous les ordres d'un caporal ou sergent de chiourmes ; enfin six brigades formeront une compagnie, à la tête de laquelle on placera un sous-adjudant, et qui occupera un banc. Le commandement des quatre compagnies de chaque salle sera confié à un adjudant.

Les adjudants, les sous-adjudants et les sergents seront chargés de surveiller les forçats, dont ils auront le commandement, dans les salles du bagne et sur les chantiers, sous le triple rapport de la moralité, de la sûreté et du bon emploi du temps.

Des sergents, placés à la suite des compagnies, seront destinés à remplir les vacances qui pourront survenir, et, en outre, à surveiller les condamnés malades dans les salles de l'hôpital.

Les chefs et sous-chefs d'escouade seront tenus d'assurer le maintien de l'ordre parmi leurs subordonnés, de diriger leurs travaux en les partageant, de s'opposer aux évasions, et enfin de seconder les sous-officiers des chiourmes dans l'exécution de toutes les mesures qui seront prescrites.

On attachera ces hommes aux nouveaux devoirs qui leur seront imposés, en les faisant jouir de divers avantages propres à rendre leur sort plus supportable, et surtout à les élever au dessus des autres condamnés.

Les forçats de chaque escouade seront classés entre eux par rang d'âge : les chefs et sous-chefs seront répartis sur les bancs de manière à diviser les compagnies en demi-escouades.

Pour la facilité des travaux, les hommes de la première catégorie seront mis en chaussette, et porteront seulement une petite manille d'acier ; l'accouplement ne sera employé pour eux que comme moyen de correction.

Tout forçat qui se sera évadé ne pourra plus être mis en chaussette ; il en sera de même pour tout chef ou sous-chef d'escouade qui sera convaincu d'avoir eu connaissance d'un projet d'évasion et de ne pas s'être opposé à son exécution, soit directement, soit en en donnant avis au sergent de la brigade.

La seconde catégorie recevra la même organisation que la première; mais, pour multiplier les moyens de surveillance, on attachera en outre un caporal à chaque escouade.

La nécessité de maintenir dans les salles le plus grand ordre possible exige que tous les individus qui y sont renfermés soient soumis au même régime, et en conséquence il paraît indispensable d'isoler dans un local particulier les hommes condamnés à la double chaîne, et ceux qui seront retenus au bagne par mesure de correction. C'est pour ces grands criminels, dont l'influence pernicieuse agit puissamment sur la masse des condamnés, et non pour les forçats à court terme, comme le propose M. Quantin, qu'il me semble convenable de faire usage du système cellulaire.

Un petit bâtiment, contenant une cinquantaine de cellules, sera construit à l'extrémité de la grande cour du bagne; chaque cellule aura deux mètres cinquante centimètres de longueur sur un mètre vingt-cinq centimètres de largeur, avec un jour placé à deux mètres au dessus du sol.

L'approche de ce bâtiment sera défendue par un entourage en chaînes.

Les compagnies de gardes-chiourmes seront supprimées, et les forçats seront gardés par des factionnaires dont le placement sera indiqué chaque jour par l'administrateur de la chiourme. Il est facile de juger qu'il suffira d'affecter journellement à ce service un détachement peu considérable, et qu'il y aura même lieu de le réduire successivement, à mesure que les bons effets du nouveau système commenceront à se faire sentir.

L'organisation proposée, analogue à celle qui a été adoptée pour les prisonniers de guerre, sera une mesure avantageuse sous le rapport de la moralité des forçats : elle permettra d'établir une échelle de récompenses et de peines, et de donner ainsi à ces hommes un intérêt puissant à se bien conduire; l'action continue des mêmes chefs sur les mêmes subordonnés aura pour effet d'imprimer à la vie de ces derniers une plus grande régularité, et la division des compagnies en demi-escouades s'opposera d'une manière efficace au développement de la corruption; les forçats à temps seront séparés de ceux à perpétuité, et ces derniers même, jouissant d'une existence plus tranquille, seront disposés à subir leur peine avec plus de résignation.

Cette mesure sera également avantageuse sous le rapport de la sûreté des bagnes. La surveillance descendra facilement jusqu'aux dernières ramifications, et sera plus exacte parce qu'elle sera plus circonscrite; les individus placés à la tête des escouades ne seront plus livrés sans défense à l'influence corruptrice des grands scélérats; ils ne seront plus auprès d'eux comme des compagnons, mais comme des chefs, jouissant d'une autorité réelle et ayant intérêt à la faire respecter pour pouvoir conserver les avantages qui y auront été attachés; ce ne sera plus de l'espionnage qu'on leur demandera, mais l'exercice d'une surveillance qui sera pour eux sans danger, et qui n'aura rien d'avilissant.

Enfin cette mesure sera avantageuse sous le rapport de l'emploi des forçats : l'organisation des compagnies se prêtera à toutes les répartitions, suivant les besoins journaliers des ateliers; les chefs d'escouade, pris en général parmi les meilleurs ouvriers, car ce sont ordinairement ceux qui ont la conduite la plus régulière, seront aptes à remplir dans les chantiers l'emploi d'aide-contre-maître, et les sergents des chiourmes, s'ils sont convenablement choisis, seconderont très-utilement les maîtres dans la surveillance des travaux, surtout s'ils sont intéressés par une haute paie proportionnelle à l'avancement et à la bonne confection des ouvrages.

Le contact entre les individus des deux catégories sera à peu près nul dans le bagne et sur les chantiers ; on pourra également le rendre presque nul à l'hôpital. Peut-être, au reste, serait-il plus convenable de traiter sans déplacement les forçats malades de la seconde catégorie? Le nombre des condamnés à perpétuité n'étant habituellement que d'environ quatre cents, un cinquième de leur salle pourrait être séparé par un mur de refend, pour former une infirmerie.

Les adjudants et les sous-adjudants ne partagent pas la défaveur déversée sur les compagnies de gardes-chiourmes ; on peut donc espérer que les sergents, placés immédiatement sous les ordres de ces sous-officiers, jouiront également d'une bonne réputation, et qu'ainsi il sera facile de les recruter parmi les ouvriers civils et militaires ; il sera juste, d'ailleurs, de leur accorder les avantages attribués aux sous-officiers qui se trouvent attachés aux compagnies de discipline.

On peut ajouter une considération à celles que la commission a fait valoir pour prouver qu'il est inutile de séparer les nouveaux forçats des anciens ; c'est que la division par catégories existe déjà en partie dans les bagnes, et que tous les condamnés n'y sont pas, comme le croit M. Quantin, confondus indistinctement. Au bagne de Rochefort, la salle Saint-Antoine renferme tous les forçats à perpétuité et les forçats à à temps réputés les plus dangereux ; la salle Saint-Gilles, les condamnés à long terme, et l'ancienne caserne Martrou, les condamnés à court terme. On a renoncé depuis longtemps, du moins à Rochefort, à l'usage d'accoupler un grand criminel avec un forçat à court terme, et l'administration a reconnu que, s'il était de son devoir de prévoir les évasions, c'était pour elle un devoir encore plus sacré de s'abstenir de toute mesure qui aurait pour résultat d'augmenter la démoralisation des condamnés.

Application des forçats aux travaux.

Après avoir adopté des dispositions générales, propres à améliorer le moral des forçats et à assurer la sûreté des bagnes, le département de la marine doit chercher particulièrement à obtenir la compensation de la dépense des chiourmes par des travaux utiles; ou au moins à approcher le plus possible de ce résultat. Pour y parvenir, il faut que l'on s'accoutume, dans les ports, à regarder les forçats comme des ouvriers; que tous sans exception soient tenus d'exécuter journellement une tâche; que les mêmes hommes soient constamment affectés aux chantiers, qu'ils s'y rendent à la cloche et ne les quittent pas plus tôt que les ouvriers libres; que les agents, préposés à la conduite des ateliers, aient sur les condamnés une action immédiate et continue, et que, hors le cas d'une absolue nécessité, aucune mesure de surveillance ne puisse gêner ou entraver l'exécution des travaux.

Service intérieur du bagne.

Les corvées du service intérieur doivent être faites indistinctement dans chaque salle, à tour de rôle, par toutes les escouades, avant ou après les heures de travail, et il ne paraît pas nécessaire d'affecter spécialement des hommes à ce service, comme on l'a fait jusqu'à ce jour.

Suppression des travaux à la journée.

Il est essentiel de renoncer entièrement au mode de travaux à la journée, et de mettre tous les ouvrages de forçats à la tâche. On sait combien sont illusoires les comptes des bénéfices produits par l'emploi des forçats à la journée et combien ce mode est favorable aux abus de toute espèce.

Salaires différents pour les condamnés des deux catégories.

Il est essentiel aussi, dans l'intérêt bien entendu des travaux, que tous les condamnés reçoivent un salaire; mais il convient d'établir des tarifs différents pour les deux catégories, et d'exercer, sur les sommes dues aux hommes de la première, des retenues destinées à leur être remboursées au moment de leur libération.

Paiement journalier des forçats.

On a eu souvent, au port de Rochefort, l'occasion de remarquer que l'on faisait produire aux forçats, avec le même salaire, une masse de travaux plus considérable, lorsqu'on les payait régulièrement tous les soirs. La division de la chiourme par compagnies permettrait d'adopter pour tous les travaux cette marche, qui n'a pu être suivie jusqu'à présent que pour quelques grands ouvrages, et de solder journellement aux adjudants des à-compte réglés sur l'effectif des escouades qui rapporteraient la preuve qu'elles auraient exécuté les tâches imposées. Il ne serait fait d'ailleurs des métrés d'ouvrages qu'à la fin de chaque mois, pour arrêter le décompte de chaque escouade et de chaque condamné.

Ateliers isolés pour les forçats.

Le contact habituel des forçats avec les ouvriers libres exerce une funeste influence sur la moralité de ces derniers; il est donc nécessaire que les ouvriers forçats soient placés dans des ateliers isolés, et ne puissent se trouver en rapport qu'avec les maîtres et contre-maîtres.

Commission de la surveillance de la chiourme.

Le besoin qu'a le département de la marine de tirer du travail des forçats le plus grand parti possible, et la nécessité de coordonner les dispositions relatives à leur emploi avec celles que réclame la sûreté des bagnes, me paraissent exiger, dans chaque port, la formation d'une commission permanente qui serait chargée de proposer toutes les mesures qui lui paraîtraient propres à perfectionner le régime des chiourmes. Cette commission, dont les attributions auraient quelque analogie avec celles des comités des prisons, serait composée d'officiers des services qui emploient le plus grand nombre de forçats, de l'administrateur du bagne, du commissaire-rapporteur près les tribunaux maritimes, et de l'un des membres du conseil de santé.

Le passage du système actuel au système proposé donnera naissance à diverses difficultés, dont il importe d'apprécier l'importance, et que je vais exposer sommairement.

Les forçats commandés par d'autres forçats.

Quelques personnes pourront regarder comme illusoire la mesure indiquée de faire garder et commander des forçats par d'autres forçats; on a cependant, dans les colonies, l'exemple d'esclaves commandant d'autres esclaves, et sachant très-bien s'en faire obéir; on a aussi, dans plusieurs chantiers du port, l'exemple de forçats, chefs d'ouvrages, qui ne sont distingués de leurs camarades que par une paie un peu plus forte, et qui les dirigent néanmoins dans leurs travaux.

On craindra sans doute aussi de rendre la garde des condamnés plus difficile et même de compromettre la sûreté des bagnes, en ne faisant porter qu'une simple manille à la presque totalité des hommes de la première catégorie. Cette appréhension paraîtra peu fondée si l'on remarque que les hommes réputés dangereux continueront à être accouplés, que les autres jouissant d'une meilleure existence, auront moins le désir de s'évader, et qu'ils seront surtout retenus par la crainte d'être mis en couple jusqu'à la fin de leur temps, s'ils venaient à être repris.

Réduction du nombre des forçats employés aux travaux de force.

On pourra objecter qu'on emploie actuellement pour les travaux de force un nombre de forçats supérieur à celui de la deuxième catégorie; mais il y aura lieu d'examiner si le nombre actuel doit être maintenu, et si, en le réduisant au strict nécessaire, conformément à l'opinion émise par le Conseil d'administration du port, dans sa séance du 17 janvier 1825, il ne se trouverait pas considérablement diminué. Cette réduction aurait pour résultat de faire employer dans les arsenaux plus de machines et plus d'attelages, ce qui produirait une véritable économie sur le budget total de la marine.

Frais de l'apprentissage des forçats.

Enfin on pourra redouter les frais de l'apprentissage auquel il serait nécessaire de soumettre les deux tiers environ des hommes de la première catégorie. Cette opération serait sans doute très-longue et très-dispendieuse, si l'on se bornait au mode machinal et purement d'imitation, usité par la plupart des ateliers ; mais les pertes de temps seront bien moindres si l'on fait suivre aux forçats un apprentissage raisonné, et si les maîtres sont tenus de leur enseigner la pratique de leur art le plus méthodiquement qu'il sera possible.

Moyen de rendre l'emploi des forçats moins préjudiciable à la population ouvrière des ports.

Des inconvénients plus graves pourraient résulter de la création d'un très-grand nombre d'ouvriers forçats : il serait à craindre que leur emploi ne devînt nuisible à la population ouvrière des ports, et n'occasionnât une trop grande consommation de matières. On parviendrait à rendre ces inconvénients moins sensibles, en réservant certaines professions à la population des ports, en affectant le plus grand nombre possible de forçats ouvriers au service des travaux hydrauliques, en leur faisant extraire ou produire quelques-uns des matériaux qu'ils devaient mettre en œuvre, et enfin en rétablissant le bagne de Cherbourg. Si ces mesures étaient insuffisantes, on ne devrait pas rendre à la fatigue une partie des forçats à temps, puisqu'il est nécessaire de leur procurer les moyens de gagner leur subsistance à l'époque de leur rentrée dans la société ; mais il serait plus convenable que le département de la marine s'entendît avec celui de l'intérieur pour lui remettre les condamnés qu'il ne pourrait pas utilement employer.

Instruction élémentaire.

Quel que soit le système adopté pour l'organisation des chiourmes, l'instruction élémentaire en sera le complément indispensable. On devra établir une école dans chaque salle, et tous les forçats, même ceux qui sont condamnés à perpétuité, devront être appelés à profiter de l'enseignement.

Bancs, ou tolarts, en fond de fer.

Les bancs, ou tolarts, sur lesquels couchent actuellement les forçats, sont semblables aux lits de camp que l'on trouve dans tous les corps-de-garde ; les planches ne sont pas clouées et on peut les enlever, aussi souvent qu'on le veut, pour aérer le sol. Le mauvais état de ces bancs rendant leur remplacement indispensable, on a pensé qu'il convenait de leur substituer un système de charpente en fonte de fer, et le ministre de la marine a approuvé le projet qui lui a été présenté.

Les avantages produits par ce changement, sous les rapports de propreté et de salubrité, sont trop sensibles pour qu'il soit utile d'en faire le détail ; d'un autre côté, il est facile de voir que l'excédant de dépense qui en résultera sera plus que compensé par l'excédant de durée des tolarts.

Les diverses propositions développées dans la note ci-dessus, sont uniquement relatives à l'administration des chiourmes ; les questions de législation étaient étrangères au sujet que j'avais à traiter, et j'ai dû éviter de les y introduire.

Pour satisfaire autant qu'il dépend de moi aux désirs de M. M..., je vais exposer aujourd'hui mes principales idées sur cette matière.

De la peine appliquée aux forçats pour fait d'évasion.

La peine infligée aux forçats, pour évasion, est la prolongation de celle des travaux forcés pendant trois années : cette action est-elle donc réellement un crime, et la loi, qui a pour objet de la réprimer, n'est-elle pas beaucoup trop rigoureuse? Sans doute l'intérêt de la société exige que l'on prenne des mesures efficaces pour prévenir les évasions; mais cet intérêt bien entendu exige aussi que les peines soient toujours graduées suivant les délits. Si l'on répond que les forçats, ayant été frappés par une première condamnation, ne doivent plus être traités d'après le droit commun, et qu'on ne peut consulter à leur égard que les règles de l'utilité publique, je ferai remarquer que la législation actuelle, qui applique indistinctement la même peine à tous les évadés, les punit dans le rapport inverse du temps qu'ils ont encore à passer au bagne, et tend, par conséquent, à favoriser l'évasion des grands criminels. Je pense donc qu'il ne convient pas d'appliquer la peine des travaux forcés pour le fait de simple évasion, et que, dans le cas où cette peine paraîtrait devoir être conservée, il serait utile d'en proportionner la durée au temps restant à faire au forçat évadé.

Des tribunaux maritimes.

Les forçats sont justiciables d'un tribunal particulier qui porte le nom de Tribunal maritime spécial, et dont la composition est analogue à celle des conseils de guerre; ne serait-il pas plus régulier de les faire juger par les tribunaux ordinaires, et ne doit-on pas regarder la juridiction des tribunaux maritimes spéciaux comme ayant été abolie par les articles 62 et 63 de la Charte?

La même observation s'applique aux tribunaux maritimes qui jugent les délits commis par toute espèce d'individus dans l'enceinte des établissements maritimes.

Je me plais à reconnaître que ces tribunaux rendent

la justice avec promptitude et impartialité ; mais ce motif ne suffit pas pour justifier l'illégalité de leur existence, et l'on ne peut trop se hâter d'entrer complétement à cet égard, comme à tant d'autres, dans les voies constitutionnelles.

Des conseils de guerre.

Le département de la marine, délivré des dépenses que lui occasionnent ses tribunaux exceptionnels, ne conserverait plus que les conseils de guerre permanents des cinq ports militaires.

Peut-être même serait-il avantageux de modifier cette institution et de créer, au moins pour le temps de paix, des cours d'assises militaires, qui ne différeraient des cours d'assises départementales qu'en ce que les jurés seraient exclusivement choisis parmi les officiers militaires.

Des peines en matière criminelle.

La législation pénale me paraît être entachée de vices radicaux, et je m'étonne que des voix ne s'élèvent pas de toutes parts pour en réclamer la révision. Sans parler de la peine de mort et de la marque, dont l'abolition ne peut plus être longtemps ajournée, je ferai remarquer combien il a été peu judicieux de confondre sous la même dénomination, *travaux forcés*, une peine perpétuelle et une peine temporaire. La loi, qui a déclaré le criminel condamné à perpétuité indigne de rentrer jamais dans la société, fait cependant partager son sort au forçat à qui elle accorde le droit d'y reparaître après un certain temps ; il résulte de cette confusion qu'au moment où elle fait tomber les fers de ce dernier, elle se trouve impuissante pour le dépouiller du manteau d'infamie dont elle l'a imprudemment couvert. C'est donc à la loi qu'il faut attribuer en grande partie les crimes des forçats libérés; c'est elle qu'il est urgent de changer, et la division par catégories n'est qu'un palliatif tout à fait insignifiant.

Le seul moyen efficace de remédier au mal consiste à attacher exclusivement l'infamie légale aux peines perpétuelles.

La transformation du travail, même le plus pénible, en peine afflictive et infamante, m'a toujours paru un contre-sens; c'est plutôt l'oisiveté forcée qui doit devenir un châtiment; et le travail, source de tout bien, doit être réintégré au plus tôt dans ses droits à l'estime publique. La dénomination la plus convenable de la peine perpétuelle ne se trouve-t-elle pas fournie naturellement par la chaîne que portent les condamnés?

La déportation, dont on a tant exagéré les avantages, qui est impraticable en temps de guerre et très-dispendieuse en tout temps, ne me semble pas devoir être maintenue; la réclusion a seulement besoin d'être modifiée; le carcan doit être réservé pour les condamnés à la chaîne, et le bannissement pour la répression de quelques crimes politiques; enfin il me paraît nécessaire de remplacer la dégradation civique par l'interdiction de certains droits civiques, civils et de famille.

L'isolement et l'oisiveté forcée formeraient le complément nécessaire et suffisant de la peine de la chaîne et de celle de la réclusion, en donnant la facilité de graduer les châtiments suivant les crimes, et le travail serait présenté aux condamnés comme un moyen d'améliorer leur existence.

Sera-t-il utile, indispensable de continuer à affecter les condamnés à la chaîne aux travaux des ports militaires? Cette question paraîtra embarrassante à quelques personnes, mais elle sera résolue affirmativement par toutes celles qui s'imaginent qu'un mode longtemps suivi ne peut pas manquer d'être excellent.

Quant à moi, je pense que le mode actuel doit être proscrit dans l'intérêt de la morale publique et aussi dans celui du département de la marine : l'exemple du châtiment est d'un effet presque nul pour les habitants du lieu de la résidence du condamné ; les grands rassemblements de criminels favorisent singulièrement le développement de la corruption, leur contact inévitable avec la population ouvrière des ports exerce sur elle une influence pernicieuse ; la nécessité de les faire travailler hors du bagne occasionne des frais de garde considérables ; enfin, partout où la main-d'œuvre est abondante, il est bien rare qu'on en fasse le meilleur emploi possible, et quelques succès particuliers, dépendant des hommes et des localités, ne doivent pas empêcher de reconnaître que les résultats généraux du système actuel sont très-peu satisfaisants.

Tout se réunit donc pour démontrer qu'il est nécessaire d'établir dans chaque département un bagne et une maison de reclusion. Les bagnes devront être disposés de telle sorte que les condamnés à la chaîne soient tous placés dans des cellules particulières, et il convient que ceux qui ne seront pas assujettis à l'isolement, ne puissent se trouver rassemblés qu'aux heures de travail. Il serait à désirer que le même mode fût adopté pour les reclus : livrés ainsi, chaque jour, à eux-mêmes, ils contracteraient l'habitude de réfléchir sur leur position, et il y a lieu de croire que cette habitude contribuerait efficacement à les rendre meilleurs.

L'entretien des bagnes et des maisons de reclusion serait sans doute peu dispendieux ; parce que, d'une part, on pourrait réduire au moindre taux possible la valeur des fournitures faites par l'État, ce qui aurait aussi pour résultat de mieux faire sentir aux condamnés le besoin du travail, et que, de l'autre, on devrait prélever une partie de leur salaire, pour l'affecter au remboursement des dépenses des établissements. Ce prélèvement paraîtrait convenablement fixé aux deux tiers pour les condamnés à la chaîne, et au tiers seulement pour les reclus; les uns et les autres ne recevraient cependant qu'un tiers pour améliorer leur existence, mais le dernier tiers du salaire des reclus serait mis en réserve pour former une masse qui leur serait comptée au moment de leur libération. Il serait essentiel, pour prévenir les abus et les non-valeurs, que la main-d'œuvre des bagnes et des maisons de réclusion fût toujours mise en adjudication avec publicité et concurrence; ce serait sans doute aussi le meilleur moyen d'utiliser les forçats détenus dans les bagnes actuels.

FIN DU BONNET VERT.

UN COUPLE AFFREUX

UN
COUPLE AFFREUX

En France, dans le département de ***, au centre des plus beaux quartiers de la ville de ***, rue ***, n° ***, vivait en solitaire un homme d'un âge fort équivoque ; on lui donnait de vingt à cinquante ans.

Mais cette particularité seule ne le rendait pas remarquable.

Il se nommait Ephelge ***, et sa laideur étonnante ne rappelait rien de connu dans le sexe masculin, qui n'est pas beau comme l'autre, son voisin dangereux.

Ce défaut naturel avait de telles proportions, qu'il s'était élevé à la hauteur d'un crime contre la société.

Quand il trouvait, à force de recherches, un appartement convenable dans une rue honnête, le propriétaire ne tardait pas de lui faire une visite pénible, et lui donnait congé à l'échéance du terme.

M. Ephelge demandait la raison de ce congé non motivé ; le propriétaire levait les yeux au plafond, avec un soupir pour toute réponse.

M. Ephelge insistait; alors le propriétaire bégayait quelques phrases brumeuses, à travers lesquelles on distinguait *que les locataires avaient fait des plaintes*.

— Quelles plaintes?... s'écriait le malheureux Ephelge.

— Ah!... répondait le propriétaire en regardant un miroir; et il sortait sur ce *Ah!*

Dans les soirées de la belle saison, le seuil des portes s'émaille de visages assez laids dans la ville de ***, département de ***, rue ***; eh bien! lorsque M. Ephelge, usant de ses droits de citoyen, essayait de s'encadrer dans sa porte, pour respirer un peu de fraîcheur et de brise française, commune à tous, trésor de tous, les visages voisins se voilaient subitement de leurs portes fermées; on entendait même des bruits de serrures et de clés, comme si l'on eût craint une invasion de la laideur du malheureux voisin.

Deux incidents achevèrent d'éclairer Ephelge sur sa nouvelle position, et beaucoup mieux que n'aurait pu le faire le meilleur des miroirs de Venise et de Paris.

Un jour, le sergent-major de sa compagnie de garde nationale lui envoya étourdiment une circulaire de convocation.

En 1830, lorsque la milice citoyenne fut organisée dans l'intérêt de l'ordre public, l'état-major, qui n'était pas lui-même très-beau, décréta que M. Ephelge serait dispensé du service pour cause de laideur paradoxale.

Cette décision fut soumise au colonel, qui avait un immense nez, flottant au hasard sur des constellations antérieures à la vaccine, et ouvrait une formidable parenthèse avec le menton.

Ce colonel se fit donner le signalement d'Ephelge et le procès-verbal de ses atrocités physionomiques, et fut révolté d'avoir dans sa légion un grenadier sculpté de façon à compromettre l'ordre public, devise de ses drapeaux.

Ephelge fut donc licencié.

Toutefois, avec cette délicatesse dont tout membre de la garde nationale, chef ou soldat, ne doit jamais se départir, on cacha soigneusement au malheureux grenadier la cause de sa disgrâce, et on la colora même d'un prétexte poli et ingénieux.

Le brevet de congé définitif portait que M. Ephelge était dispensé du service, attendu sa position intéressante d'orphelin.

A dire vrai, M. Ephelge n'était rien moins qu'orphelin.

Il était doué, au contraire, d'un père authentique et d'une mère coquette, âgée de cinquante-deux ans, bien qu'elle contrariât l'acte infaillible de l'état civil, en accusant trois lustres de moins.

La jeunesse d'Ephelge avait été marquée par un incident assez rare dans les familles.

Son père l'avait exilé de sa maison pour crime de laideur scandaleuse.

Le jeune Ephelge s'était retiré dans les montagnes des Vosges, et là il vivait avec la mélancolie du hibou, se nourrissant de fruits sauvages et des larmes versées sur l'injustice de l'auteur de ses jours.

A la chute de M. de Villèle, son père l'amnistia et lui donna la banlieue de sa ville natale pour prison, avec cent francs par mois.

En 1830, il lui fut permis de reprendre son rang imprescriptible de citoyen, à condition qu'il n'affligerait jamais le visage de ses parents.

De là, l'erreur qui fit croire à l'état-major qu'Ephelge était orphelin.

Passons au second incident.

Ephelge était célibataire, et cela n'étonnait personne.

Doué de passions vives et d'une sensibilité exquise, comme tous les gens laids, il avait quelquefois laissé tomber un regard de tendresse sur quelques jolis visages de promenade, et, tout à coup dénoncé à des pères irascibles, il lui avait été ordonné, sous peine de duel à mort, d'ensevelir sa tendresse au fond de son cœur et de ne pas l'étaler en public.

Il venait de faire les plus louables efforts pour établir un petit ménage de garçon; mais son édifice domestique s'écroula bientôt à l'intérieur, et toujours pour la même cause.

Sa cuisinière donna sa démission.

Alors, il réfugia son appétit dans une maison bourgeoise, rue Saint-***, et paya d'avance quinze cachets.

La première aurore de bonheur commençait à luire.

La table de madame *** était assez bien servie : *potage, trois plats,* etc.

Les habitués appartenaient à diverses administrations, et dînaient avec cette verve dévorante, si remarquable chez les hommes qui ne déjeunent pas.

Aussi, dans la première semaine, les yeux des convives, plus occupés de leur assiette que de leur voisin, et craignant toujours de perdre un bon morceau, convoité par des appétits insatiables, ne se fixèrent pas sur la laideur monumentale de M. Ephelge; et M. Ephelge, enhardi par ce premier succès, donna un jour son opinion sur la question d'Orient, alors agitée sur toutes les nappes des tables bourgeoises.

— La question d'Orient est toute simple! venait de dire, en se résumant, un monsieur qui tranchait les nœuds gordiens avec sa fourchette.

— Je la crois multiple, dit M. Ephelge…, interrupteur étourdi.

Le préopinant, très-contrarié, arrêta sa fourchette chargée de fricandeau, à deux doigts de sa bouche, et regarda fixement son contradicteur.

Une douzaine d'autres yeux suivirent la même direction.

Les physionomies s'assombrirent.

Le cliquetis des mâchoires et des porcelaines fut suspendu ; la main du découpeur habituel s'arrêta sur un manche orné de papier frisé.

Un murmure d'effroi circula sous les serviettes tendues en paravent... Ephelge était perdu sans retour !

Le lendemain, à son arrivée à la pension bourgeoise, Ephelge subit une humiliation que le soleil n'avait pas éclairée depuis Catilina.

On sait que les sénateurs romains abandonnèrent leurs chaises curules en voyant l'illustre conjuré s'asseoir à côté d'eux.

M. Ephelge fut traité en lépreux.

On laissa un mètre de nappe inhabitée à sa droite et à sa gauche, et on lui donna pour vis-à-vis un énorme vase de fleurs artificielles.

Ephelge attribua cet incident au hasard.

Hélas ! le cœur de l'homme est ainsi fait !

A l'expiration des quinze cachets, M. Ephelge se pencha gracieusement sur le comptoir de la maîtresse de pension, et tout en jouant avec le collier de sa serviette, il déposa vingt-deux francs cinquante centimes pour prendre quinze nouveaux cachets.

Madame *** détourna les yeux, et repoussant du doigt les vingt-deux francs cinquante centimes, elle dit :

— Je suis bien fâchée, Monsieur, mais vous êtes le dernier venu, et il n'y a plus de place à ma table.

— Comment, Madame ! dit l'étourdi Ephelge ; c'est une erreur : il y a de la place pour quatre encore, à mes côtés, et vis-à-vis un vase de fleurs qui occupe trois couverts.

— Ah! c'est ainsi! il n'y a pas de place, Monsieur! dit la dame, les yeux au plafond et avec un accent plein d'aigreur.

M. Ephelge mit sa serviette en rouleau dans son collier, et balbutia timidement cette phrase :

— Je ne crois pas, Madame, avoir manqué aux égards..., à la bienséance..., à...

— Vous n'avez manqué à rien du tout, dit la dame les yeux fermés, je ne dis pas le contraire ; mais c'est égal, vous dînerez ailleurs.

Et elle s'agitait convulsivement sur son trône d'acajou.

— Si, involontairement, dit Ephelge d'un ton digne, j'avais manqué à quelqu'un, je suis prêt...

— Vous n'avez manqué à personne, dit la dame en voilant ses yeux avec son mouchoir.

— L'autre jour, ajouta Ephelge, en discutant sur la question d'Orient, j'aurai peut-être...

— Oh! Monsieur! cela devient ennuyeux! dit la dame en se précipitant du haut de son trône ; voulez-vous savoir la raison?

— Oui, Madame, dit Ephelge avec l'innocente voix, organe d'un cœur pur.

— Eh bien! la raison, c'est M. l'inspecteur Boisdureau qui l'a dite.

— Et qu'a dit M. l'inspecteur Boisdureau?

— Il a dit, Monsieur, que vous aviez une laideur intolérable, une laideur inhabitable... voilà!

Ephelge fut changé en statue de sel.

Sans doute il avait eu dans sa vie des moments lucides, dans lesquels il faisait remonter à sa laideur la cause de bien des maux : mais il s'était persuadé, à l'aide d'un miroir terni, qu'il avait laissé la moitié de ce vice originel dans les abîmes de son adolescence, et qu'en avançant en âge il se sculptait chaque jour, comme à son insu, un visage plus humain.

La brutale apostrophe de la maîtresse de la pension bourgeoise le fit retomber dans son néant, face à face avec son incomparable laideur.

Ephelge entretint la pensée de se réfugier aux champs, sous quelque toit modeste, habité par l'innocence et la vertu, conformément aux prospectus publiés par les ariettes des opéras-comiques.

Il se hasarda un jour à visiter la banlieue et les villages paisibles, endormis au pied de leurs clochers noirs, sur tous les chemins vicinaux de sa ville natale; eh bien! l'infortuné ne trouva que des visages railleurs, secouant de tristes éclats de rire sur le seuil des chaumières.

Quand il passait devant un hêtre touffu, le Tityre couché sous son ombre le poursuivait horizontalement de cette ironie poignante que les faunes malins ont transmise aux paysans, leurs dignes successeurs.

« O ciel! se disait-il à lui-même, en se faisant reculer d'effroi, si je tombais dans quelque guet-apens agreste! et si on n'avait, parmi ces pasteurs, aucun scrupule d'attenter à mes jours, sous l'odieux prétexte que je n'appartiens pas à l'humanité! »

Ce dernier motif le fit rentrer en ville, et il se promit d'ensevelir son existence au sein protecteur d'une cité.

Avec quelle joie il recevait une de ces visites qui lui prouvaient que ses concitoyens lui gardaient encore une place parmi les hommes! avec quel enthousiasme il payait les contributions directes, la taxe du personnel, les billets de garnison, les quêtes des orphelins, les souscriptions pour les incendies, ou les statues des grands hommes, coulés en bronze avec des sous-pieds! Hélas! ces chances de bonheur étaient trop rares, et hors de ces occasions tant désirées, il ne voyait que le néant, le désert, le vide, l'humiliation désolante!

Forcé de passer toute sa vie avec lui-même, le pauvre Ephelge consulta les sages qui ont écrit sur tout, et n'ont remédié à rien.

Il apprit que l'étude nourrissait l'enfance, amusait l'âge mûr et charmait la vieillesse.

Il étudia donc cette foule de livres ennuyeux dont le genre humain est accablé depuis l'invention de Gutenberg; et menacé d'ophthalmie par le rayonnement monotone des lettres de l'alphabet; menacé du *spleen* suicide par tous ces contes à dormir debout que les bibliothèques appellent des histoires, il ferma son cabinet d'étude à double tour, comme une nécropolis d'écrivains morts.

Au reste, à quoi lui eût servi l'instruction? L'homme qui ne fait pas métier de science ne s'instruit que pour faire parade de son érudition devant les ignorants.

Ephelge avait perdu tout espoir de se trouver désormais en contact par les lèvres avec l'oreille d'un auditeur.

Il aurait, sans profit aucun, pâli sur les livres, et cette pâleur littéraire ne l'eût pas embelli.

Ephelge, repoussé brutalement par les humains, résolut d'ensevelir son existence dans le grand chaos de maisons, d'hommes et de chevaux, qu'on appelle la ville de Paris: ce vaste dépôt des infirmités morales et physiques, toutes numérotées sur deux lignes de trottoirs, apparut à Ephelge comme un asile de consolation.

Sa médiocre fortune ne lui permettant pas de prendre une chaise de poste, il fut obligé de s'asseoir, avec cinq compagnons hargneux, dans l'intérieur d'une diligence très-paresseuse.

Le malheureux enfermé dans le taureau d'airain du tyran Phalaris n'a jamais subi les tortures qu'une diligence réservait à Ephelge.

Les cinq voyageurs le forcèrent à se voiler le visage avec un foulard rouge, et ce n'est qu'au moyen de cette concession outrageante qu'il lui fut permis de continuer sa route jusqu'à la barrière d'Enfer, cinquante-quatrième porte de la capitale des arts et de la civilisation.

Ephelge descendit à l'hôtel de la Reine-Christine, rue Christine, faubourg Saint-Germain.

Cet hôtel possède une douzaine d'étages au-dessus du niveau de la Seine; il s'élève dans une rue solitaire et peu tourmentée par les chevaux; les omnibus l'évitent comme les vaisseaux évitent le détroit de Magellan.

Ephelge prétexta un coup d'air pris en voyage, et parla au portier de l'hôtel, à travers le foulard rouge qui dérobait son impossible laideur.

L'intelligent portier de l'hôtel Christine, soupçonnant quelque piége sous ce foulard, et croyant même avoir affaire à quelque malfaiteur dont le signalement était donné à la police, exigea la suppression du foulard rouge avant de recevoir Ephelge comme locataire et de traiter du prix des chambres avec lui.

Ephelge, au lieu d'obéir, raffermit son mouchoir rouge sur son nez pyramidal.

— Ah! je savais bien! dit le portier avec un rire malin, et il montra la porte au malheureux voyageur.

Ephelge, tenant son porte-manteau d'une main et de l'autre son foulard protecteur, se retira consterné.

Il ne connaissait dans Paris que l'hôtel Christine; son père y avait logé en 1809, et il l'avait cité mille fois comme un modèle d'hôtel garni.

Au coin de la rue Dauphine, Ephelge eut la douleur d'entendre un commissionnaire dire ces terribles paroles à son oreille :

— Tiens! voilà un républicain qui arbore le drapeau rouge!

— Grand Dieu ! s'écria mentalement le voyageur, quelle imprudence ! Et il mit son drapeau dans sa poche, comme un député ambitieux.

Le flux et le reflux de la rue Dauphine se compose de passants affairés qui ne regardent pas le visage des autres.

Ephelge respira un instant jusqu'à l'enseigne des *Deux-Magots*, à l'angle du carrefour Bussy; mais ayant commis l'imprudence de s'aventurer dans les solitudes voisines du Luxembourg, il vit éclater sur la face des passants, certains airs de mauvais augure et même des signes de colère humaine, sinistres avant-coureurs d'un orage très-prochain.

Ducray-Duminil, ce doyen des romanciers, en voyant les maux qui désolaient les deux orphelins Achille et Bénédict, s'écrie avec une admirable candeur : « *Enfants, si bons, si doux, qu'avez-vous donc fait aux hommes ?* »

Que se serait-il écrié s'il avait été, comme moi, le témoin des angoisses d'Ephelge dans la rue Vaugirard ! Eh ! qu'avait-il fait aux hommes, cet Ephelge si bon, si doux ?

Soyez parricide, faussaire, inventeur de feux grégeois, ami déloyal, amant parjure, empoisonneur adroit, et promenez-vous dans Paris avec une face sereine, des yeux limpides, un nez bien ciselé, deux lèvres roses et un gilet blanc de neige, Paris vous honorera d'un regard bienveillant; soyez Ephelge, n'ayez commis que le crime innocent d'une impardonnable laideur, et Paris vous prépare, à tous ses coins, des déplaisirs mortels et des tortures sans nom.

Il est vrai, pour excuser Paris, qu'Ephelge abusait trop de la permission qu'ont les hommes d'être laids.

Chassé de la rue Vaugirard par de jeunes ouvriers ébénistes qui déjeunaient en plein air, Ephelge, tenant toujours son porte-manteau et se voilant le plus de hure qu'il pouvait avec sa large main de quadrupède, entra dans le jardin du Luxembourg, et fut salué par un chœur général d'éclats de rire, entonné dans une population de femmes de chambre et de petits enfants.

Impossible de se méprendre, toutes les mains allongeaient un doigt sur lui ! Ephelge, au comble du désespoir, allait se précipiter dans le bassin du Luxembourg ; mais il remarqua tout de suite un chien de Terre-Neuve qui l'attendait, gueule béante, pour le déchirer en le sauvant.

Le suicide fut ajourné.

Il revint sur ses pas, et traversant la cour du Luxembourg, il descendit rapidement vers la rue Mazarine, qui a le privilége d'être sombre à midi.

En voyant la rivière couler au bout de cette rue, il la trouva plus engageante que le bassin du Luxembourg, lequel bassin d'ailleurs n'a qu'un demi-pied d'eau, ce qui change en grasse sinécure le poste du chien sauveur, dont les appointements sont payés par la caisse de la Chambre des pairs.

Ephelge pourtant, soutenu par le faible espoir d'une transfiguration possible, laissa couler la rivière sans troubler le calme de ses eaux, et suivit le quai jusqu'au pont Royal.

Le bouquiniste qui a établi dans ces parages une bibliothèque publique à l'usage de ceux qui cherchent longtemps cinq centimes pour traverser le pont du Carrousel, lui suggéra une idée.

Il acheta un in-quarto intitulé : *Défense de la bulle Unigenitus*, et il se précipita, tête première, entre les deux battants de ce livre, comme font les myopes quand ils lisent un journal.

A la faveur de ce déguisement relié en basane, masque d'occasion, il put traverser le pont Royal sans courir trop de dangers, en suivant le trottoir et loin des chevaux.

Seulement, le peuple disait (car le peuple des ponts dit toujours quelque chose, parce qu'il ne craint plus les cabriolets) :

— Ce monsieur n'a pas envie de perdre son temps !

— Tiens ! ce savant a oublié son livre chez lui.

— Monsieur, prenez garde de me laisser tomber votre journal sur les pieds.

— En voilà un qui se brosse les paupières avec un in-quarto !... etc.

Ephelge, heureux de se tirer du péril à si bon marché, continuait sa route, et à la descente du pont il faillit se briser sur le château des Tuileries, qu'il ne voyait pas à travers l'épaisseur peu diaphane de son in-quarto.

La sentinelle du pavillon de Flore remit Ephelge sur la voie publique, avec un léger coup de crosse et un geste encore plus dur.

Il longea la terrasse du bord de l'eau, coupa diagonalement cet immense jeu de quilles qu'on appelle la place de la Concorde, et se perdit, comme une ombre païenne, dans les quinconces des Champs-Élysées, que M. Colbert, de mythologique mémoire, planta pour amuser les académiciens de son temps.

Les hommes de mauvaise mine que Paris possède dans ses murs pour soulager la province, ont choisi les Champs-Élysées pour leur promenade de midi.

Un de plus ne pouvait être remarqué, bien que cet un de plus fût, à lui seul, plus effrayant que tous les autres ensemble.

Grâce à ce concours d'habitués hideux qui changeaient les Champs-Élysées en vrai Tartare, Ephelge respira quelques instants ; il surprenait bien çà et là des constellations d'yeux fauves qui le regardaient de travers, comme Didon, dans l'Élysée de Virgile, regarde son amant perfide ; mais il se faisait tout de suite éclipser par un arbre, et d'éclipse en éclipse, il arriva au pied de l'arc de triomphe de l'Etoile, à l'autre extrémité de Paris.

Le malheureux était parti de la barrière d'Enfer.

Sur les gazons hospitaliers qui couronnent les hauteurs voisines, Ephelge aperçut quelques flâneurs de Chaillot, gens renommés par leurs espiégleries, et qui ont abreuvé de tant de dégoûts les promeneurs altérés, vagabondant sur les bords non fleuris que n'arrose pas la Seine. Cet asile n'était pas sûr.

Les préposés de l'octroi eux-mêmes, personnages graves, qui attendent à la barrière tout ce qu'on ne leur déclare jamais, désignèrent Ephelge du bout de leur baguette divinatoire, avec des propos malins, et le soupçonnant de contrebande, ils le menaçaient de le surprendre en flagrant délit de fraude à son retour. Ephelge ne comprit pas cette pantomime douanière, et il ne vit dans tous ces hommes que de nouveaux et implacables ennemis de sa gigantesque laideur.

La nature a vraiment des bizarreries criminelles; il devrait y avoir un tribunal pour venger un homme pur, comme Ephelge, de cette marâtre ironique, et la forcer à refaire son œuvre.

Hélas! la nature se moque du genre humain, et quand elle veut rire à nos dépens, il faut subir ses injures jusqu'à la mort!

Ephelge se lança sur cette allée infinie qui part de l'arc de l'Étoile, et semble expirer à la fin du monde.

C'est désespérant pour le piéton.

Colbert a planté ces arbres éternels du haut de son carrosse doré.

« O grand ministre! » disait M. Buisson en parlant de lui; M. Buisson se promenait toujours à cheval.

Notre infortuné piéton arriva, un peu avant le coucher du soleil, sur les bords de la Seine, à Neuilly.

L'aspect du site le ranima.

Il y avait un pont qui dessinait ses arches dans l'eau

verte et calme; il y avait des massifs de peupliers, des kiosques suspendus, des rotondes pleines de sourires, des bouquets d'iris qui folâtraient avec la rivière, des enfants qui jouaient sur les gazons.

Tout cela ressemblait au bonheur des autres, et notre Ephelge avait un naturel si bon, qu'il en ressentit de la joie, tout comme devant sa propriété.

Ce bonheur d'emprunt lui donna des symptômes d'appétit.

A sa droite, il avisa une maison blanche qui parlait ainsi aux passants, avec les lettres énormes de son enseigne : *Au Rendez-vous des Bons-Enfants. Bellon, dit le Champenois, loge à pied et à cheval. A la Renommée des matelottes.*

Cette enseigne fit venir l'eau à la bouche d'Ephelge.

Il entra, le visage à demi voilé par l'in-quarto, ne risquant ainsi que la moitié de son incommensurable laideur; et déposant le porte-manteau sur une table, il appela M. Bellon, et demanda un dîner complet. Quatre plats.

M. Bellon accourut avec une serviette hérissée de plumes de canard, et regardant Ephelge par dessus le crâne, il décocha un tendre sourire à une pièce de quarante francs que le voyageur agitait toujours sur le marbre de la table, comme le tocsin de son appétit.

— Monsieur va être servi à l'instant, dit Bellon; et il sortit pour prendre une serviette vierge de canard.

Qui peut connaître le mécanisme des choses du destin! un incident aussi simple devait amener de bien singuliers résultats!.. *Mais n'anticipons pas sur les événements,* comme dit Ducray-Duminil, notre patron.

Ephelge, seul dans la salle à manger, ornée d'un miroir voilé d'un crêpe vert pour ne pas humilier les convives, ouvrit la croisée et s'accouda gracieusement sur la rampe du balcon.

De cet observatoire, sa vue plongeait dans un petit

jardin entouré d'une haie vive d'aubépine en fleur; ce jardin exhalait un parfum de calme heureux qui mouilla les paupières velues d'Ephelge.

On apercevait au fond, sous un dôme de catalpas, une maison modeste à contrevents verts, avec treille de pampres, volière et pigeonnier; devant la porte une jeune fille cueillait d'une main, dans un vase, des fleurs de géranium, et de l'autre repoussait mollement un jeune chat zébré qui dévastait avec ses griffes les franges de sa pèlerine de satin.

Ce petit tableau ressemblait à un Miéris en action.

Ephelge occupait une place qui ne lui permettait pas de voir la figure de la jeune fille, mais il était impossible qu'elle ne fût pas belle au milieu de ce paysage si beau.

La contemplation se fût prolongée, malgré les exigences d'un appétit vieux de trente heures; mais M. Bellon entra triomphalement, une matelotte à la main; l'affamé voyageur, sous prétexte apparent de flairer le plat de très-près, continua de cacher ce qu'il appelait sa figure au regard de M. Bellon, et engagea dans cette posture un court entretien avec lui.

— Ce plat, dit-il, a un parfum exquis, monsieur l'aubergiste, et je ne puis me lasser de le respirer.

— C'est que je puis dire, Monsieur, répondit Bellon, qu'après le maire de l'île Saint-Denis, qui est le premier chef connu pour la matelotte, personne en rive de Seine ne peut me damer le pion de ce côté.

— Oh! quel fumet délicieux! dit Ephelge.

— Prenez garde, Monsieur, remarqua Bellon, le plat est très-chaud, et vous allez vous brûler le nez.

— Monsieur Bellon, dit Ephelge, vous avez là, sous vos croisées, un bien joli jardin...

— C'est le jardin de ma voisine, madame Daubenier.

— Mariée à M. Daubenier? demanda Ephelge.

— Non, Monsieur; veuve.

— Une veuve sérieuse, monsieur Bellon? une veuve dont le mari soit mort?

— Oh! Monsieur, une véritable veuve, tout ce qu'il y a de plus veuve. J'ai connu M. Daubenier; il est mort du chagrin de n'avoir pas marié sa fille.

— Que me dites-vous là, monsieur Bellon? dit Ephelge, en ne montrant qu'un quart de sa laideur phénoménale.

— Je dis ce qui est. Mademoiselle Aglaé était fiancée en naissant à un cousin de l'Amérique. Le cousin arriva, il n'avait jamais vu sa cousine; et la veille de la signature du contrat, il dit : « Bah! j'aime mieux rester garçon! » et il partit pour l'Amérique, sans faire viser son passeport.

— Monsieur Bellon, ce cousin avait donc appris?..

— Il n'avait rien appris du tout; mademoiselle Aglaé est la plus vertueuse personne de Neuilly; elle a été rosière l'an dernier.

— Alors, il me semble, monsieur Bellon...

— Oh! voyez-vous, Monsieur, il ne faut jamais s'entretenir de ses voisins, dans notre métier; ils vous font des procès devant le commissaire; ils prétendent qu'on chante des chansons un peu trop gaillardes; ils vous accusent de tuer leurs chats, et cent bêtises de cette espèce... N'en parlons plus... Comment trouvez-vous la matelotte, Monsieur? il me semble que vous la mangez avec les yeux...

— C'est vrai, monsieur Bellon; et que me donnerez-vous après la matelotte?

— La moitié d'un canard à l'estragon; et on ne dira pas que celui-là n'était pas frais, il n'y a pas une heure qu'il barbotait dans ce ruisseau là-bas.

L'aubergiste sortit sur ces derniers mots.

Rien ne saurait peindre la joie d'Ephelge : enfin il avait échangé quelques phrases avec un être humain!

Son bonheur était celui d'un naufragé qui, ayant habité vingt ans une île déserte, bouche close faute d'interlocuteur, rencontrerait subitement deux oreilles ouvertes sous un front baptisé, et ferait une orgie de conversation.

Il se releva fièrement, et, n'ayant pas de journaux à lire dans l'entr'acte des deux plats, il se remit au balcon, pour boire l'absinthe économique des champs.

La jeune fille était toujours au jardin; mais Ephelge ne pouvait jamais voir sa figure. Aglaé marchait d'un pas mélancolique, comme si elle eût visité un cimetière; elle s'arrêtait parfois et regardait les hautes herbes, comme un botaniste ennuyé.

Le bruit de l'arrivée du second plat fit courir Ephelge à sa table, et il se cacha derrière le paravent de son fidèle in-quarto.

— Vous me direz des nouvelles de ce canard, dit Bellon, en essuyant ses doigts plus cuits que ses plats.

— Vous êtes discret, lui dit Ephelge; et je suis prêt à vous demander un cinquième plat, si vous me dites le motif qui a fait casser le mariage de votre belle voisine avec son cousin.

Cette proposition corruptrice mit en rêverie M. Bellon.

Ephelge s'inclina sur le canard, nez sur bec.

— Monsieur, dit Bellon à voix basse, si vous voyiez mademoiselle Aglaé, vous feriez comme le cousin.

— Bah!

— Oui, Monsieur... Figurez-vous que cette pauvre demoiselle est plus laide que les sept péchés mortels.

Le nez d'Ephelge faillit avaler le bec.

— Si laide, Monsieur, poursuivit Bellon, qu'elle ne peut pas même aller à l'église, le dimanche, parce que les gamins lui feraient un mauvais parti.

Ephelge demandait au ciel de lui envoyer un in-folio, car l'in-quarto ne lui suffisait plus.

Sa tête, ravagée par le sang, se gonflait à vue d'œil, et débordait les marges du livre protecteur.

— Maintenant, dit l'aubergiste, vous savez la raison, et je vais vous préparer trois autres plats.

Il sortit.

L'appétit expira dans la poitrine d'Ephelge, et le sentiment que réveilla en lui la confidence de Bellon avait un caractère d'émotion tout particulier.

Il marcha vers la fenêtre avec une étrange curiosité, fort naturelle d'ailleurs, et cette fois il lui fut permis de voir la figure de la voisine...

Quoique habitué depuis vingt ans aux formidables vérités de ses miroirs, Ephelge s'avoua tout de suite que la laideur d'Aglaé n'avait point de rivale dans l'univers, y compris la zone des Hottentots.

La figure de cette jeune fille produisit à Ephelge l'effet d'un miroir qui grossit les objets ; ce qu'elle avait surtout de plus remarquable, c'était l'absence presque complète du front et des yeux ; il est vrai que le nez rachetait cette double absence avec une prodigalité monumentale.

La bouche s'étendait vers des limites inconnues, le menton descendait verticalement en pointe osseuse sur un cou d'oiseau de proie, et une triple couche d'ocre badigeonnait cet ensemble de laideur, et achevait d'irriter l'œil qui osait la regarder.

Ephelge pourtant, qui avait de bonnes raisons pour ne pas être difficile en choses de ce genre, affronta courageusement le visage de mademoiselle Aglaé, comme un héros affronte un péril connu.

Il trouva même bientôt un charme singulier à détailler tous les crimes de cette laideur formidable, et à chaque découverte il se réjouissait dans son cœur.

A la fin de son examen, Ephelge se serait précipité aux pieds de la jeune fille, si le balcon eût été plus voisin du sol.

Une rêverie douce s'empara de lui, et il regagna la table, le front soucieux et serein à la fois.

Un spectateur, assez hardi pour analyser en ce moment le visage d'Ephelge, aurait deviné que le malheureux voyageur accomplissait dans son âme une véritable révolution.

A la fin du repas, Ephelge, encouragé par l'invincible laideur de la voisine, osa parler face à face à Bellon, et lui demander une chambre meublée, payable comptant, d'avance et en or.

Le profil de l'empereur Napoléon, qui rayonnait en relief d'un jaune tendre sur la pièce de quarante francs, fit une heureuse diversion; l'aubergiste, absorbé par l'image de métal, regarda négligemment l'image de chair cuite qu'Ephelge lui présentait en plein.

La chambre fut accordée moyennant exhibition du passeport.

Quoique le signalement du passeport d'Ephelge fût écrit d'une façon illisible, parce que l'employé de la mairie avait été agité, en l'écrivant, par des éclats de rire convulsifs, M. Bellon s'en contenta et il installa chez lui son unique voyageur.

Dès ce moment, la vie d'Ephelge fut une succession d'innocentes délices.

Le voyageur ne quittait plus sa chambre; il regardait avec une joie ineffable ce gracieux jardin, habité par une jeune fille prisonnière de sa despotique laideur.

L'âme d'Ephelge pouvait seule comprendre l'âme d'Aglaé; toute pensée intérieure de la jeune fille rebondissait, comme un message de télégraphe électrique, dans le cerveau du jeune homme; une sympathie mutuelle était inévitable.

Aglaé, qui n'avait vu de visage humain depuis longtemps, fut touchée, au milieu de ses ennuis, de l'attention bienveillante que lui accordait son généreux voisin.

Ces deux êtres chassés de la société pour un crime physiologique, se rapprochèrent dans un intérêt commun; chacun d'eux comprit qu'en dehors de leur couple, il n'y avait que le désert, l'ennui, le désespoir.

Ils ne s'étaient jamais parlé, et ils s'étaient déjà tout dit.

Ephelge se revêtit un jour de son costume de visite, et se présenta, plus hideux qu'à l'ordinaire, chez madame Daubenier.

Un jour crépusculaire assombrissait le salon de compagnie; on avait de bonnes raisons pour ménager les teintes ténébreuses dans ce logis habité par la pauvre fille.

Ephelge, de son côté, se garda bien de demander un peu de jour; le *Fiat lux* eût expiré sur ses lèvres.

Madame Daubenier, qui avait gardé pour elle quelque chose de la laideur atroce qu'elle avait donnée si généreusement à sa fille, se voila d'un éventail, malgré le clair-obscur du salon, et désigna un fauteuil au visiteur.

Alors Ephelge, avec une voix pleine de mélodie et de séduction, exposa éloquemment l'objet de sa visite, et demanda la main de mademoiselle Aglaé.

La mère balbutia une réponse embarrassée, dont le sens était celui-ci :

— Mais, Monsieur, il paraît que vous ne connaissez pas ma fille; vous ne l'avez jamais vue! si vous aviez le malheur de la voir, vous feriez comme le cousin d'Amérique. Qu'osez-vous me demander, imprudent!

Ephelge n'eut pas l'air de comprendre le sens de la réponse maternelle; mais il dit avec une délicatesse charmante :

UN COUPLE AFFREUX. 205

— Je connais mademoiselle Aglaé, j'ai eu le bonheur de la voir souvent ; je l'aime comme moi-même, je ne puis avoir d'autre épouse qu'elle, et votre refus, Madame, serait mon désespoir.

Ensuite, il donna des explications sur sa famille et sa petite fortune, sur ses goûts pour la solitude et l'obscurité.

Madame Daubenier, à cette première visite, n'accorda pas, ne refusa pas ; elle demanda huit jours de réflexion.

Il est facile de deviner que ce retard ne gâta point les affaires d'Ephelge.

Mademoiselle Aglaé l'accepta pour époux en baissant les yeux et la voix, dans un sentiment de gracieuse et virginale pudeur.

Une nuit, deux flambeaux d'hyménée luisaient obscurément au fond de la chapelle de Neuilly, comme deux étoiles qui n'éclairaient pas un ciel d'orage.

Les époux, suivis de quatre témoins nommés d'office par le maire, s'agenouillèrent devant l'autel, et se jurèrent fidélité, comme les autres.

C'étaient Ephelge et Aglaé Daubenier.

Après la cérémonie, les témoins refusèrent de s'asseoir au festin de noce, et prétendirent que la loi n'avait plus rien à exiger d'eux.

Ephelge les remercia, et ils prirent la fuite, les mains ouvertes sur leurs yeux fermés.

Ephelge, ayant obtenu l'assentiment de sa belle-mère, quitta Neuilly, et vint s'établir avec sa femme dans sa ville natale qu'il aimait beaucoup, selon l'usage des *cœurs bien nés*, comme dit Tancrède. Lorsque les habitants de la rue *** de la ville de *** apprirent qu'Ephelge était rentré dans leurs murs, et cette fois avec un supplément de laideur conjugale, ils firent éclater des symptômes d'insurrection.

La police de *** s'alarma.

Il y eut des groupes devant la porte des cafés, et la nuit on vit errer des patrouilles autour de la maison des deux époux.

Le lendemain le maire fit un arrêté qui invitait les bons citoyens à l'union, sous peine d'application des lois de septembre.

Cet arrêté calma un peu les esprits; la place publique devint habitable, mais l'intérieur des maisons bouillonnait, chaque rue était un double alignement de volcans numérotés.

Ephelge, fort de la protection de la loi, fort de son innocence et ne redoutant plus rien au monde depuis qu'il avait doublé son existence par le mariage, devint un autre homme, la laideur exceptée.

Le premier dimanche venu, il sortit effrontément avec sa femme, à l'heure de la promenade, et se mêla aux humains, sur le cours Saint-***, rendez-vous habituel du beau monde, après vêpres, dans la belle saison.

Madame Ephelge, heureuse d'être aimée, se pavanait nonchalamment, suspendue au bras de son époux, et, du haut de son triomphe, elle semblait prodiguer l'insulte aux familles qui passaient, avec des fronts chargés d'ennuis domestiques, et des visages lézardés par de mesquines et bourgeoises passions.

Ephelge, radieux de volupté légitime, inclinait sa tête sur l'oreille de sa femme, et lui épanchait des flots de tendresse conjugale, à ravir les épouses des anges.

Cet étalage inouï de bonheur nuptial à la face du public exaspérait les promeneurs, et dès que l'orage devenait imminent, le maire de *** allait de famille en famille, et éteignait l'incendie, en prêchant le respect à la loi.

Heureusement le public ne fait jamais longtemps la même chose.

Ephelge et sa femme ne reculant pas devant l'exaspération, le public recula devant son injustice.

Insensiblement, *ce couple affreux* (on le désignait ainsi à ***, département de ***), à force de s'imposer aux promenades, avec l'aide de la Charte constitutionnelle, habitua les yeux à le regarder.

Un jour le maire, dont la prudence est proverbiale à ***, aborda en public M. et madame Ephelge, et leur fit l'honneur d'un entretien familier; bien plus, M. Ephelge, s'étant écarté un instant pour lier les cordons de ses souliers énormes, le maire offrit son bras municipal à madame Ephelge, qui faillit succomber d'une attaque de bonheur foudroyant.

Ce magistrat jouissait de l'affection générale; il avait obtenu du ministre un pont, un tableau et une fontaine, et ce triple cadeau comblait la ville de *** d'une allégresse perpétuelle qui remontait au magistrat.

Aussi, dès ce dimanche mémorable, la population amnistia la double laideur des époux Ephelge, et deux industriels leur envoyèrent une invitation à dîner.

Bientôt ils furent les époux à la mode.

On citait partout leur grâce, leur esprit, leur douceur; jamais on n'avait vu de ménage plus fortuné.

Une filature permanente d'or et de soie était le symbole industriel de la vie des deux Ephelge.

Toutes les mères souhaitaient un pareil bonheur à leurs enfants.

Un incident attendu et inattendu à la fois acheva de populariser les deux époux dans la ville de *** : madame Ephelge mit au monde un enfant beau comme le jour.

A cette nouvelle, l'affection publique s'éleva jusqu'au fanatisme.

Les dames de *** demandèrent toutes à voir le nouveau-né.

On fut obligé de régler l'ordre du spectacle ; le maire plaça deux gendarmes à la porte de l'accouchée ; on aurait dit une première représentation à l'Opéra.

Ephelge suppliait le ciel de lui retrancher la moitié de son bonheur, pour ne pas humilier davantage les autres époux de la ville de ***, lesquels, pour le dire en passant, ne sont pas heureux en ménage, surtout ceux qui sont très-beaux.

Le ciel, qui devait des dommages et intérêts à Ephelge pour l'arriéré de ses infortunes, ne l'écouta pas : il lui envoya, au bout d'autres neuf mois, une fille d'une incomparable beauté.

Le maire réclama l'honneur d'être son parrain, et le baptême fut une véritable fête civique, comme naguère le 1er mai et le 29 juillet.

Heureux époux, puisse la lecture de cet article, écrit à votre gloire, donner un rayon de plus à votre lune de miel qui vivra aussi longtemps que le soleil de tous vos jours !

FIN D'UN COUPLE AFFREUX.

UN VOYAGE AÉRIEN

UN VOYAGE AÉRIEN

Le monde savant connaît Belzoni, illustre voyageur qui a découvert la seconde pyramide, et publié un ouvrage sur l'Égypte et sur le cours du Nil, depuis le Takase jusqu'à la mer, en oubliant toutefois la presqu'île de Meroë, qui, d'après Hérodote, fut le berceau des Gymnosophistes, et qui a le privilége d'avoir conservé, vivant sur les arêtes de ses nopals, le scarabée sacré cher aux prêtres d'Isis.

Ne vous alarmez point de la gravité de mon début. L'ennui est fils du sérieux, et il recule toujours devant un parricide qui rendrait les livres fort amusants, s'il s'accomplissait. Ce que l'ennui n'ose faire par pitié filiale, faisons-le ce soir.

Avant d'embrasser la profession honorable de savant, Belzoni était danseur de corde, et lorsque Méhémet-Ali, absorbé par les soins de l'héritage des Pharaons, et privé d'un bon conseil, Joseph, laissait tomber sur sa barbe sa tête pleine d'un souci pyramidal, il appelait Belzoni, qui n'était pas encore savant, et le priait de danser sur une corde tendue entre deux palmiers. Cet exercice est très-pénible en Égypte, et la sueur du funambule, coulant sur le chanvre tordu, rend le terrain glissant. Belzoni fit quelques chutes et donna sa démission. M. Hogges, de la Société royale de Londres, lui conseilla de se faire savant, et il obéit. En Égypte, il est assez difficile d'acquérir de la science depuis que le grand Omar a rendu à l'humanité l'immortel service de brûler la bibliothèque d'Alexandrie, ce qui console les bibliothécaires présents, déjà si mal logés à l'étroit. Cependant Belzoni eut le bonheur d'acquérir une haute réputation dans la science, en fumant beaucoup de pipes devant l'inscription de la colonne de Pompée, et en expliquant à M. Hogges quelques hiéroglyphes, comme des rébus du jour de l'an et des énigmes du *Charivari*.

Un jour, M. Hogges lut dans un journal anglais la traduction d'un feuilleton des *Débats*, dans lequel notre célèbre compositeur, Hector Berlioz, qui est aussi un homme d'infiniment d'esprit et de style, indiquait un nouveau moyen de traverser les déserts sablonneux, sans être exposé aux vieux inconvénients de ce voyage. Il s'agissait de monter en aérostat suspendu et attelé à un dromadaire, attelé lui-même à un fellah. Ce plan était peut-être une ingénieuse plaisanterie du spirituel écrivain, mais M. Hogges le prit au sérieux et le communiqua à Belzoni. Le savant italien, qui se souvenait de la corde horizontale, sourit à l'essai de la corde verticale, et demanda mille livres à M. Hogges pour avoir l'honneur de l'accompagner dans son voyage aérien.

M. Hogges lui dit : — Je ne tiens pas à mille livres, comme tout Anglais; voici mon mandat sur M. Jules Pastré, à Alexandrie. Les frais de notre voyage seront si considérables, que cette somme disparaît dans la masse. Il faut d'abord que le vice-roi nous donne des firmans, et envoie des Arabes jusqu'aux montagnes de la Lune, sources présumées du Nil, pour y établir, sous de bonnes huttes, des dépôts de zinc et de toutes sortes de provisions. Je paierai le zing, les provisions et les Arabes. Il nous faut toute la provision de baudruche qui est à Alexandrie, pour arrondir un aérostat immense. Enfin, nous devons avoir des dromadaires de rechange pour entretenir l'attelage et le renouveler au besoin.

Alors Belzoni lui dit : — Monsieur Hogges, ce que vous me dites là m'encourage à vous demander mille livres de plus, pour être plus digne encore de l'honneur de vous accompagner. Une occasion pareille ne se présente qu'une fois et je veux la saisir. J'ai à Venise une femme fort chère et trois enfants.

Une larme mouilla un œil de Belzoni, et M. Hogges, attendri, accorda tout. — Voici maintenant, dit M. Hogges, le but de ce voyage ; tout voyage doit avoir un but sérieux. Nous ne voulons pas faire une promenade en l'air pour amuser les autruches, les crocodiles et les ibis. L'Europe nous regarde, selon son usage. Nous voulons achever l'œuvre pénible déjà commencée par Mongo-Park, Pritchi, Bruce, Rossignol et bien d'autres : nous voulons découvrir les sources du Nil sans être incommodés, comme nos devanciers, par la chaleur, les insectes, la poussière, le sable et les bosses de dromadaires. Il nous sera donné de découvrir les sources, à moins que le Nil n'ait pas de sources, ce qui serait contraire aux habitudes des fleuves de tous les pays. Depuis le règne de George III, la Trésorerie a dépensé soixante-dix millions pour trouver le berceau du Nil : avec cette somme, on aurait fait boire du porter et du sherry aux ouvriers jusqu'à la fin de l'Angleterre, si l'Angleterre doit avoir une fin quelque jour, ce que je ne crois pas. Aujourd'hui, c'est à mes frais que nous faisons cette expédition, et le lord de la Trésorerie nous remboursera peut-être l'argent.

— Alors, dit Belzoni, cela m'autorise à vous demander mille livres de plus, parce que je suis le seul savant attaché à cette expédition.

— Accordé, dit le généreux Hogges.

Il fallut trois mois pour organiser le service de l'aérostat. Belzoni employa ce délai à fouiller quelques nouveaux puits de la seconde pyramide, et il découvrit deux mines de momies vierges, de l'espèce de celles que M. White, chimiste à Londres, *King-William street*, fait étuver proprement pour ses remèdes contre les maladies du larynx.

Tout étant prêt, Belzoni, M. Hogges et madame Hogges, jeune Alexandrienne de trente ans, s'embarquèrent sur le Nil, et le remontèrent jusqu'aux roches brunes de Phil. M. Hogges avait pris des leçons d'aérostat d'un élève de Garnerin, qui s'était fait musulman au Caire pour épouser un sérail, en haine du mariage. Belzoni, avec son intelligence naturelle, devina bientôt tout le mécanisme du métier. On venait de faire, entre Akmounain et Assouan, une répétition générale avec les accessoires, laquelle avait parfaitement réussi. On allait s'élancer vers l'azur sous de favorables auspices, et respirer en Égypte cette fraîcheur aérienne que le mont Blanc garde sur ses sommets. Voyager ainsi, c'est se bâtir sous les pieds une succession de crêtes de montagnes à l'infini, en économisant les bases. Ainsi parlait le savant italien.

Bientôt, le désert nu et sans arrosage se déroula devant eux. Madame Hogges menaça son mari de se précipiter entre deux crocodiles endormis sur un lit de roseaux, si elle n'était pas acceptée comme compagne de ce beau voyage. M. Hogges, redoutant beaucoup plus les pourvoyeurs de sérail que les crocodiles, donna la main à sa courageuse épouse, et l'embarqua sur la vaste nacelle. On déroula une corde sans fin, tordue à la corderie du vice-roi, et on l'assujétit par un énorme crochet de fer à une ceinture de cuir qui cerclait un dromadaire entre ses deux bosses. Un Arabe conduisait l'animal. Le ballon s'éleva majestueusement dans les airs.

Belzoni et les époux Hogges éprouvèrent des frissons de joie en s'élevant au dessus du niveau de la chaleur. Du haut des airs, la vaste plaine avait une blancheur éblouissante; et, à l'inverse des ascensionnaires du mont Blanc, la terre leur parut couverte de neige, ce qui leur donna plus de fraîcheur encore. Madame Hogges prit son châle, et les deux voyageurs, qui avaient oublié leurs manteaux en Égypte, comme Joseph, commencèrent une partie d'écarté. L'aérostat, poussé au trot du dromadaire, plus agile que le cheval, laissait le vent lourd en arrière : on filait douze nœuds à l'heure. A midi, M. Hogges quitta le jeu pour relever une erreur géographique de Bruce, lequel a oublié sur ses cartes de consacrer un point noir à la presqu'île de Meroë. De la nacelle de l'aérostat on découvrait, à gauche, sous une zone ardente, les quarante pyramides qu'Hérodote le Véridique a comptées sur ses dix doigts.

La nuit venue, l'aérostat descendit dans le vallon osseux formé par les bosses du dromadaire. Les voyageurs avaient atteint déjà l'oasis de Belk-Alzir, qui sert, pour ainsi dire, de péristyle végétal à la vallée profonde où l'armée de Cambyse fut asphyxiée par le Kamsin, au retour de son expédition contre les augustes nez des dieux d'Égypte et des sphynx.

A l'aurore du lendemain, le ballon reprit son essor; trente Arabes envoyés d'avance à l'oasis avaient fait les préparatifs nécessaires à la seconde ascension. C'était le second relai. Au départ, le thermomètre Farenheit marquait déjà 33 degrés 8° 5′, et quand l'aérostat eut épuisé la corde, le mercure descendit à 4 degrés 9°... 3′... L'aspect du pays devenait affreux. Vers le nord, couraient des montagnes nues qui pourraient bien être une déviation de l'épine dorsale du Mokatan, égarée au désert. L'Abyssinie apparaissait entre quatre horizons avec ses pâles horreurs ; à d'énormes intervalles se révélaient quelques oasis, comme des points noirs sur une carte blanche. Les autruches ressemblaient à des hirondelles rasant le sol. Un coup de vent supérieur ayant enlevé des mains de Hogges les cinq cartes de son jeu, au moment où il disait : *Coupe, atout et passe mon roi*, toute distraction fut enlevée au trio voyageur. Seulement Belzoni se baissait, par intervalles, pour essayer de ramasser un aigle dans les airs.

Lorsque l'immense obélisque de Nen-Assoün marqua midi comme une aiguille solaire sur un cadran, M. Hogges se pencha, pour faire la sieste, sur un trousseau de cordes, et son épouse l'imita. Belzoni, abandonné de ses compagnons et ne sachant que faire, se rendit amoureux de madame Hogges, et composa un sonnet italien qu'il écrivit au crayon, avec l'intention de l'offrir au moment opportun. Il faut toujours qu'un Italien fasse des sonnets.

Madame Hogges se réveilla un peu avant son mari, et Belzoni, avec un sourire gracieux, lui présenta sa déclaration d'amour. Le sonnet commençait ainsi : *Nel cielo tua bellezza*. Madame Hogges lut le sonnet et s'excusa de ne pas le comprendre. L'audacieux Belzoni prit la main de la jeune voyageuse et la serra vivement : révoltée de cette impertinence, elle poussa un cri, et M. Hogges bondit sur son oreiller.

C'était un mari fort jaloux et méfiant : en se réveillant il vit un grand trouble sur le visage de Belzoni, et une teinte de colère pudique aux joues brunes de sa femme. Le sonnet éclaircit bientôt la situation : il était sur les genoux de la femme, et le vent avait oublié de l'enlever. M. Hogges s'empara de cette pièce de conviction, et la traduisit en anglais, en lançant à chaque vers un regard indigné sur l'infâme séducteur aérien. Belzoni baissait les yeux comme un coupable. L'époux, cruellement outragé, méditait un duel à vingt pas. L'épouse tendait ses bras vers la terre, comme pour supplier le ciel de sauver son honneur et son mari. Le moment était solennel, le silence effrayant, la hauteur démesurée. Quelques aigles, seuls témoins de cet incident, rasaient la nacelle.

Une violente secousse, imprimée par la corde au ballon, détourna les esprits de cette scène de jalousie. Quelque chose de terrible menaçait sans doute les voyageurs. M. Hogges serra le sonnet dans son portefeuille, et ouvrit les cinq tubes de sa lunette d'approche pour examiner la situation des choses de la terre. Ce qu'il vit le glaça d'effroi. L'Arabe conducteur avait disparu, et le dromadaire fuyait au bout de sa corde, ayant aux trousses deux superbes lions à tous crins.

— Nous sommes perdus! s'écria M. Hogges; et il céda le télescope à sa femme, qui regarda et pâlit sous les couches brunes de sa figure alexandrine. Belzoni, absorbé par son amour, qui avait déjà de profondes racines, — les passions vont vite en aérostat, c'est le chemin de fer de l'amour! — Belzoni, sentimental comme Pétrarque, composait un autre sonnet sur le bonheur de mourir avec madame Hogges, et d'être enseveli dans le même tombeau, le ventre d'un lion : *Nella stessa tomba, colla mia Laura.*

Les deux lions atteignirent le dromadaire, et tout à coup le ballon s'arrêta dans le ciel, comme le soleil de Josué. L'émotion des époux Hogges était au comble, et ils se cédaient mutuellement la lunette, comme font deux voisins au théâtre pour voir déclamer un ténor de cent mille francs, lorsqu'il ne chante pas. Belzoni s'abandonnait intérieurement à tout le délire de son amour, et sa pose était calme comme celle de Daniel dans la fosse aux lions.

Cependant, d'après le rapport infaillible de sa lunette, les lions ne perdaient pas leur temps : on eût dit qu'ils avaient subi un long jeûne au désert, depuis le grand festin de l'armée de Cambyse. L'un des deux, la femelle sans doute, détacha un quartier de dromadaire, et le porta probablement à sa jeune famille, domiciliée dans les grottes du Mokatan abyssin. Le lion qui restait s'accroupit, en sphinx nonchalant, devant les trois autres quartiers du chameau, comme un lazzarone devant un plat napolitain, et se mit à dévorer, pièce à pièce, l'attelage de l'aérostat.

— Mon Dieu ! s'écria M. Hogges en embrassant sa femme, qu'allons-nous devenir !... Cette insolence de bonheur conjugal irrita Belzoni, et il éprouva l'horrible velléité de lancer cet heureux époux, par dessus la nacelle, dans la fosse aux lions, en guise de dessert, après le repas du dromadaire.

— Voilà un lion, disait Hogges, comme pour s'expliquer nettement la crise, voilà un lion qui va dévorer sa proie jusqu'à la dernière tranche, jusqu'au dernier os. Il lui faudra, sans doute, plusieurs jours pour voir la fin d'un dromadaire ; il partira souvent, et reviendra souvent, à ses heures d'appétit, comme on va chez un restaurateur... Puis, lorsque tout sera dévoré, quel sera notre destin? Les vivres vont nous manquer ! Le ballon restera planté ici comme un navire à l'ancre ; et si nous dérâpons, Dieu sait où le vent nous poussera. Les quatre points cardinaux sont quatre gouffres, quatre écueils, quatre tours d'Hugolin; espoir nulle part! Encore cette fois, les sources du Nil gardent leurs mystères. O ciel, notre secourable voisin, viens à notre secours!

M. Hogges avait bien raisonné. L'appétit n'est pas éternel, même dans l'estomac d'un lion. Celui-ci, après avoir mangé deux bosses et bu quelques litres de sang frais, se retira d'un pas joyeux, en secouant sa crinière, jouant du bout de sa queue avec les arêtes des nopals, et poussant, par intervalles, des rugissements mielleux, comme un gastronome qui fredonne une chanson après un bon repas.

— Mais que dites-vous de cela, monsieur Belzoni? s'écria Hogges en croisant les mains sur son front; vous avez une tranquillité offensante pour nous. Voyez, que faut-il faire? Donnez un avis...

— Ah! dit Belzoni avec des soupirs mystérieux, la vie m'est odieuse, et il m'est fort égal d'être enterré dans les nuages ou ailleurs. Votre bonheur me révolte, et je ne demande pas mieux que de vous voir expirer dans mes bras.

— Prenez donc pitié de cette pauvre femme qui pleure et tremble, monsieur Belzoni!

— Savez-vous bien, monsieur Hogges, que je perds, moi, les trois mille livres de notre traité! soixante-quinze mille francs, monnaie de France! prenez pitié de moi!

Sur ces entretiens la nuit tomba, et il fallut bien se résigner à la passer au même gîte. On entendait au dessous mugir les bêtes fauves, comme on entend, dans un lit d'auberge, les coassements des marais. Par moments, l'hôtellerie de baudruche éprouvait une secousse brusque : c'était sans doute quelque animal carnassier qui arrachait une côtelette au dromadaire et faisait un *médianoche* en passant. Belzoni fredonnait à la sourdine une octave du Tasse, comme un gondolier vénitien à l'ancre devant Saint-Marc. Hogges, armé d'une perche, chassait les aigles, qui, prenant l'aérostat pour une montagne endormie sur un nuage, menaçaient de crever la baudruche d'un coup de bec et de donner passage au gaz évaporé. Cette nuit fut bien longue; madame Hogges goûta pourtant quelques heures de sommeil.

Le lendemain, à l'aurore, la lunette d'approche permit de distinguer les ravages que les convives avaient faits sur la nappe blanche du festin. Quelques miettes de dromadaire restaient encore; le squelette se montrait dans sa nudité sanglante, et si une faim extrême ne poussait pas de ce côté quelque animal à jeun ou amateur des os décharnés, il fallait s'attendre à une station perpétuelle dans la région des nuages; l'aérostat passait à l'état de planète fixe et servait de demi-lune aux astronomes abyssins.

La puissante carcasse du dromadaire retenait toujours la corde de l'aérostat à son crochet de fer, et il était défendu aux navigateurs aériens d'aborder aux côtes du squelette, car les bêtes fauves du voisinage n'auraient pas manqué d'accourir pour dévorer les voyageurs descendus en s'aidant de leur corde de salut. Le *statu quo* était aussi désespérant que tout autre procédé de manœuvre.

Malheureusement la discorde régnait dans la population de l'aérostat. Les plus vives passions étaient aux prises. Deux hommes composaient ce peuple, bercé par le vent sur un cratère de lions, et les deux camps se rangeaient en bataille pour s'égorger. S'ils avaient eu deux presses dans leurs bagages de nacelle, on aurait vu éclore deux journaux, et la femme aurait ouvert un cabinet de lecture. Voilà l'homme! Étonnez-vous ensuite des violentes disputes des Grecs, lorsque Mahomet II était aux portes de Constantinople, menaçant la croix avec les deux becs du croissant turc...

Belzoni, dans un louable désir de paix, fit à M. Hogges une proposition assez étrange.

— Monsieur, lui dit-il, les lois anglaises et votre religion autorisent le divorce, n'est-ce pas?

— Oui, Monsieur, dit Hogges.

— Je consens à vous aider dans ce péril, si vous signez cet écrit que j'ai rédigé, au clair de la lune, la nuit dernière.

— Est-ce encore mille livres que vous me demandez? dit Hogges.

— Moins que cela; je vous demande le divorce avec Madame.

— Ciel! s'écria Hogges comme on appelle un voisin à son secours.

— Si vous hésitez, je coupe la corde, et nous allons voyager dans la lune tous les trois. Votre existence tient à un fil; voilà un couteau ouvert... je suis votre Parque, je vais couper!

Hogges arrêta le bras de Belzoni.

— Et les sources du Nil, monsieur Belzoni! les sources du Nil!

— Je me moque des sources du Nil comme d'un verre d'eau; j'aime votre femme, et si vous ne me promettez pas de faire prononcer le divorce devant un tribunal anglais, à notre descente sur la terre, je crève notre ballon.

— Il le ferait comme il le dit! s'écria madame Hogges en essuyant ses yeux avec un nuage. Sacrifiez-vous pour vos enfants, cher Hogges, et oubliez-moi...

— Vous voyez, dit Belzoni, que Madame accepte le divorce.

— Eh! mon Dieu! s'écria la voyageuse, dans notre position, que n'accepterait-on pas! nous sommes à quatre mille mètres au dessus des lois humaines et du code social!

Hogges voila son front d'un nuage, et demanda un

quart d'heure de réflexion. Belzoni tira sa montre et fit un signe d'acquiescement.

Le quart d'heure expiré, M. Hogges renoua l'entretien, et dit :

— Savez-vous bien, monsieur Belzoni, que ce que vous me demandez là est horrible ?

— Voilà donc, monsieur Hogges, dit M. Belzoni en reprenant son couteau, voilà donc ce qu'un quart d'heure de réflexion a produit ! Je vous le répète, Monsieur, j'aime votre femme ; je l'aime d'un amour de quatre mille mètres au dessus du niveau de la mer ; je l'aime comme on doit aimer au vestibule du paradis. C'est une passion inexorable : ainsi n'essayez pas de la contrarier. D'ailleurs, vous n'avez plus de droits sur votre femme.

— Ah ! ceci est trop fort ! s'écria M. Hogges ; je n'ai plus de droits sur ma femme ! et qui me les a ôtés, ces droits ?

— Notre nouvelle position, Monsieur. Vos nœuds sont brisés. Ce que vous avez contracté sur la terre n'a plus de valeur dans un nuage. Réfléchissez encore : votre existence ne tient plus qu'à un fil.

— Monsieur Belzoni, soyez juste...

— Je suis amoureux !

— Et moi aussi, monsieur Belzoni ; je suis amoureux de ma femme...

— Insolent ! s'écria Belzoni ; mesurez vos expressions, ou redoutez mon désespoir. Comment avez-vous l'audace de me parler de votre amour !

— Mais il me semble que j'en ai le droit ! dit M. Hogges avec dignité ; ne suis-je pas l'époux légal de ma femme ?

— Malheureux ! s'écria Belzoni en se levant avec une violence de mouvements qui faillit les faire chavirer dans les flots de l'air ; malheureux ! ce divorce que vous me refusez, je vais le prendre. Le tranchant de cette lame d'acier va nous lancer dans l'infini ; nous allons nous élever vers des régions si hautes, qu'il nous faudra cinq ans pour descendre. Au début de ce voyage, je vous précipiterai dans l'espace, comme Mentor fit de Télémaque ; et nous resterons seuls, Madame et moi, dans le palais flottant, libres comme l'air, heureux de vivre sans témoins ; ne recevant de lois que de nous-mêmes ; affranchis du joug des despotes ; mangeant des aigles et buvant la pluie à nos repas ; humiliant la terre du haut de notre nacelle narguant les cadis d'Égypte et les constables de Londres ; fondant un monde nouveau, comme Adam et Ève, et élevant nos fils dans des idées de grandeur et de liberté que la boue de Londres ne leur donnerait pas ! Un jour, nous descendrons sur quelque zone hospitalière, au centre de l'Afrique, près d'un lac couronné d'ombrages ; notre jeune famille, née au ciel, apportera à la terre les vertus qui lui manquent, et la ville que nous bâtirons, nous et nos enfants, sera une cité vierge, et pure de tous les maux invétérés que vos habitants et citoyens d'Europe transmettent à leurs neveux de génération en génération. Voilà mon plan : méditez-en toute la profondeur, et si vous n'êtes pas le dernier des hommes, vous lui donnerez votre adhésion, et vous vous précipiterez vous-même pour ne pas entraver mes nobles desseins, et vous dérober par la fuite au spectacle de notre bonheur.

— Monsieur Belzoni, dit Hogges tout ému de cette allocution, vous me demandez une chose au dessus des forces humaines... Permettez-moi de vous rappeler à des idées d'honneur ; il y a une fable qui dit : *Deux coqs vivaient...*

— Au diable vos fables ! monsieur Hogges ! dit Belzoni ; je ne les aime pas. Les Anglais n'ont jamais au bec que des histoires de coqs. Nous sommes des hommes, vous et moi, et Madame n'est pas une...

Respectez Madame, ou je saurai bien la faire respecter ici !

— Eh bien ! je ne demande pas mieux, dit Hogges, dont la douceur de caractère était épuisée ; il faut que cela finisse, et le sort des armes en décidera. Choisissez vos témoins, l'heure et le lieu.

A ces mots, madame Hogges, qui avait écouté cette fâcheuse irritation la tête voilée d'un nuage, sortit de son asile vaporeux, et poussant un cri lamentable, elle se précipita entre les combattants, comme Hersilie entre Tatius et Romulus dans le tableau de David.

— Qu'allez-vous faire, insensés ! s'écria-t-elle ; vous n'avez pas un mètre de terrain sous les pieds, à vous deux, et vous songez à vous ranger en bataille ? Et moi, que deviendrai-je, dans ce pays de l'air que je ne connais pas ? que deviendrai-je, si vous tombez tous deux frappés de mort ! Certainement, la famine pourra m'obliger, malgré moi, à me nourrir de vos corps ; mais quand ces faibles provisions seront épuisées, à quelle auberge céleste dois-je m'adresser ? quel marché public m'est ouvert au milieu de ces nuages ? Au nom du ciel, notre voisin, prenez pitié d'une pauvre femme isolée que votre fureur folle peut priver du même coup d'un amant et d'un mari !

Puis, se mettant aux genoux de M. Hogges, elle ajouta de sa voix la plus tendre et la plus douce :

— Hogges, m'aimes-tu toujours ?

— Si je t'aime ! répondit l'époux avec deux larmes que les nuages pompèrent subitement.

— M'aimes-tu comme dans cette douce lune de miel que nous avons passée à l'hôtel de *Star and Garter*, à Richmond, cette île de Cythère des nouveaux mariés du comté de Middlesex ?

— Oui, mon adorable femme, je t'aime comme le jour où je traversai Charing-Cross pour t'épouser à Saint-Martin.

— Eh bien! prouve-moi une dernière fois ton amour.

— Parle, je t'obéis.

— Hogges, nous sommes dans une triste position...

— Parbleu! je le vois bien!

— Tu ne le vois pas assez, mon adoré Hogges. Nous sommes trois dans une nacelle à une place, et nous sommes beaucoup trop de trois. Un de nous doit être sacrifié au bonheur des deux autres, et c'est toi que j'ai choisi.

— Moi! s'écria Hogges, et il aurait volontiers reculé d'un pas s'il avait eu le terrain assez large derrière lui.

— Toi! poursuivit sa femme... M. Belzoni ne cédera pas : son amour a jeté de profondes racines, et il n'y renoncera pas pour t'obliger.

— Ah! mon Dieu! s'écria Hogges, quel étrange discours me faites-vous ici, Madame!

— Du calme, du sang-froid, Hogges. Tu le vois, je suis tranquille, moi, et je ne suis qu'une faible femme, isolée entre deux déserts. Tantôt, M. Belzoni a eu la bonté de nous soumettre un plan admirable et beaucoup plus beau et plus sensé que celui de la découverte des sources du Nil, lequel probablement n'a point de sources. Le plan de M. Belzoni est providentiel; nous sommes probablement destinés, lui et moi son indigne collaborateur, à fonder une colonie modèle dans le plus étrange des pays. Vouloir t'opposer à la réalisation d'un plan aussi beau, c'est vouloir élever un sacrilége obstacle aux destinées futures de l'humanité. Souviens-toi, Hogges, que tu présides, à Londres, le *Philanthropic-Club,* et que ton devoir est de t'immoler pour nous deux en particulier, et pour l'univers en général.

— Oui, dit Hogges, je suis le président du Club philanthropique, mais je suis misanthrope comme tous les philanthropes de Londres. Vous savez cela aussi bien que moi, Madame. Vous savez que notre institution charitable a pour but de soulager les maux des pauvres sauvages qui habitent le cap Horn et le Van-Diemen, et que nous faisons cent discours sur ces cannibales tous les mois; mais vous savez aussi que nous fermons les yeux sur quatre-vingt mille femmes de Londres qui se promènent de London-Bridge à Keesington-Garden, nuit et jour, sans souliers et sans vertu. Ainsi, point de mauvaise plaisanterie, madame Hogges; vous savez que je ne suis pas d'humeur à rendre service au genre humain.

— Tant pis pour vous, Monsieur! répondit sèchement la femme. Oui, je vous ai toujours connu égoïste sur la terre, et vous ne vous êtes pas corrigé dans le ciel.

— Mais enfin, s'écria Hogges, ce que vous me proposez est inadmissible!

— Inadmissible pour des poltrons, Monsieur!

— Mettez-vous à ma place, Madame.

— Monsieur, je reste où je suis.

— Quitteriez-vous votre position, Madame, pour tenter une chute verticale de la hauteur du mont Blanc?

— Oui, Monsieur.

— Eh bien, essayez, je vous la donne en trois.

— Ah! vous me raillez, Monsieur! est-ce ainsi que vous vous souvenez des préceptes de la galanterie française que vous avez apprise à *Grammar-School* de Birmingham? Où sommes-nous, grand Dieu! et dans quel monde vivons-nous? Un homme, un chevalier anglais ose proposer à une femme d'arpenter le mont Blanc du haut en bas, comme une avalanche! Vous êtes un félon, Monsieur!

— A la bonne heure! dit Hogges avec un effroi déguisé en calme.

— Vous allez donc essayer la chute? dit la femme en montrant l'abîme du bout du doigt.

— Allons, elle y tient! dit Hogges... Madame, si vous continuez à exercer contre moi cette tentative d'homicide avec précipitation, je vous traduirai devant les tribunaux.

— Traduisez, Monsieur, vous êtes libre.

— Vous savez, Madame, combien je déteste les querelles de ménage.

— Si vous les détestiez véritablement, vous auriez déjà sauté par dessus le bord de cette nacelle, et nous serions tranquilles en ce moment.

— Et je serais mort sur ce désert, là-bas, et sablé!

— Qu'importe, Monsieur, si ce noble dévouement eût fait le bien général du peuple de cet aérostat?

— Mais je fais partie aussi de ce peuple, moi!

— Vous êtes la minorité, Monsieur!

— Je suis le tiers de ce peuple.

— Oh! de grâce, épargnez-nous ces honteux calculs de statistique, Monsieur! Le noble Curtius ne perdit pas autant de paroles oiseuses, lorsqu'il se précipita dans un gouffre pour sauver le peuple romain.

— Bah! c'est une fable, Curtius!

— N'insultez pas les héros, poltron!

— J'aurais voulu le voir, ce Curtius, à ma place!

— A votre place, il n'aurait fait qu'un saut à la première sommation, lui et son cheval.

Le silence régna quelques instants.

Si l'anarchie n'eût pas régné dans la petite colonie aérienne, composée d'un trio sans harmonie sociale, ce malheureux peuple aurait vraiment joui d'un spectacle superbe, car la lumière du jour, s'affaiblissant par degrés rapides, permettait de voir une succession de mirages, perpétués à l'infini. L'œil d'un spectateur calme aurait suivi, dans son exhumation fantastique, une longue rue, faite de deux mille cités colossales, et dont le Nil était le ruisseau, depuis Éléphantine jusqu'à la province des roses, cette gracieuse et odorante Arsinoé que nos barbares géographes modernes appellent platement *Faïoun !* Hérodote a vu cette merveilleuse rue, qui n'était autre que la vieille Égypte ; elle est aujourd'hui hachée en morceaux sur les bords de son fleuve, toujours jeune ; mais la magique vertu du mirage la recompose, de temps en temps, par des secrets de prisme inconnus aux physiciens ; et quand ce prodige s'opère, on croit même assister à la résurrection complète de cet empire, comme si les mille catacombes rendaient aux cités du Nil un monde de momies plus nombreuses que les grains de sable de Suez et d'Ophir. On voit les interminables processions d'Isis et d'Osiris, défilant, par l'avenue des Sphinx, sous les colonnades du temple de Luxor ; on suit du regard les flots vivants de la foule, sous les arceaux des cent portes de Thèbes ; on admire les sacrifices d'Anubis, dans le sanctuaire d'or et d'azur du temple d'Hermès, et les pléiades d'astronomes descendant au crypte de Tentyris. Mais le plus merveilleux de tous ces pompeux tableaux antiques, ainsi exhumés par la décomposition des rayons solaires, est celui que présente le labyrinthe du lac Mœris. Il est facile même de distinguer, aux limites de l'horizon, les deux pyramides de cent quatre-vingt-quinze mètres de hauteur, surmontées de deux statues de bronze doré, que le véridique Hérodote a vues, comme je vous vois, et qui furent englouties, d'après Strabon, dans les eaux profondes du lac.

Ces merveilles échappèrent à nos trois voyageurs, dont deux étaient des savants.

Hogges ressemblait à un aérolithe, il était pétrifié ; il croyait tomber de la lune et s'arrêter à moitié chemin.

— Madame Hogges voit les choses de haut, dit Belzoni avec une dignité calme, et je donne toute mon approbation à ses paroles. La sagesse de son discours a imprimé une nouvelle violence à ma passion : je sens maintenant, plus que jamais, que rien ne pourra désunir nos deux cœurs : nous venons d'écrire notre pacte d'amour dans le ciel.

— Vraiment! dit Hogges d'une voix de statue amollie, je ne me suis jamais trouvé dans un pareil étonnement et dans un semblable embarras ; je tombe des nues.

— Tombez! tombez! dit madame Hogges; suivez cette bonne inspiration et laissez-nous le champ libre. Nous vous promettons d'aller chaque jour pleurer sur votre tombe, si vous pouvez en trouver une là-bas avec la protection de Méhémet-Ali...

— Quelle perplexité! murmura Hogges.

— Allez donc, dit sa femme avec une voix persuasive, allez, mon cher Hogges; il n'y a que le premier pas qui coûte, vous verrez ensuite comme il est facile de continuer... Vous hésitez encore, époux imprudent! voulez-vous que je vous écrase d'une dernière et victorieuse raison?... eh bien! Hogges, la voici : as-tu oublié dans les airs, père ingrat, que tu as laissé au Caire deux petits enfants à l'auberge de Coulomb?

— Oh non! je ne l'ai pas oublié! dit Hogges très-ému.

— Que vont-ils devenir, ces enfants! s'écria la femme.

— Si je meurs?...

— Non, si tu as la lâcheté de vivre. Oh! malheureux! ces pauvres enfants seront orphelins, et s'engageront comme tambours dans l'armée du vice-roi. Monsieur Belzoni, jurez de les prendre sous votre protection.

— Je le jure! dit Belzoni.

— Eh bien! continua la femme, tu balances encore, après cet exemple de dévouement que M. Belzoni vient de te donner. Ne sais-tu pas qu'il y a dans l'histoire beaucoup de pères qui se sont sacrifiés pour leurs enfants: Brutus, Abraham, Icare, Ugolin! Ajoute un nom de plus à cette liste paternelle, et songe que du bas de ces profondeurs quarante siècles te contemplent ! Allons ! mon cher Hogges, un bon mouvement !

— Elle appelle cela un mouvement ! murmura le malheureux époux avec mélancolie ; un mouvement qui me procure une chute de quatre mille mètres !... Oh ! si je pouvais, comme Hugolin, me sacrifier pour mes fils en les mangeant à mon dîner, et leur conserver ainsi les jours de leur père pour les sauver du malheur d'être orphelins !

Disant cela, il prit un de ses pieds avec ses mains et lui fit franchir le bord de la nacelle.

Madame Hogges battit des mains et s'écria : — Enfin il s'est décidé ! mes enfants vivront, et nous aussi !

Belzoni arrêta le second pied au moment où il se levait pour suivre l'autre. — C'est bien, dit-il, je suis content de vous, monsieur Hogges ; vous ferez moins que cela, puisque vous alliez faire davantage. Je me contente du divorce : signerez-vous ?...

— Mais pourquoi, dit la femme, enlever à M. Hogges l'avantage de choisir lui-même son genre de dévouement ? On peut divorcer de toutes manières : et si mon époux adoré penche pour une chute de quatre mille mètres de hauteur, cela tranche toute difficulté ultérieure, et assure beaucoup mieux l'avenir de notre colonie africaine et le bonheur de nos enfants.

— C'est juste, dit Belzoni, il ne faut pas disputer des goûts. M. Hogges est libre de choisir.

— J'aime mieux signer, dit Hogges avant réflexion.

— Réfléchissez mieux, dit la femme ; vous regretterez peut-être un jour, sur la terre, cette occasion aérienne de faire un autre divorce qui conciliait tous les intérêts domestiques, et vous garantissait la tranquillité sans nuages de l'avenir.

— Non, dit Hogges, toute réflexion faite, je m'expose volontiers à ces regrets.

— Prenez garde, mon époux! prenez garde! lorsque vous serez là-bas, témoin de notre bonheur, vous vous direz : Oh! que ne suis-je encore là-haut, un pied hors la nacelle, et si bien placé pour me sacrifier au bonheur de mes fils!

— Eh bien! je me résigne à faire cette exclamation. J'aime mieux signer...

— Imprudent! murmura madame Hogges; voyons, monsieur Belzoni, vous qui avez du bon sens, que feriez-vous à la place de mon mari?

— Oh! je me précipiterais sur-le-champ.

— Parce que vous m'aimez, vous, monsieur Belzoni; mais lui... lui... cet ingrat, il ne m'a jamais aimée!...

— Enfin, dit Belzoni, il faut se contenter d'un divorce vulgaire : notre bonheur ne doit pas être exigeant...

Un nouvel incident, puisé au fond même de la situation, vint distraire les voyageurs de la question du divorce. Les vivres étaient épuisés; la faim criait et sonnait l'heure du dîner, depuis la veille, dans les entrailles des voyageurs. Hélas! dit le poète, la faim est une *mauvaise conseillère, mal esuada fames!* Belzoni, qui mangeait comme un funambule, se plaignit tout à coup de son état et murmura des menaces sourdes qui rappelaient le radeau du naufrage de *la Méduse.* — Monsieur, dit-il à Hogges, la question du divorce devient secondaire; il faut dîner avant tout. Notre séjour ici peut se prolonger, et il n'y a pas d'auberge dans le voisinage, ni de marché. Je suis le plus fort, vous êtes donc le plus faible, et si cela dure un jour de plus, je suis obligé de devenir anthropophage dans l'intérêt de ma conservation. Il faut aussi que madame vive, et la loi vous ordonne de la nourrir. Demain, si nous ne sommes pas délivrés par un miracle, je suis obligé de sacrifier un voyageur, pour donner à manger aux deux autres. Vous voyez, monsieur Hogges, que le divorce est inévitable dans les deux cas.

M. Hogges courba la tête comme un prisonnier sauvage dans l'île de Robinson.

Un lion passait en ce moment sur la terre, et son rugissement suspendit cet entretien. Le télescope fut braqué sur le dernier débris du dromadaire.

Tarde venientibus ossa! telle fut la réflexion que parut faire ce roi des animaux devant le dernier fragment du squelette. Il y avait pourtant encore un morceau assez délicat : c'était la ceinture de cuir de bœuf à laquelle était attaché le crochet de fer. La Fontaine a dit : « *Les loups mangent gloutonnement;* » qu'aurait-il dit des lions? Celui-ci, alléché par l'odeur, se précipita sur la ceinture de cuir de bœuf et l'avala gloutonnement. Une vive secousse ébranla l'aérostat. L'animal avait englouti dans sa poitrine le crochet de fer, et ses bonds furieux attestaient des douleurs au dessus des forces léonines. Le ballon, depuis si longtemps stationnaire, s'agitait convulsivement, mais sans direction fixe. Il flottait au hasard, selon le caprice de son conducteur étranglé.

— Signez ce papier, dit Belzoni à Hogges, et je vous sauve...

— Signe donc! dit l'épouse; c'est un cas forcé.

Hogges poussa un soupir et signa.

Belzoni prit la corde et la secoua fortement, comme un pêcheur qui sent que le poisson a mordu sur l'appât. Le lion poussait des rugissements d'agonie et se débattait avec les derniers efforts de sa vigueur. Un râle suprême retentit dans la solitude, et le monstre retomba de tout son poids de cadavre sur le sable, en communiquant au ballon un mouvement de descente très-vif.

— Et maintenant, dit Belzoni, aidez-moi tous deux:

nos six mains à la corde, et de l'ensemble surtout!

L'espoir de salut doubla les forces des voyageurs. Belzoni, vigoureux comme un funambule, et habitué aux manœuvres de chanvre roulé, tenait la place de deux chevaux remorqueurs. Le lion s'élevait majestueusement à chaque effort des six mains unies, et quand il fut arrivé à fleur de nacelle, Belzoni lui coupa les quatre pattes et quelques filets succulents; puis, abandonnant le reste aux vautours, il dit à M. Hogges :

— Le vent souffle vers Éléphantine; nous allons dîner avec notre pêche, et nous coucherons ce soir sous les huttes d'Assouan.

Le ballon, qui n'était plus captif, fendit l'air avec la rapidité d'une flèche, pendant que les trois convives s'occupaient en famille des apprêts de leur festin. Belzoni, qui était le plus vigoureux, abusa encore de sa force et se fit la part du lion; mais il eut la galanterie de servir à madame Hogges les morceaux les plus délicats.

Comme Belzoni l'avait prévu, l'aérostat descendit dans l'oasis de Syène ou Assouan, un peu avant le coucher du soleil. Ils étaient en pays habité.

— Monsieur Hogges, dit Belzoni en lui tendant la main, je déchire le papier signé là-haut, et je vous rends votre femme!

Madame Hogges fit un léger mouvement de dépit.

— C'était une plaisanterie, excusez-moi, poursuivit Belzoni; je m'ennuyais là-haut, et j'ai voulu inventer quelque jeu pour tuer le temps. Après l'écarté, nous avons joué au divorce. Reprenez votre femme, comme fiche de consolation.

Le lendemain, ils s'embarquèrent sur le Nil, et dormirent jusqu'aux pyramides de Giseh.

FIN D'UN VOYAGE AÉRIEN.

UNE CHASSE AU TIGRE

UNE
CHASSE AU TIGRE

Dans l'hiver de 1835-36, le hasard m'avait placé dans une loge d'avant-scène, aux Italiens, à côté d'un auditeur somnolent qui dormait, les yeux ouverts, pendant que la Grisi chantait : *Vieni al tempio fedel Arturo*, des *Puritains*.

Cet homme, me dis-je, doit être un gentilhomme anglais.

Profitant du sommeil de l'auditeur, je demandai à M. le duc de Choiseul le nom de ce dormeur anglais.

Ce nom me fit tressaillir et me donna un frisson : c'était sir William Bentinck, le roi de l'Inde, après le soleil.

Le duc ajouta :

— Sir William arrive de Calcutta pour voter, à la Chambre haute, où le ministère a besoin d'une voix de plus.

Il y a une question de cabinet en jeu.

— Et après? demandai-je au duc.

— Après, il retourne à Calcutta.

Ainsi le noble lord sautait un ruisseau pour déposer sa boule, mais ce ruisseau était l'Océan !

Comme je n'aimais qu'avec une modération bien légitime la musique des *Puritains*, je me mis à contempler ce météore indien qui traversait Paris.

Il était bien excusable de dormir; je l'aurais même absous de sommeil devant *Otello* et *Semiramide*.

— Vous me présenterez à sir William, n'est-ce pas? dis-je au duc de Choiseul.

— S'il se réveille, me répondit le duc en riant.

— Eh! je vous promets qu'il se réveillera au duo de Lablache et de Tamburini, repris-je.

Ces deux basses, avec leur *suoni la tromba*, feront leur partie dans l'orchestre du jugement dernier; l'Antechrist les engagera pour réveiller les morts.

En effet, sir William bondit sur son fauteuil aux premières mesures de l'étourdissant duo, si aimé du public.

Le roi de l'Inde avait cru entendre rugir des tigres dans les jungles de Calcutta.

Le duc me présenta au noble Anglais; nous causâmes tigres et éléphants, pendant que les deux basses élevaient leur *gridando libertà* au diapason des ménageries de Madras.

Sir William était alors un vert et beau sexagénaire, à taille svelte, mais rappelant un peu cette *proceritate curva*, si bien trouvée par le grand peintre Tacite pour le portrait vivant d'un empereur romain.

De tigre en éléphant, il vint à me parler d'une chasse qu'il avait faite dans l'Inde, et qui me parut assez curieuse, car j'arrivais de Marseille, et j'avais assisté à des chasses de grives absentes, sur les collines ornithophobes d'un territoire grec.

— Je vous enverrai, me dit sir William, le numéro du *Bombay-Review* qui raconte cette chasse; vous pourrez l'accommoder à la française, sans faire tort aux détails originaux.

Je remerciai le noble lord.

La Grisi chantait d'une voix divine ces paroles un peu lestes, mais que personne ne comprenait.

Aux Italiens, personne ne comprend l'italien, excepté Fiorentino et Zaban :

> Vien diletto in ciel et luna
> Tutto tace intorno, intorno,
> Fin ch'al ciel spunti il giorno,
> Vien ti posar sul mio sen.

Sir William, bercé par cette mélodie, se rendormit.

Au final du dernier acte, un gilet rouge parut et annonça que la chaise de Milord était avancée sur le boulevard. Sir William se réveilla, prodigua les *shake-hands* à la société de la loge, et repartit pour Calcutta, en passant par Londres, où il donna sa voix à lord Bathurst.

Deux mois après, je reçus le numéro de Bombay, à l'adresse du duc de Choiseul.

J'ai écrit beaucoup de chasses au tigre, dans mes romans; celle-ci appartient à l'histoire, comme le glorieux nom de sir William Bentinck.

Un jemidar était venu au palais du gouverneur, et avait annoncé aux antichambres une bonne nouvelle; des antichambres, elle rebondit au salon, où se trouva brillante compagnie :

Sir William Bentinck, le capitaine Taylor, illustré dans la guerre des Taugs; le colonel Feneran, le major Harrisson, lady Bentinck, lady Kennet, miss Anna, nièce du gouverneur, et une foule d'invités.

Le jemidar avait découvert deux tigres dans les

ruines de la vieille pagode de Senipoor, à deux milles de Calcutta.

Tout le monde battit des mains. Depuis longtemps on n'avait flairé le tigre de si près.

Le plan d'une chasse fut improvisé pour le lendemain.

Parlez-moi d'une pareille chasse!

Un paysage splendide, un grand soleil ou une grande ombre, des horizons couverts de lames d'or, de larges ruisseaux d'eau vive, des rivières ondoyantes, des plaines d'euphorbes et d'aloès, des jardins de balsamines et de pavots rouges, des bouquets de bananiers largement épanouis, des perspectives mystérieuses, d'immenses tapis de velours en gazon, des ruines sans histoire, des temples sans nom, des nuages d'oiseaux couleur d'émeraude, des solitudes où Dieu parle, des forêts mornes où l'homme se tait; puis, au moment imprévu, un monstre superbe bondit sur les jungles; tous les cœurs se serrent... la bataille commence : l'émotion enflamme l'air; les doigts tremblent à la détente des carabines; la terre palpite sous les pieds des éléphants!

Comparez cette grande chasse indienne à nos mesquines chasses au cerf, sous un ciel de pluie, entre deux horizons de brouillard, sur un terrain détrempé dans la fange, près d'un étang gris aux eaux plates; et au bout de ces tristes accessoires, un pauvre cerf, animal inoffensif, herbivore, mélancolique, amoureux, père de famille, qui verse des larmes, meurt sous un coutelas, et sert de pâture à une meute de chiens enragés!

Les grandes espèces fauves s'écartent chaque jour un peu plus des villes anglo-indiennes, et se rapprochent des horizons déserts.

Il se fait, depuis quelque temps, un tel bruit de machines sur le Gange, d'artillerie sur les remparts, de mousqueterie dans les campagnes, que les tigres, se voyant contrariés dans leurs instincts et leurs traditions de famille, et ne comprenant rien à ces bruyantes énigmes d'une création nouvelle, abandonnent, à reculons, leurs domaines légitimes, et vont chercher des asiles où n'a point encore pénétré le sacrilége fracas de l'industrie, des armes et de la vapeur.

Ces animaux, doués d'un très-mauvais naturel, ont encore gagné un degré d'irritation et de rage féline dans ces déménagements domestiques. Ils se montrent aujourd'hui, avec raison, plus intraitables, plus tigres que jamais.

L'usurpation anglaise les révolte; la vue d'un habit rouge leur tiraille les nerfs, à trois milles de distance; ils sont furieux contre les Indiens, assez lâches pour accepter paisiblement l'usurpation; ils sont furieux contre les usurpateurs, assez insolents pour leur ravir des droits acquis par soixante siècles de possession, sous prétexte qu'ils ont inventé la poudre; ils sont furieux contre les éléphants, assez infâmes pour mettre leurs forces au service de l'Angleterre, et faire un métier de cheval.

Ils sont furieux contre tout, même contre le soleil, qui a toujours ses rayons de chaleur, son sourire, comme à l'âge d'or des tigres, quand le pied d'Albion n'avait pas encore souillé les bords du Gange saint.

Une exaspération inouïe, et fort naturelle, anime donc aujourd'hui toutes les peuplades de tigres, dans les retraites lointaines et inaccessibles où les exila lord Cornwalis en 1799, et après lui sir William Bentinck. Par intervalles, quelques exilés fauves, ennuyés du repaire, rompent leur ban, et veulent voir de près les antiques domaines de la tigrerie adamique et les remparts des usurpateurs.

Ce sont ordinairement des tigres célibataires ou insensés qui tentent ces périlleuses explorations; ce sont quelquefois deux vieux amis insociables, ahuris par les récriminations aiguës de leurs voisins, et qui se décident à déménager, coûte que coûte, pour ne plus entendre ces aigres criailleries contre l'Angleterre et le concert de bravades stridentes qui n'arrivent jamais à l'oreille des usurpateurs.

Ainsi, aujourd'hui, les tigres isolés, qui viennent fournir un prétexte de chasse, sont des curieux, des fous, des dissidents, des sectaires, des Alcestes, éclaboussure fauve et zébrée d'un volcan lointain.

Les chasseurs partirent de Calcutta, une heure avant le lever du soleil ; ils étaient tous à cheval provisoirement ; en tête marchaient sir William, le major Harrisson, le capitaine Taylor (1), lady Kennet et miss Anna.

Les invités venaient ensuite ; les kansamans ou domestiques indiens fermaient la marche.

On chevaucha une demi-heure, et les chasseurs arrivèrent au *Baghaderi*, ou villa du gouverneur, par une belle avenue de *cassuarinas*, arbres charmants dont les feuilles légères frissonnent à la moindre brise, comme des grappes de sensitives, en imitant le murmure de la mer sur le sable du Coromandel.

Les mahouts (cornacs) avaient préparé les éléphants de chasse, devant le péristyle du *Baghaderi;* ils étaient tous là, immobiles sur leurs quatre pieds (ces nobles animaux n'ont point de pattes), comme une collection de pagodes tétrastyles, élevées à la gloire d'Iravalti, l'éléphant favori d'Indra.

Les cornacs ordonnèrent à ces colosses de ployer les genoux ; on appliqua des échelles sur leurs carapaces rugueuses, et les chasseurs, hommes et femmes, mon-

---

(1) Auteur d'un excellent ouvrage sur la guerre des Taugs, publié à Londres, en quatre volumes, *War of Nizam*. Quelques hauts critiques m'ont reproché d'avoir inventé *la Guerre du Nizam*. Hélas! non !

tèrent et s'assirent dans les *howdahs*, incrustés comme des *cabs* sans roues au dos des éléphants.

Quand tous eurent pris leurs places à l'escalade, les cornacs firent relever les colosses, en leur disant : *Outh, Hasté, Jee! Doucement, tout doucement, mes petits.*

Ensuite ils leur adressèrent la recommandation d'usage, mentionnée dans le bel ouvrage du comte Édouard de Warren, officier anglais :

— Éléphants, soyez bien sages, ne jouez pas avec votre trompe, comportez-vous avec prudence, ne volez rien dans les jardins. Si nous sommes contents de vous, nous vous donnerons de bonnes herbes fraîches au retour.

Si on recommandait la même chose à des hommes, ils voleraient des fruits dans les jardins, ils se comporteraient mal, ils joueraient avec leur nez, ils riraient du précepteur ; mais les éléphants ne plaisantent pas avec les sages avis : ils les recueillent avec les cavernes de leurs oreilles et les suivent religieusement.

Les éléphants sont les meilleurs des hommes, et s'ils ne font jamais de sottises, c'est que Dieu leur a refusé la parole, pour les empêcher de se faire avocats.

Le jemidar, chef de la chasse, consulta la brise de l'aurore, et fit ses dispositions pour ne laisser arriver aucune émanation humaine aux narines infaillibles du formidable gibier.

L'air était fortement assaisonné de toutes les senteurs des arbres à épices ; on traversait un champ semé de noyers de muscade, de girofliers et de cardamones, et ces parfums, ravivés par l'approche du soleil, neutralisaient les émanations ennemies et rassuraient les chasseurs.

Les tigres, après avoir rôdé toute la nuit, savouraient les douceurs du sommeil dans une crevasse des ruines de la pagode de Senipoor.

Ils avaient fait élection de domicile au milieu de ces pierres moussues, d'après un raisonnement assez juste pour des cervelles de tigres.

— Les ruines, pensaient-ils, attestent que l'homme a été violemment chassé d'un endroit, et qu'il n'ose plus les rebâtir pour y rentrer. Ce qui cause la terreur et la fuite de l'homme doit être propice aux tigres... Nous serons très-bien logés ici et en toute sécurité.

Sur la foi de cette douce erreur, nos deux tigres faisaient des rêves délicieux: ils voyaient les gazelles sortir de la porte d'Ivoire, marcher à l'abreuvoir et se réjouir de l'eau pure, et ils tombaient d'un bond sur cette proie, la dévoraient avec une sensualité brillat-savarine; et ensuite, se posant en sphinx et mouillant leurs griffes d'une salive distillée sur leurs dents, ils caressaient leurs mufles et leurs oreilles, comme des chats heureux dans une boutique de changeur au boulevard Italien.

Cruel réveil! la terre trembla sous les ruines de la pagode.

Un tigre, celui qui avait le sommeil le plus léger, se réveilla en sursaut et poussa un cri rauque en voyant le soleil qui *spinchait* à l'horizon.

Les tigres n'aiment pas le soleil, comme les *noirs habitants des déserts* dont parle l'ode de Pompignan.

Si nous portions une fourrure comme les tigres, nous n'aimerions pas le soleil aussi et nous vivrions la nuit.

Le tigre éleva sa tête au dessus d'un massif de figuiers sauvages, et toute la peau de son mufle se contracta et se retira des narines au front.

Il venait de voir à très-peu de distance un cercle d'éléphants et d'usurpateurs!

D'un coup de griffe, il réveilla son compagnon et sembla lui dire: — Voilà les Anglais!

Les deux monstres se placèrent côte à côte, et regardèrent l'ennemi en exécutant en sourdine, *arcades ambo*, un duo félin hérissé de notes crochues, de plaintes glauques, de gammes sourdes, et dont les paroles, écrites par un librettiste, pourraient être celles-ci :

> O peine cruelle !
> O douleur mortelle !
> Mortels odieux,
> Dont l'âme cruelle
> Nous trouble en ces lieux !

Ces paroles ne sont pas de moi, bien entendu ! J'ai compté deux cent vingt et un *en ces lieux* dans un seul opéra.

— Que faut-il faire ? demanda par un geste expressif l'un des tigres à son camarade.

Il était temps de prendre une résolution après le duo.

Se laisser enfumer comme d'ignobles lapins dans un terrier, ou s'élancer hardiment sur l'ennemi, faire une brèche au cercle, et trouver le salut ou la mort.

Les deux tigres se regardèrent et adoptèrent ce dernier parti.

Aussitôt ils bondirent sur une plate-forme de ruines, et se mirent à découvert.

Ils étaient superbes : leurs yeux éteignaient les rayons du jour, leurs oreilles frétillaient, leurs queues ondulaient comme des boas.

Un frisson de joie et de terreur courut dans le cercle ; les carabines résonnèrent aux mains des vaillants ; les femmes mirent leurs mains sur leurs yeux ; le jemidar agita le *flah* d'Angleterre ; les éléphants élevèrent leurs trompes, et mirent les défenses du côté du péril.

Le cercle se rétrécissait toujours avec une lenteur solennelle.

Miss Anna, qui était assise à côté du capitaine Taylor, dans le même *howdah*, lui dit :

— Comment, Monsieur, vous osez rire dans un moment pareil?

— Miss Anna, répondit Taylor, dans toute chasse au tigre, il est convenu qu'un gentilhomme doit toujours rire, même sans motif. Devant une femme, c'est une galanterie indienne. Le rire est plus rassurant qu'un mot.

— Alors vous n'avez nulle envie de rire? reprit la jeune fille.

— Nulle envie, dit Taylor en éclatant de rire. L'usage veut que je sois galant. J'obéis à l'usage.

Miss Anna poussa un cri.

Le capitaine Taylor ajusta sa carabine; il ne riait plus.

Les deux tigres venaient de se précipiter du haut des ruines, et leurs bonds décrivaient des arches dans les airs.

Cinquante coups de feu retentirent à la fois; aucune balle n'avait atteint les tigres au vol.

Ils reparurent dans des éclaircies de fumée, et cette fois plus terribles encore; leurs mugissements déchiraient l'épiderme des chasseurs comme une griffe invisible; leurs bonds se multipliaient et tourbillonnaient avec une telle promptitude que les yeux, éblouis déjà par le soleil, croyaient voir toute une meute de tigres dans un cercle de feu dont les murs étaient taillés en éléphants.

Les balles tombaient là où volaient des ombres; les corps avaient disparu dans un éclair.

La rage des deux monstres arrivait à son paroxysme et leur donnait le courage des lions.

L'un deux attaqua bravement l'éléphant citadelle où miss Anna, convulsive d'épouvante, savourait des émotions anglaises et se créait des souvenirs.

— Courage, Kindly! cria le cornac à l'éléphant.

— Courage, Kindly! dit la jeune fille d'une voix douce qui agita les oreilles du colosse.

Et le cornac piqua de la pointe de sa hallebarde d'acier la plaie vive entretenue au cou des éléphants : c'est le coup d'éperon.

Kindly, calme comme un bloc de Labiata, reçut le tigre à la pointe de ses défenses; il l'enleva comme un agneau accroché au clou des abattoirs, le fit retomber lourdement sur l'herbe, et d'un coup de trompe il l'assomma.

L'excellente maîtresse nature a enseigné aux éléphants cet ingénieux procédé pour se délivrer d'un tigre dans une rencontre fortuite au désert.

— Bravo, Kindly! dit la jeune fille en battant des mains.

Le colosse releva sa trompe, à défaut de mains, du côté de miss Anna, comme pour lui dire :

— J'ai fait cela dans l'intention d'obéir à une si charmante voix.

L'autre tigre connaissait probablement mieux, par instinct ou expérience, le procédé trop expéditif des éléphants; blessé deux fois à l'attaque d'une tangente jugée plus faible, il se repliait toujours, comme un clown qui saute du tremplin en arrière, et revenait à la charge pour faire sa trouée dans un vallon d'éléphants.

Sir William Bentinck, debout sur son *howdah*, comme un amiral sur son banc de quart, suivait tous les incidents de la chasse avec un dandysme superbe, et, dans les courts moments de répit, il lisait un article du *Times*, arrivé dans la nuit par l'*India-Mail*.

Tout à coup le tigre se précipite dans la direction du noble gouverneur de l'Inde, comme dans les mêlées antiques un guerrier au désespoir cherchait le général ennemi pour acheter la victoire en le tuant. Le noble lord quitta le *Times*, prit sa carabine de Birmingham, ajusta le tigre, et le cirque retentit d'applaudissements : on vit l'animal tomber, bondir, se débattre contre la mort, se rouler dans les hautes herbes, et retomber lourdement. avec la raideur du cadavre.

Sir William avait repris son journal.

Les kansamans placèrent les deux trophées sur un brancard de feuillages, et les chasseurs rentrèrent triomphalement à Calcutta.

FIN D'UNE CHASSE AU TIGRE.

PARIS FUTUR

PARIS FUTUR

Paris ne sera véritablement Paris qu'au xxᵉ siècle. On a beau démolir la vieille ville du moyen âge, percer des rues nouvelles, marier des palais avec des traits d'union, bâtir des kilomètres de boutiques, planter des promenades, inventer des rivières, creuser des étangs artificiels ; Paris, malgré ces heureuses révolutions maçonniques, restera toujours la ville pluvieuse, la ville sombre, la ville fangeuse, la ville embarrassée de Henri IV et de Boileau.

Il faut rendre enfin Paris habitable, et surtout instituer le divorce de l'homme et du parapluie.

L'homme ne naît pas pour ouvrir et fermer un parapluie jusqu'à sa mort.

La pluie est, depuis Pharamond, élu *sous* un *pavois* (parapluie), la geôlière des Parisiens. Tout Parisien est condamné en naissant, par la pluie, à dix ans de prison.

Cela dure depuis quatorze siècles.

On s'est insurgé contre toutes les tyrannies, on les a toutes renversées; deux tyrannies seules sont encore debout : la pluie et le portier!

C'est le soleil d'Austerlitz! a dit Napoléon plusieurs fois. Ces quatre mots font réfléchir. Il y avait donc un soleil à Austerlitz, bataille livrée le 2 décembre, au nord.

Nous lisons aussi, dans les histoires, cette phrase :

« Ce fut un beau spectacle ! Les cuirassiers de
« Caulaincourt se précipitaient sur la grande redoute,
« défendue par soixante pièces de canon, et au même
« moment le soleil, voilé depuis le matin, resplendit
« sur les cuirasses des cavaliers. »

La scène se passe au mois de septembre, à Borodino, près de Moscou, dans un pays où le soleil n'est connu que de réputation, ce qui oblige tous les czars, depuis Pierre le Petit, à regarder toujours l'Orient, comme des Tantales glacés.

Austerlitz, Borodino, Moscou nous prouvent donc qu'il y a un procédé ingénieux pour nous donner du soleil, même en plein hiver, même en plein nord.

Il s'agit de tirer force coups de canon.

Le 2 décembre 1805 et le 7 septembre 1812, Austerlitz et Borodino auraient gardé leur éternelle coupole de brouillard pluvieux; heureusement la France passe par là, tire quelques milliers de coups de canon, et montre le soleil aux Moscovites ébahis.

Le général russe Bagration, blessé sur la grande redoute, prononça en tombant ces mémorables paroles : « Je meurs content, j'ai vu le soleil! » Il nous devait ce bonheur.

Ces grands exemples historiques seront-ils perdus pour l'avenir atmosphérique de Paris? Non. Le remède sera d'abord accueilli comme un paradoxe; puis il aura le sort de tous les paradoxes : il sortira de son puits, un miroir à la main.

Les édiles futurs, exonérés des emprunts de cinquante millions, élèveront un jour douze tours cyclopéennes, une par arrondissement; des tours de cent mètres de hauteur, ce sera déjà superbe, comme point de vue. Le sommet de chaque tour sera garni d'une batterie circulaire de cent pièces de canon, et au moindre nuage levé sur un point cardinal quelconque, feu partout!

Le nuage ira faire ses rassemblements autre part qu'aux portes Saint-Martin ou Saint-Denis; il ira crever sur la campagne et féconder les jardins; on n'en reverra plus trace au dessus de Paris.

C'est la guerre déclarée aux ennemis de l'air.

Tant pis pour les marchands de parapluies, successeurs de Pharamond; ils changeront de métier comme les aubergistes des diligences et les postillons.

Les Parisiens diront chaque jour, en passant à pied sec devant la colonne Vendôme : Voilà le soleil d'Austerlitz! Trois cent soixante-cinq soleils d'Austerlitz par an!

Les marchands de parapluies vendront des ombrelles, s'ils ne veulent pas changer d'état.

Mais ce n'est pas le seul service que peuvent rendre les douze tours des douze arrondissements.

Sous les dernières années du règne oisif de Louis-Philippe, on a vu, sur la place du Carrousel, un phare qui ressemblait à une miniature du soleil. Simple essai, modeste germe d'une chose immense qui doit resplendir un jour, c'est-à-dire une nuit, sur les vingt mille toits de la capitale.

On centuplera, dix fois s'il le faut, la puissance lumineuse du phare du Carrousel; on fera tourner douze soleils de flamme électrique, ou de *but-lite*, au sommet des douze tours *imbrifuges*, et chaque soir le jour sera rallumé, après le coucher du soleil ; on supprimera la nuit odieuse, *nox atra*, cette mère des crimes, cette complice des larrons et des assassins.

On y verra clair en plein minuit.

Plus de patrouilles grises; plus de sentinelles enrhumées; plus de rondes-major; plus d'explosions de gaz; plus de garde nationale...

Que de bienfaits!

Poursuivons cette œuvre d'avenir.

Autre paradoxe : Il n'y a pas de fontaines à Paris. La naïade qui croit que les flots sculptés par Jean Goujon lui appartiennent, *fluctus credidit esse suos,* se trompe.

Une naïade est obligée par sa profession à faire de l'eau claire, et les porteurs d'eau ne pêchent qu'une eau trouble dans les fontaines de Paris.

Comment se fait-il que Paris, ville essentiellement académique, ville qui a imité les Romains dans les comédies, les tragédies, les arcs de triomphe, les colonnes votives, les temples, les séditions populaires, à tel point que Paris aurait vécu quatorze siècles, les bras croisés, si Rome n'avait pas inventé les colonnes, les tragédies, les batailles, les places Vendôme, les Chambres des députés, les pleins cintres, les génies suspendus sur le pied droit, les Renommées, les cirques, les séditions de forum, les Brutus, les Cassius, les guerres civiles, les vers alexandrins, les avocats, les arcs de triomphe, les portiers, les académiciens, les Champs-de-Mars, les esclaves insulteurs, les colonnes rostrales, les statues de jardins, les femmes libres, les saturnales; comment se fait-il, dis-je, que Paris ait oublié les aqueducs d'eau de source, dans ses innombrables imitations?

Les aqueducs! quelle lacune!

Les Romains avaient une rivière aussi, une rivière jaune, comme la Seine; ils auraient pu faire couler des échantillons du Tibre non filtré dans des fontaines artificielles; mais leurs édiles avaient trop de respect pour les augustes lèvres du peuple-roi.

Ils construisirent, à frais énormes, des successions infinies de lignes monumentales, *qui apportaient l'eau au peuple-roi sur des arcs de triomphe*, selon la belle expression de Chateaubriand.

Dès qu'on découvrait une source de qualité supérieure, une eau-Laffitte, une naïade-Chambertin, comme l'*eau vierge*, par exemple, on prenait ce trésor liquide et on le lançait aux lèvres altérées des Romains, à travers trente kilomètres d'aqueducs.

Tant pis pour les marchands de falerne frelaté, ou de massique baptisé d'eau lustrale! Le peuple, amoureux de la naïade nouvelle, s'enivrait dans une orgie hydraulique, et désertait les antres des faux Bacchus, couronnés de lierre, aux angles des carrefours.

L'imitation parisienne sera tardive, mais elle viendra.

Paris aura des fontaines sérieuses, comme la *Barcaccia*, comme *Trevi*, et la place *Navone*.

Il est temps qu'on boive de l'eau dans le département de la Seine.

Les faux Bacchus ont assez fait de mal aux amateurs de campêche liquéfié.

La Seine, comme le Tibre, est une pourvoyeuse de baignoires ou une école de natation; elle ne coule pas pour abreuver des gosiers humains : si on voyait au microscope solaire les infâmes atomes qu'elle charrie, on mourrait de soif devant un verre de son eau.

Dans le Midi, la bonté savoureuse des eaux de source rend les peuples sobres, et leur épargne le vice de l'ivrognerie.

Cette hideuse locution : *pourboire*, passée dans les mœurs du Nord, flétrirait l'ouvrier méridional, s'il s'en servait. On ne se fortifie pas avec du campêche alcoolisé.

A Rome, les athlètes buvaient de l'eau; Milon de Crotone n'est jamais entré chez un marchand de vin, et il assommait un bœuf d'un coup de poing; si nous croyons à l'hyperbole, mettons un veau, ce ne sera déjà pas mal.

Les collines des environs de Paris sont des réservoirs immenses qui attendent des lignes d'aqueducs, et des sociétés par actions, pour inonder nos fontaines de naïades vierges; il en viendra du haut Meudon, de Franconville, d'Ermont, de Saint-Leu-Taverny, de toutes ces collines ou petites montagnes, voisines de Paris, comme les hauteurs du Soracte et de Tibur sont voisines de Rome, distance égale à peu près.

La Providence n'éloigne jamais ses réservoirs de la lèvre des altérés, elle qui a dit: *Donnez à boire à ceux qui ont soif.*

Cet ordre ne s'adressait pas aux marchands de vin.

Cette même bonne Providence veille sur Paris avec un soin tout maternel, et sa vigilance redouble à mesure que les voies de circulation s'encombrent de roues, de chevaux et de piétons.

Autre chose promise à l'avenir.

Ce que nous voyons aujourd'hui sur nos boulevards ne peut pas durer longtemps; c'est imposer trop de soins à la Providence, gardienne économique du pavé public et du macadam.

Choisissez sur le boulevard un point d'observation: par exemple, l'espace qui sépare le passage Jouffroy du passage des Panoramas.

On assiste, pendant des heures entières, à un étrange spectacle.

Au milieu, roulent, marchent, volent, galopent, dans un pêle-mêle affreux, les fiacres, les omnibus, les coupés, les citadines, les milords, les équipages, les charrettes, les camions, les diligences, les tilburys, les trains d'artillerie, toutes les machines inventées pour broyer les pavés, écraser les orteils, tuer les chevaux, étourdir les oreilles, arrêter les passants.

Dans ce tourbillon se démènent, sur la pointe du pied, le parapluie en main, de hardis piétons, plus compromis que des Turcs dans une sortie de Silistria.

Sur le seuil des passages, hommes et femmes, immobiles comme les ombres du Styx, *ripæ ulterioris amore*, attendent le moins dangereux des moments pour traverser ce boulevard hérissé de périls, ce détroit de Magellan où les écueils mobiles se croisent, ce long archipel où les Cyclades attelées poursuivent les voyageurs; ce gouffre sombre où deux yeux ne suffisent plus pour voir Charybde à gauche, et à droite Scylla.

Et nous ne sommes encore qu'à la première époque du Paris-Aurélien! La voie Appienne n'a pas encore planté ses deux bornes milliaires sur les deux mers.

Vienne un chemin de fer complet; vienne seulement l'année 1855, avec son concours olympique, et nous verrons des piétons trop prudents ou pusillanimes retenus des journées entières sur l'un des côtés du boulevard, sans trouver une faible éclaircie d'un moment qui leur promette un passage heureux.

Les ombres du Styx attendaient un siècle quelquefois pour passer de l'autre côté, mais elles avaient cette patience que donnent l'absence des affaires et la mort.

Le jour qui verra une distraction de la Providence sur ce passage du boulevard verra aussi éclater une proposition au sein des édiles parisiens.

Une voix municipale dira : « Puisqu'on jette des ponts sur les fleuves morts, il faut en jeter sur les fleuves vivants. »

Des actionnaires peut-être se réuniront pour bâtir ces ponts à leurs frais, et ils feront fortune, si on les autorise.

Le premier pont qui servira de modèle sera construit entre le passage Jouffroy et les Panoramas, au confluent de deux villes énormes, dont l'une a toujours des affaires urgentes chez l'autre.

Ce pont aura une arche colossale ; on le franchira en montant deux larges escaliers ; il sera surmonté d'une galerie couverte, avec restaurants, cafés, cabinets de lecture, ayant fenêtres et balcons ouverts sur les deux horizons du boulevard.

Le succès d'un premier pont déterminera d'autres actionnaires à opérer sur d'autres points.

On traversera les boulevards comme on traverse la Seine, depuis les Invalides jusqu'au jardin des Plantes ; les périls de la traversée seront supprimés sur la terre et sur l'eau, et la Providence respirera.

Ces ponts jetés sur les boulevards feront créer un genre nouveau en architecture monumentale ; ils marieront leurs grandes lignes aux toitures infinies des édifices et aux majestueuses perspectives des horizons.

Mais de toutes ces améliorations promises à l'avenir, la plus importante est sans contredit celle qui purifiera l'atmosphère parisienne, rendra la pluie moins fréquente, et saura tenir à distance ce nuage intolérable qui crache éternellement au visage d'une honnête population.

Puisque Pharamond a commis l'énorme faute de fonder une ville sur un terrain toujours exposé aux débordements de l'urne des tristes Hyades, il faut songer à corriger de notre mieux la bévue topographique de ce royal industriel, marchand de pavois.

Aussi, je me plais à reparler encore de ces douze tours *imbrifuges* qui doivent dissiper, sans sommation, les rassemblements de nuages sur la ville de Paris.

L'artillerie, comme tous les poisons, porte en elle un remède mystérieux.

Dieu n'aurait pas permis que la poudre fût inventée,

si elle devait servir éternellement à la destruction de l'homme.

L'avenir du monde, c'est l'extinction de la guerre, c'est la paix.

Les grandes cités ont leurs maladies, comme les individus ; la pluie est le plus grand des fléaux urbains : elle détrempe les édifices, mine les murs, perce les toits, et donne l'ennui, les rhumatismes et l'humidité.

Elle réjouit cinq ou six directeurs de théâtres couverts, voilà tout ; elle ruine tous les autres établissements publics.

Le jardin de Tivoli a disparu après un été de cent cinquante jours pluvieux.

Il faut donc se rendre maître de ce fléau, comme on a fait pour le tonnerre : puisque Franklin a arraché la foudre au ciel, *eripuit cœlo fulmen*, on peut renvoyer la pluie aux nuages, c'est plus aisé.

En consultant une collection du *Moniteur* depuis 1792 jusqu'à nos jours, on verra cette phrase à peu près reproduite dans le même ordre de mots : « Dès « que le cortége a paru, le ciel, qui jusqu'à ce mo- « ment était pluvieux, a repris sa sérénité, et le soleil « a brillé dans tout son éclat. »

Le soleil a éclairé l'entrée solennelle, à Paris, de tous les gouvernements à cheval : l'entrée des rois, des dictateurs, des républiques, des gouvernements provisoires, des monarques quasi-légitimes, des présidents, des empereurs.

Est-ce que le soleil était bien aise de voir ces cérémonies, et de donner à toutes la même approbation ?

Pas le moins du monde. Tout cela lui est bien égal.

C'est que toujours, au moment où les gouvernements équestres entrent à Paris, on tire cent et un coups de canon, et les nuages prennent la fuite comme des émeutiers.

Bon gré, mal gré, le soleil est alors bien obligé de voir passer le cortége, et de le couvrir de rayons.

Maintenant, jugez de l'effet de l'artillerie *imbrifuge* lorsqu'elle opérera, non plus sur les plates-bandes des Invalides, mais sur des tours de cent mètres de hauteur, tirant sur les nuages à brûle-pourpoint !

L'Académie des sciences exceptée, le résultat paraît-il douteux à quelqu'un?

Mettez ensuite la chose au pis, et supposons que ces douze tours ne seront jamais des parapluies; qu'elles auront moins d'efficacité que les canons d'Austerlitz, de la Moskova, des Invalides, et qu'enfin elles resteront debout, dans leur inutilité monumentale, comme les fortifications bâties par Louis-Philippe autour de Paris.

Eh bien ! on peut leur donner d'autres destinations : d'abord, celle de servir de candélabres cyclopéens aux soleils nocturnes de gaz électrique, et, au besoin, d'annoncer véridiquement, par la main d'un horloger artilleur, les quatre divisions des heures à ce bon peuple parisien qui passe la moitié de sa vie à demander l'heure qu'il est.

Les montres invalides et les cadrans menteurs trouveraient ainsi un correctif sonore, à toutes les quinze minutes du jour.

Enfin, si, comme nous le pensons, ces douze tours répondaient à la triple destination de chasser les nuages, d'éclairer Paris, et de tirer l'heure, le bon peuple aurait là, devant lui, un amusement continuel, moins coûteux et aussi émouvant que la loterie.

Cette guerre aérienne, la seule possible dans un très-prochain avenir, aura un intérêt toujours nouveau, et jamais épuisé.

Le peuple n'aura pas à consulter des bulletins et des dépêches télégraphiques; il lira chaque bataille sur la grande page du ciel.

En été, le vend du sud, généralissime des nuages, conduira son armée, par vieille habitude, sur les frontières de Paris.

La tour du dixième arrondissement tirera le canon d'alarme, et on répondra sur toute la ligne avec des voix d'Austerlitz.

Ce sera toujours très-court, mais toujours très-décisif.

Si la bataille se prolongeait, le peuple perdrait trop de temps sur les places publiques et sur les toits.

Pourquoi Louis-Philippe n'a-t-il pas employé à combattre cette pluie toujours présente, une partie des millions consacrés circulairement à combattre des ennemis qui ne se présenteront jamais?

L'avenir, qui vient toujours trop tard pour les vivants, verra ces choses, et bien d'autres encore, car le monde est né, ces jours-ci, de l'union de la vapeur et du chemin de fer.

Tout ce qui existait avant-hier n'a plus sa raison d'être ; l'ordre nouveau est déjà l'antipode de l'ancien ; l'impossible va régénérer le monde ; les intérêts ne désunissent plus, ils unissent ; Nelson fraternise avec d'Estaing ; il n'y a plus de distance : les roues sont des ailes, les montagnes des corridors, les navires des arches de ponts, les océans des ruisseaux.

Que va-t-il donc se passer après notre génération?

Il est permis de supposer l'incroyable, de rêver le merveilleux, d'admettre l'infini. Nos heureux enfants vont recommencer la Genèse.

Que ne sommes-nous nos enfants!

M. Victor Meunier ayant répondu à M. Méry, dans le journal *la Presse*, à ce sujet, M. Méry a publié le lendemain ce qui suit, dans le même journal :

A M. Victor Meunier.

Monsieur et cher Confrère,

Vous avez rendu, je crois, un grand service aux Parisiens de l'avenir en tirant de l'oubli un paradoxe vieux de quinze jours, et que j'ai publié dans le feuilleton de *la Presse*, à la même place où je demandais, en 1847, toujours en forme de paradoxe, la démolition de toutes les rues insalubres de la ville de Paris, ce qui me valut l'ironie écrasante d'un journaliste grave et officiel. La polémique ressuscite les idées mortes, et les fait vivre jusqu'au jour de la réalisation.

Le grand nom de l'illustre Arago, se mêlant à cette polémique, lui donne encore un intérêt qui portera son fruit tôt ou tard. Je m'incline devant cette autorité sans rivale, mais je me permettrai quelques respectueuses observations.

M. Arago, dites-vous, a remarqué que le tir de Vincennes n'avait eu aucune influence sur l'état atmosphérique de Paris. Cela me paraît incontestable; mais j'ai appris, par expérience personnelle, que le même tir a une grande influence sur l'état atmosphérique de Vincennes.

J'ai assisté, en 1828, à toutes les écoles de tir, au polygone de Vincennes. M. le colonel de Saint-Cyr y commandait alors un régiment d'artillerie de la garde. Tous les matins, à cinq heures, je me rendais, en amateur, à la batterie qui détruisait les cibles du polygone à six cents mètres de distance. L'aurore ne se levait pas toujours avec des doigts de rose; mais après les premiers coups de canon, et surtout après les décharges d'obusiers et des grands mortiers à bombes, le ciel s'éclaircissait et le soleil ne manquait jamais de luire dans tout son éclat. En septembre et octobre, je n'ai pas vu un seul jour de pluie à Vincennes, et pendant ces deux mois il pleuvait souvent à Paris. J'ai consigné cette remarque dans une lettre adressée au journal *le Courrier français;* vous voyez que mon horreur pour la tyrannie de la pluie date de loin. Si je reviens aujourd'hui sur ce sujet, c'est dans l'espérance de trouver un remède contre un fléau qui se prépare encore à mouiller, à noircir, à moisir un Paris rebâti à neuf, un Paris à mettre sous cloche, comme la tour de Giotto le Florentin.

Arago, dites-vous encore, cite plusieurs canonnades maritimes qui n'ont arrêté ni les nuages, ni le tonnerre; cela se comprend et s'explique très-bien en faveur de la théorie. Ces canonnades n'arrêtaient rien, précisément parce qu'elles étaient maritimes, et qu'elles laissaient, pour ainsi dire, tomber dans l'eau tout le bénéfice de cet ébranlement atmosphérique qui dissipait les nuages à Austerlitz et à Borodino.

Le *son*, comme la lumière, dit Fontenelle, ne rebondit que sur les corps solides; il est absorbé par les grandes surfaces liquides; il ne peut donc remonter de l'Océan aux nuages avec cette énergie d'action qui purifie l'air supérieur. Au reste, en admettant que le bruit du canon ait été impuissant quelquefois, on constate toujours une exception très-favorable à la règle générale, et on est obligé d'aller chercher sur l'eau un exemple que la terre ne fournit pas dans ses batailles depuis l'invention du canon.

Prenons toujours d'ailleurs nos exemples à Paris, et non pas à Rio-Janeiro; les orages des tropiques sont exceptionnels aussi, et jamais le ciel plat et indolent du Nord n'en confectionna de pareils. L'histoire à la main, il est facile de démontrer que toutes les entrées solennelles des gouvernements ont ramené le soleil avec leurs cent et un coups de canon, ainsi que je l'ai déjà remarqué une fois. Aujourd'hui, j'irai plus loin, dans l'intérêt de mon système, et j'affirme que toutes les journées de sédition parisienne, où le canon et la fusillade sont intervenus, n'ont jamais été mouillées par la pluie, depuis le 14 juillet 1789 et le 10 août. Le soleil de la Bastille est proverbial comme celui d'Austerlitz, et l'infortunée Madame Élisabeth donna, comme on sait, *un mélancolique regard au soseil du 10 août.*

Les 14, 15 et 16 juillet 1853 et 1854, nous avons subi cette pluie anniversaire toujours mise par le Parisien sur le compte de saint Médard. Le 10 août prochain, je ne parierai pas pour le soleil. En 1830, les ordonnances de M. de Polignac paraissent le 25 juillet, par un temps gris. Le canon et la fusillade interviennent, le ciel s'éclaircit, et jamais Paris n'a vu trois plus beaux jours. Le *soleil des trois-jours* devient encore proverbial. Le 30 juillet, dans la nuit, trente-six heures après la bataille tridienne, la pluie tombe sur Paris.

Notez bien qu'à Paris, toute journée chauffée à trente degrés centigrades se dénoue par un orage au coucher du soleil : c'est invariable ; les cochers le savent mieux que les savants. Eh bien ! en juillet 1830, nous avons vu trois jours consécutifs de vingt-huit degrés Réaumur, avec un ciel d'un indigo acharné. La longue et funèbre bataille de juin 1848 a commencé par un orage ; mais la pluie a cessé bientôt, douze jours après saint Médard, et nous avons eu un été fort beau et exceptionnel. Je pourrais prolonger mes citations de preuves à l'appui, car j'ai bien des dates encore en réserve pour l'occasion.

Parmi les nombreuses lettres qui m'ont été adressées au bureau de *la Presse;* dans celles que vous avez reçues, mon cher confrère ; dans votre excellent feuilleton : *Sciences,* et dans le volume de l'illustre Arago, publié hier, il n'est question, je crois, que de l'influence du canon tiré à niveau du sol ou à fleur d'Océan. Ma théorie, veuillez bien le remarquer, prend les choses de plus haut.

C'est une bonne guerre à faire aux nuages dans le voisinage de leur domaine aérien. Il s'agit de mettre les pacifiques batteries d'Austerlitz, de Borodino, de la Bastille, de 1830, du 24 juin, à cent mètres de hauteur, pour centupler leur efficacité victorieuse et amoindrir un fracas horrible qui, d'ailleurs, serait plus tolérable qu'on ne pense pour nos oreilles, habituées au tonnerre des omnibus et à l'orchestre des opéras.

Je reviens donc à mes tours *imbrifuges,* à mes forts détachés de la pluie et du beau temps. Ce sera la guerre de la paix; la question du soleil doit venir après la question d'Orient; c'est la logique du ciel.

Un jour, — et au train dont marche la truelle, ce jour est proche, — un jour, la maçonnerie ouvrière aura terminé sa grande œuvre; il n'y aura plus rien à démolir, plus rien à bâtir. Rome de marbre a remplacé Rome de briques. Paris est vêtu de neuf de la tête aux pieds, comme un jeune marié qui va épouser la Chine disponible. La truelle et le marteau reposent en sautoir sur un écusson de macadam.

Nous sommes au septième jour de la Genèse nouvelle; il n'y a plus rien à faire, et nous trouvons, comme le Créateur, que *cela est bon.*

Quarante mille ouvriers, en retraite, les bras en croix, trouvent que *cela est mauvais.*

Faudra-t-il encore prendre des bastilles, et faire des juillet 1830 et des juin 1848, pour chasser la pluie et ramener le soleil? Nous avons usé et abusé de ces procédés atmosphériques et ruineux.

Alors, nous reverrons ce que Memphis et Rome ont vu. Est-ce que le monde n'est pas destiné à toujours revoir ce qu'il a vu? Quand la sage Égypte eut bâti cette ville de mille cités, dont le Nil était le ruisseau ; quand elle eut haché en pièces la chaîne Libyque pour construire Tentyris, Thèbes, Luxor, le Labyrinthe, Arsinoé, Hermopolis et la ville du Soleil ; quand elle eut laissé tomber de sa main les obélisques, comme une femme les aiguilles ; quand elle eut épuisé toutes ses briques, dans les quatorze pyramides de Saccarah, elle voulut se reposer aussi, et certes jamais repos ne fut mieux mérité par un peuple travailleur ; mais cent mille ouvriers qui vivaient de salaires d'ognons demandèrent à vivre ; heureusement, la monnaie de solde courait les jardins, et la graine remplissait la caisse des potagers royaux. On aurait alors volontiers bâti d'énormes édifices pour combattre la pluie, mais en Égypte il ne pleut pas ; on éleva donc deux montagnes artificielles, Chéops et Scheffrem, deux pyramides de cent soixante-cinq mètres de hauteur pour combattre une autre pluie horizontale : l'invasion du sable des déserts.

Les pyramides faites, on aurait bâti probablement une nouvelle série d'inutilités monumentales, toujours sagement payées avec des ognons ; mais le colosse du Midi, Cambyse, inventa une question d'Orient ; et l'Égypte, privée du secours de la France et de l'Angleterre, fut ravagée par la barbarie, en pleine civilisation.

En l'an 80 de l'ère chrétienne, le divin Titus, ayant cent mille ouvriers oisifs sur les bras, leur fit bâtir un Colisée à quatre étages. En 270, le sage Aurélien, le vainqueur de Zénobie, ne trouvant rien à faire bâtir dans cette Rome encombrée de monuments, éleva l'enceinte murale qui porte son nom, et qui avait soixante milles de circonférence. Deux cent mille ouvriers furent employés à ce travail de Romain.

Donc, lorsque Paris n'aura plus rien à faire, comme

Memphis et Rome, Paris songera nécessairement à quelque travail colossal; son enceinte aurélienne est faite; les pyramides ne sont plus de notre goût; un Colisée ne vaut pas un théâtre où Rossini chante; que bâtir alors? Les tours imbrifuges pourront défrayer l'oisiveté dangereuse des maçons, et trouver faveur auprès de l'édilité parisienne. Ce projet, aujourd'hui à l'état fruste, trouvera sans doute des hommes vraiment spéciaux pour l'approfondir, lui ôter son côté chimérique, et le placer dans le domaine du positif.

En supposant même que l'effet attendu ne soit pas complet dans la réussite, et ne nous donne que la moitié du bénéfice promis, ce sera déjà énorme. Nos neveux béniront encore ces tours imbrifuges, si elles enlèvent seulement vingt jours à la propriété pluvieuse de saint Médard.

Votre bien dévoué et assidu lecteur,

MÉRY.

P.-S. Voici déjà un commencement d'exécution, provoqué par mon feuilleton de *la Presse*. Un jeune ingénieur plein de talent, M. Ferdinand Bouquié, a dessiné les plans des ponts et passerelles du boulevard (1). Si M. de Girardin, qui fait tout réussir,

---

(1) Cette observation est une occasion qui se présente de mentionner ici sommairement un très-remarquable projet des halles centrales, dont l'auteur est M. Dumery, ingénieur civil, et dont tous les plans nous ont été montrés il y a plusieurs mois. Ce projet, s'il eût été adopté, eût mis les halles centrales en communication directe avec le chemin de fer de ceinture, au moyen d'un embranchement ferré traversant le boulevard du Temple, à hauteur des toits de maisons, sur un viaduc monumental qui eût plutôt orné que déparé la grande ligne des boulevards, et qui eût débarrassé ainsi les rues de Paris de plus de la moitié des charrettes qui les obstruent.

E. DE GIRARDIN.

prend ce nouveau projet sous son patronage, nous verrons bientôt un premier pont sur la vallée impraticable de la porte Saint-Martin, ou devant le passage des Panoramas.

FIN DE PARIS FUTUR.

LA TERRE BOULEVERSÉE

LA
TERRE BOULEVERSÉE

Lorsque Dieu peupla la terre (je vous demande pardon de remonter si loin), il voulut donner à l'homme un grand hôtel garni et ne prétendit rien exiger pour le loyer, à condition que le locataire respecterait le mobilier de l'hôtel, ne le vendrait ni en gros ni en détail, et ne le détériorerait en aucune façon.

D'après les intentions du divin propriétaire, l'homme ne devait habiter que les zones du Midi et les bords de la mer. Il y eut profusion de méditerranées, d'océans et de rayons de soleil, afin que le bienfait de la localité fût accessible à tous, en supposant toutes les éventualités probables d'une population toujours croissante.

Il est tout naturel de penser que Dieu n'a pas fait la mer, — la mer, cette grande et belle chose, — pour qu'on essayât de la voir du haut de Montmartre ou de Meudon.

L'intérieur des terres ne fut inventé que pour faire contre-poids ; et puis, tout le globe ne pouvait pas être de l'eau pure.

Le domaine primitif de l'homme était, comme on le voit, assez vaste, assez beau.

La folie de l'espèce humaine s'est insurgée contre les plans si sages du Créateur.

Il se trouva des gens qui, par fièvre d'ennui, se prirent un jour d'une belle passion pour les pays soumis à la trinité dominante de la pluie, de la boue et du froid.

L'Asie versa les peuplades de son immense plateau sur les routes brumeuses qui descendent au pôle.

Le Caucase, l'Ararat, l'Himalaya se chargèrent de peupler la Finlande et l'Islande, que le Créateur avait réservées aux ours blancs, aux rennes, aux albatros, et non point au capitaine Parry ou au capitaine Franklin.

C'est ainsi qu'un beau jour, quelques désœuvrés errants trouvèrent une île de saules au milieu d'une petite rivière, et se dirent :

« Ceci n'appartient à personne, prenons-le ! »

Et ils coupèrent les saules et se bâtirent des masures avec de la boue, qui ne leur manquait pas. Ces gens-là goûtaient les délices de la pêche et prenaient beaucoup de rhumatismes, en famille, entre deux eaux.

Cependant ils avaient des enfants. Quelque temps après vint Julien l'Apostat, ce grand philosophe, qui dit :

« Voici un beau pays fort humide, fort pluvieux et plein de marécages. Bâtissons-y une salle de bains, quoique le ciel et la terre se soient chargés de baigner la population. »

Julien l'Apostat construisit des Thermes et un pont.

Ensuite arrivèrent Pharamond, Clodion, Mérovée, Childéric, tous très-chevelus, à cause des rhumes du pays. Ils prirent possession de l'île de saules et de toute la boue et eau fangeuse qui l'entourait.

Ils ont été soixante-six, comme ceux-là, qui se sont obstinés à embellir la boue de race en race.

Il est vrai qu'on a inventé les parapluies et les socques articulés.

Les beaux pays ont été généreusement laissés aux tigres, aux panthères, aux éléphants et aux rhinocéros.

En s'écartant ainsi des lois primordiales de la nature, il a bien fallu se constituer en état de défense permanente contre toutes sortes d'ennemis invisibles.

Alors a commencé le duel sans fin entre l'homme et la nature, duel à mort où la nature ne meurt jamais! Il a fallu demander des cuirasses à Elbeuf, à Sedan, à Louviers; des toiles à Rouen et à Mulhouse, des flanelles à Reims, des soieries à Lyon, des casques aux castors.

Il a fallu nous bâtir des forteresses pour nous défendre contre les trente-deux aires du vent et l'invasion perpétuelle des giboulées, de la neige, du grésil, de la pluie, de la grêle, que la bienfaisante nature nous garde maternellement dans son inépuisable trésor.

Dès que nous découvrons une nouvelle arme défensive pour enrichir notre arsenal, nous poussons des cris de joie, nous crions au progrès, nous nous embrassons, nous nous félicitons, nous glorifions le génie de l'homme qui est le nôtre, amour-propre à part, comme si toutes ces belles découvertes n'accusaient pas la misère incurable de notre position : car les hommes les plus heureux sont ceux qui n'inventent rien ; les pays les plus beaux sont ceux où le soleil se charge des inventions.

Or, toujours inventant, améliorant et surtout détériorant, nous courons, je crois, à un cataclysme universel.

Aux temps religieux, l'homme disait à Dieu : *Renovabis faciem terræ*, Tu renouvelleras la face de la terre.

Aujourd'hui que l'homme ne prend plus la peine de dire quelque chose à Dieu, il s'est chargé, lui, faible mortel, de renouveler la face de cette terre, non pas au figuré, mais au propre. Dieu, dans quelques années, ne reconnaîtra plus le globe sorti de ses mains.

L'homme, encouragé par les académies des sciences, s'est imaginé qu'il pouvait impunément bouleverser son hôtel garni, meubler le grenier avec les dépouilles de la cave, planter au salon les arbres du jardin, élever le rez-de-chaussée à la corniche des toits, et que ces dévastations ne nuiraient en rien à la solidité de l'édifice.

Dieu avait semé des forêts, comme des grains de sénevé, sur les crêtes des continents; ces forêts avaient leur métier à faire.

Quel métier? C'est un secret.

Les savants ne le savent pas.

L'homme avait froid, parce qu'il avait écouté les inspirations de Pharamond, de Guillaume le Conquérant, du czar Pierre, surnommé le Grand, je ne sais par qui, mais non à coup sûr par moi.

L'homme, pour réchauffer ses membres transis par Pharamond et le czar, coupe les forêts et les transporte dans les villes, sous le nom de chantiers, où on les vend à quarante francs la voie, ce qui est fort cher, n'en déplaise à Pharamond.

Nobles forêts! nobles arbres qui vivaient en famille et qui se racontaient leurs amours avec des voix si harmonieuses!

Nobles hôtelleries ouvertes aux hyménées des oiseaux! il y a un spéculateur qui vient avec une toise et un registre, et il en fait du *bois flotté*, du *bois neuf*, pour les pyramides de la rue Amelot et du boulevard

Beaumarchais! Et vous croyez que la nature ne se vengera pas, elle qui se venge de tout!

Vous n'avez pas de jour! il faut vous éclairer. L'huile vous manque! il faut du gaz; inventez du gaz! Le gaz est le soleil et l'olivier de l'Europe du Nord.

Eh bien! rien n'est si aisé que d'en fournir abondamment; il y a du gaz partout. Depuis le jour qui mit le globe en fusion, la houille dort dans les entrailles des montagnes: vite, éventrons les montagnes!

Aussitôt dit, aussitôt fait.

L'Europe déclare la guerre à ses montagnes. Il faut que l'Europe détruise toujours quelque chose; si la chose manque, on ravagera autrement.

A bas les montagnes! En voici une, entre Stafford et Warington, qui se révolte contre l'homme; elle veut garder sa houille, cette pauvre montagne! Quelle prétention!

Vite un régiment de mineurs!

On sonne la charge, les clairons anglais jouent faux, selon leur usage; on chante encore plus faux le *God save the King*, et la montagne disparaît de la surface du globe comme un grain de sable! Cette montagne a été brûlée vive; j'en ai allumé mon cigare un matin.

Maintenant les montagnes sont averties. Elles ont cru rester montagnes toute leur vie, jouer avec les nuages, conserver des neiges éternelles, tamiser l'eau du ciel et pourvoir aux besoins des sources et des fleuves : l'industrie en a décidé autrement.

Les montagnes doivent disparaître; il n'en restera pas pierre sur pierre; ce sont des aspérités qui gênent la plante de nos pieds.

Nous allons les couper en deux pour donner passage aux chemins de fer; ensuite, nous prendrons les deux mondes pour les faire fondre dans une coupe d'acide, comme les perles de Cléopâtre. Le globe ne doit être qu'une plaine éclairée au gaz.

Passons au bitume.

Jusqu'à présent, le bitume n'était guère employé qu'en poésie, ou dans le *Sermon de l'Enfer;* on ne croyait même pas au bitume : c'était comme une figure de rhétorique, qui servait dans l'occasion pour chauffer un discours.

Voilà que soudainement le bitume prend un corps et une âme; l'emblème se matérialise; il s'habille en actionnaire; il traverse le boulevard de la rue Vivienne, et va se coter à la Bourse... Heureux Satan, qui a des *lacs de bitume,* comme dit Bossuet! qui ne voudrait être Satan aujourd'hui?

Si j'étais propriétaire d'un arpent de l'enfer, je gagnerais le paradis... Allons acheter le Vésuve et l'Etna, ces succursales de l'enfer, on peut les mettre à la Bourse.

Il faut des volcans pour paver nos rues. Assez longtemps les volcans nous ont brûlés; brûlons les volcans, foulons aux pieds les volcans, écrasons-les en pavés!

Au reste, il faudrait bien se garder de blâmer cette furie de découvertes, qui toutes nous font la vie plus tiède et moins âpre.

Mais ce n'est point là la question, et nous n'avons pas pris la peine de remonter à la création du monde, pour examiner la houille et le bitume au point de vue d'un actionnaire; allons au but. Il est probable que l'inventeur ne s'arrêtera pas en si beau chemin.

N'y a-t-il pas d'ailleurs une *Société de découvertes?* C'est une propagande qui va enlacer le monde dans ses griffes, comme le scarabée des Égyptiens.

— Qu'allez-vous découvrir, Messieurs?

— Nous ne savons pas; le monde est à nous, le monde est plein de secrets : nous allons fouiller le monde, explorer l'Océan, feuilleter les Cordillères, tourmenter l'Afrique, de Maroc à Constance; l'Amérique, du détroit de Behring au cap de Horn...

Nous découvrirons tout, nous mettrons la planète en actions, nous porterons l'affaire à la Bourse de Paris; cette bonne planète qui tourne si lourdement autour du soleil sera cotée.

Elle aura sa hausse et sa baisse.

Nous lui prendrons jusqu'à son dernier intestin, jusqu'à sa dernière bosse, jusqu'à son dernier panache; nous ne lui laisserons que la croûte, parce qu'il nous faut un plancher.

Laissez-nous faire, laissez-nous découvrir; nous allons vous faire un globe parfait, quoique Dieu ait eu l'amour propre de croire que le sien était bon : *Vidit quod esset bonum.*

En avant donc, messieurs les explorateurs; vous avez déjà rendu aux éléments supérieurs, ou pour mieux dire au néant, des masses incalculables de forêts et de houille qui avaient leur rôle dans la pesanteur spécifique du globe; continuez d'alléger ainsi notre planète, comme si vous aviez affaire à Saturne; brûlez les montagnes dans vos chaudières, comme Micromégas qui en soupait.

Mais convenez que si l'impulsion donnée à de telles explorations continue, que si l'homme se croit obligé pour mieux vivre de consommer une montagne dans sa vie, pour se chauffer, s'éclairer, se faire des trottoirs; convenez qu'un demi-siècle seulement de pareilles consommations doit porter un notable préjudice à l'harmonie préétablie.

Le statuaire qui extrait un bloc de la mine, pour faire son œuvre, ne fait que déplacer la matière; mais vous autres, vous ne déplacez pas, vous anéantissez, vous limez le globe à sa surface, vous creusez dans ses entrailles, pour ne rien lui rendre en échange de ce que vous lui volez. De sorte que Dieu seul, qui a pesé la terre dans sa main avant de lui dire : « Tourne ! » sait combien il faut soustraire de ce poids primitif qui était dans la condition de la durée, de la vie, de la solidité de ce pauvre globe si follement rogné par des spéculateurs.

Déjà on se plaint que l'ordre des saisons est interverti, qu'il n'y a plus à compter sur le soleil, que l'hiver passe l'été dans le Nord, que les vents alisés manquent à leur rendez-vous, que les moussons oublient leur ancienne exactitude, qu'enfin rien ne marche dans la nature comme jadis...

Je le crois bien, ma foi !

Et que sera-ce après ce siècle d'actionnaires, qui auront vendu le globe à l'encan ? Je ne serais pas étonné que le soleil oubliât de se lever en 1952 !

Voici pourtant quelque chose de bien grave.

On a surpris, depuis quelque temps, la boussole en flagrant délit de distraction ; l'aiguille aimantée divague, elle tourne le dos au nord, et elle a raison.

Les savants ont fait des mémoires, pour prouver que la boussole n'aurait point dû dévier de ses principes.

En attendant la boussole dévie, et l'on ne sait où s'arrêtera cette divagation. Les savants prétendaient que l'aiguille magnétique se tournait vers le nord, parce qu'il y a beaucoup de mines de fer en Suède : c'était une raison comme une autre.

La Suède a beaucoup de mines de fer encore ; mais pas assez, probablement à cause des exportations, pour garder l'affection de la boussole.

Nous n'adoptons que faiblement ce système, bien qu'il se rattache directement au nôtre.

L'aiguille aimantée, n'en déplaise aux savants, obéissait à d'autres lois qu'aux lois de la Suède ; son action mystérieuse était dirigée par une puissance occulte, qui tenait un rang dans les harmonies de la nature : or, ces harmonies se *cacophonisant* de jour en jour, grâce à nos folies, doit-on s'étonner des variations de l'aiguille aimantée? doit-on aller en Suède pour découvrir le principe du mal?

Et encore, nous ne sommes qu'au début : regardez la quatrième page des journaux, et tremblez pour vos neveux, si vous en avez, surtout si vos neveux sont marins. L'homme a ordonné à la terre de lui donner tout ce qu'elle a de superflu, depuis le cèdre jusqu'à l'hysope, depuis la perle de Ceylan jusqu'au vil charbon d'Anzin, et la terre obéira; que voulez-vous qu'elle fasse?

Pourtant on n'insulte pas impunément une planète, quelque petite qu'elle soit.

La boussole prend fait et cause pour le globe :

« Ah! vous voulez, dites-vous, que vos navires sillonnent les mers pour le commerce de la houille, du bitume, du bois de sapin, de tout enfin; eh bien! la boussole va donner sa démission : si la boussole s'égare, avec quoi vous conduirez-vous? »

C'est le sel de l'Évangile appliqué à l'aiguille :

Si sel evanuerit, quomodo salietur?

Si vous n'avez plus de sel, avec quoi salerez-vous? La boussole arrivant à l'état de torpille, et l'aiguille aimantée devenant une aiguille ordinaire, la mer est interdite aux sages navigateurs : les marins qui, sur la foi d'Euthymènes et de Pythéas, voudront se hasarder sans boussole sur l'Océan, passeront leur vie à chercher une île, un cap, un port. Le commerce souffrira beaucoup dans ses rapports internationaux.

Nous avons une catastrophe en perspective, un cataclysme inévitable; mais nous serons éclairés au gaz, et nous marcherons sur un velours de bitume; nous irons de Paris à Calcutta par le chemin de l'Oronte et de l'Araxe en quinze jours, et nous serons heureux.

Mais nos neveux auront la chance de voir le globe se couper en deux, comme une orange, à l'équateur !...

FIN DE LA TERRE BOULEVERSÉE.

LA POPULARITÉ

LA POPULARITÉ

Dans les arts, l'œuvre la plus parfaite doit être celle que tout le monde connaît, l'œuvre universelle, l'œuvre répétée par toutes les bouches, retenue par toutes les mémoires, aimée par les jeunes gens, les jeunes filles, les femmes, les enfants et les vieillards.

Quelles œuvres placerons-nous dans cette catégorie de popularité universelle ?

Les Adieux d'Hector à Andromaque, ou Priam demandant le corps d'Hector au fils de Thétis ? Non.

Autrefois, dans les fêtes de Pau, ces deux chants étaient dits par des rhapsodes ; mais aujourd'hui, les Grecs d'Othon les ont oubliés. A l'exception de quelques érudits, non savants, personne ne connaît ces chants divins.

Nisus et Euryale, les Amours de Didon, les Géorgiques, les Bucoliques, c'est-à-dire tout ce que le cœur, l'esprit, le sentiment, la langue ont créé de plus beau, de plus noble, de plus suave, de plus émouvant, de plus mélodieux, ne peuvent aussi être rangés dans cette catégorie. On apprend au collége à les oublier. Les grands prix du concours général n'en savent même pas un vers au bout de cinq ans. A l'Académie française, sauf deux ou trois membres, égarés par étourderie sous un dôme plat, tous les autres ne citeraient pas un distique virgilien, et s'ils le citaient ils le comprendraient peu.

Moïse, David et Salomon, ces trois pères éternels de la grande poésie biblique, ont-ils pris beaucoup de place dans la mémoire des hommes? Beaucoup de gens savent-ils par cœur quelques passages traduits de ces trois sublimes poètes? De son temps, La Fontaine demandait à tout le monde s'il avait lu Baruch, et tout le monde lui répondait : Non. Cette ignorance a progressé depuis.

Prométhée, l'Orestie, Antigone, Alceste, ces quatre prodigieuses créations grecques, qui résument tous les grands sentiments de l'âme humaine et de l'humanité éternelle, courent-elles les rues comme l'esprit qui ne les court pas? Je n'ose me prononcer. Quelqu'un est-il plus hardi que moi?

Dans la poésie moderne, beaucoup de contemporains savent par cœur des centaines de vers de Victor Hugo et de Lamartine ; mais ces deux grands poètes sont-ils populaires dans le sens le plus étendu du mot? Douze millions de Français au moins, tous jouissant de leurs droits civils, ne citeraient pas deux vers des *Voix intérieures*, des *Feuilles d'automne*, des *Harmonies* et des *Méditations*.

Dans le domaine de la musique, à l'exception des habitués du Conservatoire et de quelques centaines de musiciens, personne ne chanterait quatre mesures de la symphonie *héroïque*, de la symphonie en *ut mineur* et de la *pastorale*. Personne ne fredonnerait dix notes de l'*Adelaida*. Sans la glorieuse résurrection du *Moïse* de Rossini, éternel honneur de l'intelligent directeur de l'Opéra, toute notre génération ne connaîtrait pas cette merveille biblique ensevelie en 1828 dans les catacombes de la rue Lepelletier par les fossoyeurs du contre-point.

Zampa d'Hérold est-il bien connu ? Avez-vous entendu beaucoup chanter : *Toi, dont la grâce séduisante ?* ou *Pourquoi pleurer ?* ces deux admirables expansions de mélancolie amoureuse et de sentiment passionné ? La rue est vierge de toutes les mélodies d'Hérold.

Grâce à Duprez, une faible partie de la garde nationale a un peu connu *Guillaume Tell*. Vingt Parisiens connaissent *la Gazza, le Siége de Corinthe* et *Semiramide*.

Eh bien ! un beau matin, il y a très-longtemps, il y a deux siècles au moins, un monsieur inconnu se lève et dit :

> Au clair de la lune,
> Mon ami Pierrot,
> Prête-moi ta plume
> Pour écrire un mot.
> Ma chandelle est morte,
> Je n'ai plus de feu,
> Ouvre-moi ta porte
> Pour l'amour de Dieu.

La femme de ce monsieur écoute, et dit : « Cela n'a pas l'ombre du sens commun. Tu fais rimer *lune* et *plume ;* tu demandes qu'on ouvre une porte pour emprunter une plume, pour écrire un mot, et pour l'amour de Dieu ; où diable, mon ami, as-tu pris toutes ces niaiseries ? Garde-toi bien de les chanter en public, on te croirait fou. Il y en a dans Charenton qui tiennent des discours plus sensés. »

Le monsieur inconnu n'écouta pas sa femme ; il

chanta cette stupidité en public ; elle fit fortune, tout le monde la répéta en chœur, ce fut une épidémie d'enthousiasme. On la traduisit en toutes les langues ; les pères et mères l'enseignèrent à leurs enfants au berceau ; elle traversa les siècles, et l'Antechrist la chantera au dernier quartier de la dernière lune du jugement dernier.

Un autre monsieur, enhardi par ce succès universel, se met à improviser cette chose inqualifiable :

> Malbrough s'en va-t-en guerre,
> Mironton ton ton mirontaine,
> Etc., etc.

Sa femme croit que le compositeur poëte a perdu la raison, et les voisins accourent ; le monsieur leur chante *Malbrough* : on crie au miracle, on couronne l'auteur, on chante *Mironton,* on s'en transmet des copies, les mères bercent leurs enfants avec cette mélodie enchanteresse... *Mon ami Pierrot* a une sœur. La mémoire de l'univers s'ouvre et recueille soigneusement ces deux bijoux. En voilà deux qui passeront à l'Antechrist.

Un troisième monsieur inconnu chante en se levant :

> Le bon roi Dagobert
> Mettait, etc.

Oh ! pour le coup, une troisième femme sensée se jette aux genoux de l'auteur, et le supplie de brûler ces huit couplets qui lui paraissent le chef-d'œuvre de la stupidité humaine. On ne brûle rien par amour-propre d'auteur ; on connaît son public. Il y aura trois chansons éternelles dans le répertoire de l'Antechrist.

Allons, poëtes et musiciens de génie, faites des chefs-d'œuvre, jamais vous n'atteindrez la cinq cent millionnième partie du succès de *Mon ami Pierrot*, de *Malbrough* et du roi *Dagobert!*... Prenez la peine d'être Homère, Eschyle, Virgile, Sophocle ou Rossini, après cela !

FIN DE LA POPULARITÉ.

SUITES D'UNE BONNE ACTION

SUITES
D'UNE BONNE ACTION

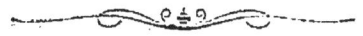

I.

L'existence d'un homme ordinaire se compose d'une série de jours qui se ressemblent tous; c'est toujours la répétition des mêmes idées et des mêmes scènes, à quelques petites nuances près. La vie d'un homme qui s'éloigne des routes communes semble, au contraire, subordonnée à un destin supérieur qui élève des obstacles, suscite des contrariétés, et fait dépendre d'une seule action les chances de bonheur ou d'infortune.

J'allais quelquefois, dans les jours de captivité, rendre visite à d'autres détenus dont j'étais séparé par des grilles. Un d'eux m'inspira l'intérêt le plus vif; une sombre mélancolie semblait le consumer; il parlait peu, mais ses phrases, courtes, annonçaient un observateur; la lecture des journaux était sa seule occupation. Je le questionnais souvent; je lui offrais des ressources contre l'ennui; je le pressais de m'accorder sa confiance, de me raconter ses malheurs. Il me répondit un jour, avec un sourire gracieux :

— Monsieur, je me suis avisé d'être honnête homme, homme de parole et d'honneur; le destin m'a puni de ce crime : je me vois incarcéré pour avoir laissé protester une lettre de change que je n'ai pu payer.

— J'entends : vous avez souscrit une obligation pour rendre service à un ami?

— Je n'ai point d'amis, et mon emprisonnement n'est que la conséquence nécessaire de ce crime dont je viens de vous parler. Si j'eusse manqué à ma parole en 1813, je serais libre en 1821; c'est une fatalité!... Mon système vous paraît ridicule, je le vois bien; mais je suis systématique, c'est mon défaut.

— J'aime tous les systèmes que je ne comprends pas; le vôtre me sourit depuis longtemps, et comme vous je suis fataliste; parlez maintenant en toute sûreté.

— Je ne parlerai pas; mais, ajouta-t-il en riant :

... Si tantus amor casus cognoscere nostros,

voilà mon histoire dans ce portefeuille. Je l'ai écrite dans cette prison; voici les pièces justificatives, la correspondance, mes certificats, mes brevets; etc. Vous lirez tout en vos moments de loisir.

Je pris le portefeuille, en promettant au prisonnier mystérieux de retourner, après avoir lu ses manuscrits. Voici l'histoire de Gustave L***. Je la transmets au public, telle que je l'ai lue dans l'original :

« Je me trouvais en garnison à Dresde, dans les dernières campagnes, et je logeais chez un marchand qui me traita comme un compatriote et un ami, pendant la durée de mon séjour. Malheureusement pour lui, il n'était pas le seul de sa maison qui me donnât des marques d'estime et d'attachement; sa fille Clara ne partagea que trop l'amour violent que j'avais conçu pour elle ; et j'étais sur le point de l'épouser, lorsque l'ordre de mon départ arriva. Capitaine de hussards à vingt-six ans, jouissant d'une fortune honnête, aimé de mes inférieurs, estimé de mes chefs, la carrière la plus brillante s'ouvrait devant moi ; une femme vint changer le cours des circonstances. La générale battait dans les rues de Dresde, et j'étais à peine armé... Clara, pâle, échevelée, jurait de me suivre ou de mourir à mes yeux ; je lui jurais à mon tour de revenir pour l'épouser à la fin de la campagne ; elle exigea de moi des serments terribles ; je me soumis à tout, et je partis en la laissant évanouie sur l'escalier de sa maison.

« Des combats continuels me laissèrent à peine le temps de songer à Clara ; tour à tour vainqueur ou vaincu, la gloire de mon pays fut mon unique pensée. La paix de 1814 me permit de me livrer à d'autres réflexions : je sentais que j'aimais encore Clara ; je me rappelais notre cruelle séparation, ses prières et mes serments, l'état déplorable dans lequel je l'avais abandonnée ; un désir violent de la revoir s'empara de moi. Je sollicitai une permission de quitter Paris, je l'obtins, et je partis pour Dresde, escorté d'un domestique allemand ; il fut mon précurseur dans la maison de Clara ; par des ruses adroites il parvint jusqu'à elle, lui annonça mon arrivée, et je parus à l'instant même. Cette scène fut touchante : mon amie pleurait de joie, elle me nommait son libérateur et son époux. Je goûtais le plaisir d'avoir fait une bonne action, je m'applaudissais d'avoir cédé à une inspiration généreuse. — Oui, lui dis-je en la serrant sur mon sein, oui, je serai ton époux, et ton enfant pourra nommer son père ; allons voir le tien, nous solliciterons notre pardon, nous embrasserons ses genoux... — Lui ! me dit Clara, jamais ! Le barbare ne veut plus me revoir; rien ne saurait l'attendrir, ni les larmes de sa fille, ni ton retour inespéré; il abhorre les Français, il a juré qu'il n'accepterait jamais pour gendre un homme de ta nation. — Eh bien, lui dis-je, partons à son insu, retournons ensemble à Paris. — Oui, reprit vivement Clara, partons! conduis-moi où tu voudras; mais garde-toi de te montrer dans le voisinage; choisis un logement dans Dresde, et lorsque tout sera prêt pour mon évasion, tu seras averti; Clara veut te suivre partout!

« Cette journée, la plus belle de ma vie, a fixé le sort de mon avenir; elle a ouvert sous mes pas l'abîme des infortunes, elle a commencé une chaîne d'événements qu'il n'a jamais été en mon pouvoir de maîtriser. Ainsi avec un cœur droit, avec des intentions pures, avec la sincère volonté de faire le bien, nous sommes souvent entraînés, par des causes indépendantes de nos désirs, dans des erreurs que le vulgaire juge comme des crimes, et que les sots n'ont jamais commises parce que le destin semble les avoir abandonnés à leur nullité.

« J'étais à Dresde depuis cinq jours, lorsque mon domestique m'avertit, un soir, que Clara m'attendait à la porte de France. Ma chaise de poste était prête: je partis. Mon amie avait quitté les habits de son sexe; elle prit place à mon côté, mit son enfant sur mes genoux, et notre voiture vola sur la route de Paris.

« Arrivés dans cette capitale, mon premier soin fut d'installer Clara dans un appartement garni, rue Taranne; je trouvai une femme de confiance qui s'offrit pour lui donner ses soins. Quinze jours après, nous fûmes mariés à Saint-Sulpice.

II.

« Je me livrais aux douceurs d'une union si désirée, lorsque de nouvelles circonstances politiques me firent rentrer sous les drapeaux ; la guerre était plus menaçante que jamais, l'Europe entière courait aux armes.

« Comme je me disposais à partir, j'appris que mon père venait de mourir, dans une terre près d'Ostende, où il s'était retiré depuis la mort de sa femme. Le secret de sa fortune s'était découvert ; il laissait plus de dettes que de biens. Trop insouciant pour me charger de la liquidation des affaires paternelles, je m'en référai absolument aux soins de mon frère cadet. Celui-ci s'en chargea volontiers et m'écrivit, un mois après, une lettre où je vis beaucoup de protestations d'amitié, et pas une lettre de change. J'étais alors à l'armée ; la situation de Clara me causait des peines mortelles ; mes ressources très-bornées m'enlevaient la faculté de lui procurer les moyens de vivre dans l'aisance : si je perdais la vie au premier combat, quel sort funeste allait atteindre l'infortunée, au milieu de Paris ? A la vérité, j'avais recommandé spécialement à un de mes anciens camarades, nommé Leluc, de veiller sur Clara, et je comptais beaucoup sur les soins de cet homme, dont l'âge et la figure ôtaient tout prétexte à la jalousie et dont l'amitié me paraissait sincère parce qu'il ne l'avait jamais trahie.

« Elle arriva bientôt, cette journée de douloureuse mémoire, où nous fûmes accablés par l'Europe armée ; mes braves amis, mes nobles compagnons de gloire avaient juré de vaincre ou de s'ensevelir sous leurs drapeaux ; ils ne vainquirent pas !... Pour moi, je n'avais rien juré, car ma vie appartenait à Clara bien plus qu'à ma patrie; je combattis sans chercher la mort et sans l'éviter, et m'appliquant ensuite cette pensée de Virgile : *Sat Trojæ Priamoque datum,* je quittai le champ de deuil au milieu des débris de l'armée.

« Licencié aux rives de la Loire, je pars, je vole à Paris. J'avais prévenu ma femme de mon arrivée. J'entre dans son appartement, ivre de joie et de plaisir: je trouve Clara éplorée, serrant mon fils dans ses bras; un terrible pressentiment vient m'assaillir. — Clara, que signifient ces larmes? Reconnais-moi, je suis ton époux, je vis encore pour ton bonheur; tous les braves ne sont pas morts. Elle était muette, ses yeux craignaient de rencontrer les miens; je la questionne, j'implore une réponse, mille soupçons se pressent dans mon esprit; enfin la colère, l'indignation vont bientôt éclater; Clara rompt le silence, deux mots m'apprirent la triste vérité.

« Le voilà donc connu, ce secret plein d'horreur ! m'écriai-je. Le scélérat !... A qui donc se fier dans le monde, si les lois sacrées de l'amitié sont indignement profanées? Console-toi, mon amie, sèche tes pleurs ; les larmes ne sont permises qu'au criminel qui se repent ; la vertu n'en a pas besoin pour se justifier. J'affectai alors une apparente tranquillité; je concentrai les mouvements de rage qui s'élevaient dans mon cœur contre l'infâme Leluc; je hâtai de tous mes vœux l'instant où ma main devait le punir; enfin, altéré de vengeance, je saisis mes pistolets, j'embrassai Clara, et je sortis.

« Où trouver maintenant le perfide? où porter mes pas irrésolus? J'errais donc au hasard; hélas! le hasard me servit trop bien. Je rencontrai Leluc dans une allée solitaire du Luxembourg; notre explication

ne fut pas longue. Le monstre essaya de se justifier !
sa justification me parut plus affreuse que son crime.
Deux militaires, accourus sur nos pas, voulurent bien
nous accompagner; nous sortîmes du jardin par la
grille de l'Observatoire. J'étais en proie à la plus violente agitation ; ma rage détourna mon premier coup,
je jetai loin de moi l'arme inutile à ma vengeance.
Leluc avait apporté sur le champ du combat ce hideux sang-froid qui souvent accompagne le crime ; il
tira... et je tombai sur la poussière, en accusant la
justice céleste, et je vis le monstre fuir rapidement
ce sol qu'il venait de rougir du sang de son ami.

« Les deux généreux inconnus, qui ne m'avaient
pas quitté, me firent transporter à l'hôtel ; je priai le
plus âgé de monter à l'appartement de ma femme
pour la préparer à son malheur ; j'étais dans la loge
du portier, j'entendis le cri terrible que poussa l'infortunée ; je fis de pénibles efforts, ma blessure se
rouvrit, je perdis le sentiment de mon existence. Le
ciel me la rendit pour offrir à mes yeux un triste tableau : plusieurs personnes prodiguaient des secours
à ma femme expirante ; un jeune chirurgien mettait
sur ma plaie le premier appareil, et priait les assistants de conduire Clara dans la chambre voisine ;
j'approuvai ce conseil par un signe de tête. — Allons,
me dit l'homme de l'art, ayez bon courage ; votre
blessure est fort belle, quoique la balle ait traversé
la cuisse ; gardez le lit, soyez calme ; je viendrai vous
voir tous les jours.

« Plusieurs mois se passèrent avant mon rétablissement. Ma femme n'avait jamais quitté le chevet de
mon lit ; ses consolations, sa touchante sollicitude
contribuèrent bien plus à ma guérison que les secours de l'art. Cependant nos moyens pécuniaires et
nos ressources s'épuisaient ; deux billets de banque
de mille francs que j'avais déposés, le jour du combat,

dans mon secrétaire, en avaient été enlevés par une main inconnue, quoique soupçonnée ; chaque semaine nécessitait de nouvelles dépenses : il fallut donc chercher un ami, un protecteur, pour lui exposer l'urgence de nos besoins.

« Clara, née et élevée à Paris, se souvint qu'elle avait laissé au couvent une jeune demoiselle nommée Clémence de T***, qui l'aimait comme une sœur. Ces amitiés de couvent s'évanouissent souvent dans le monde ; mais ma femme, présumant que celle-ci ferait exception à la règle, recueillit plusieurs informations, et apprit que mademoiselle Clémence de T***, devenue madame de N***, logeait rue Duphot ; elle se rendit chez son ancienne amie, entra dans la cour de l'hôtel, et demanda timidement au portier si Madame était visible. — Elle est au château. — Reviendra-t-elle aujourd'hui ? — Je n'en sais rien... Et le portier ferma son vasistas. Clara était venue seule et à pied.

« Cette première tentative ne la découragea point ; elle ignorait que les valets d'une maison adoptent le caractère de leurs maîtres, et, malgré mes observations, pressée par la nécessité, elle retourna le lendemain chez madame de N***, dans un cabriolet de place. — Ah ! c'est vous, lui dit le portier ; Madame est visible ; la première porte à droite, la troisième à gauche. Clara monte l'escalier, ouvre en tremblant une porte, traverse la pièce, et voit au fond d'un appartement superbe son amie assise sur un fauteuil et lisant une brochure. — C'est à madame de N*** que j'ai l'honneur de parler ? — Oui, Madame. — Madame de N*** ne me reconnaît pas ? — Non, Madame. — Madame de N*** a oublié Clara Huwart. — J'ai une idée de cette Clara. — C'était l'amie de Clémence de T***. — Mon amie ! — Oui, Madame. — Oh ! j'ai tant d'amies, qu'il n'est pas étonnant... — Mais l'amie d'enfance ! — C'est vous qui êtes Clara ? — Oui, Madame. — Eh bien, c'est singulier, je ne vous remets pas ; enfin, soit ; que voulez-vous ? — Moi, rien, Madame ; je venais voir s'il était vrai que l'opulence et le rang fussent l'écueil de tous les sentiments de la nature. Adieu, Clémence ! — Je vous salue, Madame.

« Clara revint à l'hôtel, et me raconta, sans m'étonner, l'issue de son voyage au delà des ponts. Je pris le superflu de mes effets, les bijoux de Clara ; je sortis appuyé sur un bâton, et je me rendis lentement chez Bernard, rue Saint-Honoré. Bernard est la ressource de ceux qui n'en ont plus ; il examina les hardes et les bijoux, les déprécia tout à son aise, et me remit en argent le tiers de leur valeur, en m'assurant qu'il n'y gagnait rien.

Plusieurs raisons me détournaient de la carrière militaire ; j'avais envoyé ma démission, et sollicité un emploi civil : on accepta ma démission, et l'emploi civil n'arrivant pas, je me vis contraint de suivre la file des solliciteurs qui assiégent les bureaux du ministère. Je traversais de vastes salles encombrées de commis ; sur le point de présenter ma pétition, je voulus la soumettre à l'examen d'un surnuméraire qui se balançait sur sa chaise : celui-ci prit mon papier, le lut en fredonnant, et me le rendit en me faisant observer que j'avais omis dans le protocole un des titres de Son Excellence.

III.

« J'attendis vainement pendant deux mois le résultat de ma pétition, et, dégoûté du métier de soldat, j'abandonnai les antichambres et les corridors. Dans l'intervalle, ma femme avait écrit deux lettres à son père : elles étaient restées sans réponse. Je fus encore contraint d'avoir recours aux expédients pour subsister ; j'avais déjà vendu le superflu, j'entamai le nécessaire, et Clara supporta cette crise désolante sans se plaindre et sans m'accuser.

« L'infâme Leluc m'avait rendu insupportable la société des hommes ; je vivais dans un isolement absolu, la compagnie de ma femme et de mon jeune enfant me suffisait ; je sortais pourtant seul quelquefois et je dirigeais ma course habituellement du côté du jardin des Plantes. Un jour, je rencontrai, au milieu de la grande allée de ce jardin public, un monsieur déjà tout blanchi, quoique ne paraissant pas avoir guère plus de trente ans. Il tenait ses regards fixement attachés sur le belvéder du labyrinthe. — Monsieur paraît bien préoccupé. — Oh! très-préoccupé. — La politesse exige alors que je me retire. — Je ne le souffrirai pas, Monsieur ; prenez place sur ce siége, je fais les honneurs de chez moi.

« L'inconnu s'assit ; la conversation roula d'abord sur des sujets indifférents ; il me fit l'histoire du jardin des Plantes, de feu l'éléphant et de l'ours Martin ; ses récits frivoles n'étaient pas dépourvus de charme ; il s'exprimait avec facilité, et de fréquentes saillies, dites sans prétention, annonçaient que mon voisin était un homme d'esprit. La méfiance est une de mes vertus, ou un de mes défauts ; je crains les hommes, parce qu'ils sont à craindre. Cependant cet inconnu se présentait à moi sous des dehors si séduisants, ses manières étaient si franches, sa politesse si naturelle, que, poussé par un ascendant supérieur, je lui confiai une partie de mes infortunes. —Monsieur, me dit-il, j'habite Paris depuis dix ans, je connais cette ville dans ses moindres détails : eh bien, soyez certain que votre position actuelle vous est commune avec cinquante mille étrangers... Comment font-ils pour vivre, je l'ignore, mais ils vivent ; ne pouvant trouver des amis, ils font des dupes ; ne pouvant payer leurs restaurateurs, ils font des dettes ; ne pouvant payer leurs obligations, ils en contractent de nouvelles ; et c'est ainsi du moins que j'explique le secret de leur existence problématique. Quant à moi, je vous avouerai que, réduit à des rentes médiocres, je me suis trouvé quelquefois au dépourvu ; alors les usuriers m'ont offert leurs services, et quoiqu'ils soient par trop intéressés, je les ai acceptés ; car, dans un moment d'urgence, l'usure est, à défaut d'amis, la divinité que l'on implore. Avez-vous besoin de vingt-cinq louis? — Cette demande... — Vous les aurez demain ; rendez-vous à dix heures devant la Rotonde du Palais-Royal : je vous présenterai chez Rigal, rue de l'Échelle, près des Tuileries ; je serai charmé d'obliger un brave militaire qui craint plus l'indigence que les Anglais.

« Un secours inespéré, quoique offert d'une manière originale, ne me parut pas à dédaigner ; on doit, me disais-je en moi-même, se méfier à Paris d'un inconnu qui cherche à vous duper ; mais un homme qui vous offre de l'argent comptant mérite une confiance sans bornes. Mon nouvel ami me quitta pour passer le pont d'Austerlitz, en me répétant : — Demain, à dix heures, devant la Rotonde.

« Je retournai chez ma femme avec un front serein. Accoutumée à ma tristesse, elle s'étonna de ma gaieté : elle en demanda la cause, et je m'empressai de la mettre au fait. Le lendemain, je fus exact au rendez-vous ; dix heures sonnaient à l'horloge du Palais-Royal, je pris une chaise et un journal, et je m'assis. Dans le même instant, mon officieux inconnu entra par le passage du Perron ; je quittai la chaise et le journal, je m'avançai vers lui. — Je suis ponctuel, me dit-il ; allons chez Rigal. Nous montâmes au troi-

sième étage d'une maison, rue de l'Échelle; mon compagnon s'avançait en homme qui connaît le terrain; il ouvrit hardiment cinq ou six portes, et je vis l'usurier assis devant un bureau. — Ah! monsieur Thama, dit-il en se levant, à quoi suis-je redevable de votre visite? — Le voici, répondit M. Thama : Monsieur est un de mes amis, brave militaire, blessé à Waterloo, et qui se trouve momentanément dans la gêne; un petit acte de complaisance de votre part...
— J'entends; Monsieur a-t-il besoin d'une forte somme? — Mais c'est une affaire de vingt-cinq louis à peu près. — Diable! pour quelle époque? — Pour six mois. — Le souscrirez-vous? — Mais, s'il le faut. — Oui, pour plus de sûreté. — Allons, je souscrirai. — Commandant, me dit Rigal, voici une feuille de papier timbré; faites votre billet, s'il vous plaît. — Veuillez bien me le dicter, lui dis-je; je suis très-ignorant dans cette partie. Rigal calcula, compta sur ses doigts et me dicta : — *Fin... prochain, nous paierons solidairement à M. Rigal, négociant, ou à son ordre, la somme de huit cent...* Je l'interrompis en disant : — Je n'ai demandé que six cents... M. Thama sourit, et Rigal continua : — *De huit cent cinquante-huit francs quatre-vingt-cinq centimes, valeur reçue en marchandises. Paris*, etc.; et vous signerez tous les deux.

« Rigal ouvrit une petite caisse, et me remit six cents francs. — Je vous traite en ami, me dit-il; c'est presque le pair, les temps sont si mauvais! Je pris l'argent et je sortis, un peu scandalisé; en descendant l'escalier, j'invitai Thama à déjeuner chez le premier restaurateur; il accepta. — Vous avez dans votre bourse, me dit-il, les éléments d'une fortune. — Comment cela? — Ah! c'est mon secret. — Le garderez-vous toujours? — Non, j'en fais part à mes amis, ordinairement; déjeunons d'abord et je parlerai ensuite.

Après le repas, nous entrâmes au Palais-Royal;

là, Thama me dévoila son secret. Il consistait en une martingale infaillible, avec le secours de laquelle la banque des jeux devait un jour s'écrouler ; je lui fis observer que l'auteur de cette martingale aurait dû faire fortune ; il me répondit qu'il n'avait jamais eu à sa disposition la première somme nécessaire pour commencer ; puis il ajouta : — Je viens de souscrire un billet avec vous ; je vous ai donné par cette démarche une grande marque de confiance, pourquoi n'attendrais-je pas de vous la même faveur ?

« J'avais le jeu en aversion ; les divers tripots de la capitale m'étaient absolument inconnus ; j'hésitai longtemps à suivre les conseils de Thama ; enfin, pressé, sollicité, harcelé par lui, je le suivis au n° 9. Les salles étaient encore désertes ; les banquiers étalaient sur une longue table des piles d'or et d'argent et des rouleaux cachetés ; on préparait les sizains de cartes, les fauteuils des banquiers et les chaises des pontes. Insensiblement les joueurs ou les curieux arrivaient ; Thama s'assit, me fit asseoir, demanda une carte et des épingles, et parut absorbé dans les plus graves réflexions. Le banquier annonça le commencement de la taille en frappant trois coups : les pièces d'or et d'argent tombèrent aussitôt sur la table. J'attendais les ordres de mon mentor ; hélas ! tous ceux qu'il me donna lui furent inspirés par le bonheur, et dans mon inexpérience je les mis sur le compte de sa martingale infaillible ! nous gagnâmes cinquante louis en un quart d'heure. Thama me dit : — C'est assez pour aujourd'hui, sortons... Et nous sortîmes.

« Je brûlais de revoir ma femme, non pour lui raconter mon heureuse fredaine, mais pour confier à sa prudence une partie de l'or que je possédais ; Thama me suivit jusqu'au pont des Arts, m'indiqua son domicile, me salua, et me rappela pour m'emprunter cent francs dont il avait besoin.

« Le même bonheur me favorisa pendant quelques jours; j'en profitai pour retirer des mains de Rigal la lettre de change, sans attendre l'échéance; j'obtins une petite réduction sur les intérêts. Enfin les revers commencèrent : Thama, tout en m'assurant qu'il ne pouvait pas perdre, perdait quelques louis à chaque séance; ma confiance en sa martingale s'affaiblissait de jour en jour; vingt fois je fus sur le point de renoncer au jeu, pour sauver les débris ma petite fortune; mais Thama s'y opposa constamment.

« — La force du jeu est pour moi, me disait-il; nous avons rencontré des tailles extraordinaires; attendons.

« En attendant, je vis mon dernier écu dévoré par le fatal râteau.

« Thama n'avait pas attendu la dernière chance pour s'éclipser; j'étais allé le demander à l'hôtel de Danemark, rue Sainte-Anne : il n'y logeait plus; je le cherchai inutilement dans ses promenades de prédilection; je ne l'ai jamais revu, et je suis encore à mettre en problème la conduite de cet homme. Mes fréquentes absences, dont je taisais les motifs à ma femme, l'avaient indisposée contre moi : elle attribuait ma conduite extraordinaire à quelque intrigue amoureuse; les raisons que j'alléguais pour me justifier ne lui paraissaient pas convaincantes; sa jalousie s'en alarma vivement, elle me défendit de sortir. Je trouvai l'ordre assez tyrannique, et le jour même je le transgressai; je revis Rigal, il comprit le but de ma visite, et se hâta de me prêter la même somme que la première fois. Le désir de réparer mes pertes précédentes occupait seul ma pensée. L'heure du jeu sonnait, je courus à la banque. Comme la fortune se joua de moi dans cette fatale journée! combien elle me fit supporter de bizarreries! Les heures s'écoulaient, la nuit était arrivée; je disputais encore au croupier mes derniers louis; enfin il fallut succomber; j'entendis l'oracle infernal, irrévocable, et je sortis, le désespoir dans le cœur.

« Comment soutenir maintenant les regards de ma femme, de ma femme lâchement abandonnée? Irai-je me faire criminel à ses yeux, pour me justifier? ou bien, m'armant de résolution, soutiendrai-je froidement l'orage qui me menace? Livré à ces réflexions déchirantes, je traversai le pont des Arts; une idée horrible s'empara de moi : penché sur la balustrade du pont, je voyais l'abîme ouvert sous mes pieds, la mort était là... mais ma raison vint à mon secours :
— Allons tomber aux genoux de ma femme! m'écriai-je; elle me pardonnera! Je n'avais pas trop préjugé de sa bonté : Clara entendit en pleurant le récit de mes fautes; je promis de les lui faire oublier; un sourire céleste me fit renaître au bonheur et à l'espérance.

« Au bonheur et à l'espérance! et j'ai vu mourir dans les bras de ma femme, mon jeune fils, premier gage de notre amour! et j'ai compté les derniers soupirs de Clara, et j'ai perdu dans trois mois les seuls objets qui m'attachaient à ce monde! Isolé sur la terre, je voulais quitter cette ville affreuse, tombeau de tout ce qui me fut cher; je voulais porter mes pas vers ces régions lointaines au delà de l'Océan; mais, condamné par la justice des hommes à payer ce que je n'ai pas, ce que je n'aurai jamais, je languis ici, sans consolations, sans ressources, sans espérance. »

FIN DES SUITES D'UNE BONNE ACTION.

UN THÉATRE BOURGEOIS

UN
THÉÂTRE BOURGEOIS

A l'ouest de Marseille, sur les bords de la mer, au milieu d'un champ sablonneux, s'élève une petite maison de campagne, protégée par une haie de tamaris contre les invasions des ondes et la fureur des autans. C'est là que

> Un bon mari, sa femme et deux jolis enfants,
> Coulent en paix leurs jours, dans le simple héritage
> Où, paisibles comme eux, vécurent leurs parents.

M. Bonnard, c'est le nom du bon mari, ne connaît que deux plaisirs dans le monde : la pêche et la chasse; levé dès l'aube matinale, il poursuit sur la colline des oiseaux plus lestes que lui; et le soir, escorté de sa famille, et muni de la ligne flexible, il va offrir aux poissons un appât bien souvent dédaigné. M. Bonnard a eu dans sa jeunesse un goût très-vif pour le théâtre; ce goût le tient encore aujourd'hui; il chante assez faux les airs de *la Belle Arsène*, d'*Orphée* et d'*Armide;* il épouvante, après chaque repas, les échos voisins, en leur jetant des tirades de *l'Honnête Criminel* et de *Béverley*, et il laisse passer rarement une semaine sans raconter la catastrophe marseillaise de *Zémire et Azor*, où il reçut un coup de fusil, dont il montre la cicatrice à ses enfants comme une preuve de la valeur paternelle. Madame Bonnard, épouse prévenante, lui ménage depuis vingt ans une surprise agréable, la veille de saint Valentin, patron de M. Bonnard : indépendamment de la douzaine de fusées obligées, elle fait dresser dans une chambre obscure un théâtre, dont elle confie la direction privilégiée à son neveu, M. Martineau, jeune homme fou de spectacle, qui a fait un mélodrame sifflé, et deux vaudevilles inédits. M. Martineau s'est donc rendu, cette année, à la bastide de M. Bonnard, quinze jours avant la Saint-Valentin; il avait amené six jeunes gens de ses amis, qu'il présenta à madame Bonnard comme d'excellents amateurs en tout genre. La première soirée fut consacrée à choisir les pièces qui devaient composer le spectacle de famille; M. Martineau et sa troupe déployèrent une grande érudition; on parcourut tout le répertoire du Théâtre-Français sans trouver un ouvrage convenable; les comédies en cinq actes étaient trop longues; en un acte, trop courtes; on se serait bien décidé pour les pièces en trois actes, mais les plus saillantes avaient au moins deux rôles de femmes, et madame Bonnard n'avait qu'une seule nièce à la disposition de la société. M. Martineau voulut enfin fixer l'indécision des amateurs en faveur du *Mercure galant ;* il se chargeait de supprimer une femme, et de remplir cette lacune par des vers de sa façon. L'assemblée agréa l'offre, d'une voix unanime. Il fallait encore une petite tragédie; un premier rôle de dix-sept ans ne manqua pas de proposer *Zaïre*. — Ah! ne me parlez pas de votre *Zaïre!* s'écria madame Bonnard; vous ignorez donc la scène de l'an dernier?... Eh bien, je vais la raconter. Alors madame Bonnard apprit aux six amateurs que sa nièce avait gagné une entorse en tombant sans précaution au cinquième acte, et que le premier commis de M. d'Alban, qui jouait Orosmane, avait failli se tuer en se poignardant avec le couteau de chasse de son mari; M. Bonnard, qui soufflait la pièce en pleurant, s'était élancé sur le théâtre, avait relevé sa nièce, tancé vertement Orosmane, et protesté qu'on ne jouerait plus chez lui que des tragédies où personne ne meurt. M. Martineau, qui avait joué Nérestan le jour de l'entorse, confirma l'authenticité de l'anecdote, et dit aux amateurs de réfléchir un instant pour chercher une tragédie où le sang ne doit couler que derrière la toile du fond. On pensait depuis un quart d'heure sans rien trouver, lorsqu'une grosse voix extérieure cria : *Philoctète!*

Tout le conseil délibérant s'étonna de ne l'avoir pas plus tôt deviné. — J'y avais bien pensé, moi! dit un petit amateur; mais les costumes, la décoration... —Bah! bah! reprit M. Martineau, nous avons tout ce qu'il faut. *Philoctète* est adopté... *Tu me menaces, traître...* Je joue Philoctète, c'est mon rôle... *A la proue, à la poupe...* Vous, Alphonse, vous jouerez Pyrrhus :

Nous voici dans Lemnos, dans cette île sauvage...

Et vous qui êtes un vieux routier, Victorin, vous vous chargerez d'Ulysse :

Ou je te fais sur l'heure enlever de ces lieux !

Ainsi, Messieurs, nous ferons après-demain une répétition avec la brochure; ne manquez pas de venir à six heures, en sortant de la Bourse. Madame Bonnard les pria de tenir le secret envers son mari... — Comment! dit M. Martineau, n'est-ce pas lui qui tantôt a crié?... — Oui, mais il est toujours censé ignorer ce qui se passe. Les amateurs promirent de garder le secret de la comédie, et ils sortirent en déclamant, sans prendre congé de M. Bonnard, qui était encore censé ne pas les avoir vus.

On fut exact au rendez-vous de la répétition. Mademoiselle Amélie, nièce de M. Bonnard, attendait ses camarades, la brochure à la main; elle courut annoncer à sa tante leur arrivée, et elle prit ensuite un grand air d'indifférence. M. Victorin lui dit, en l'abordant : — C'est Mademoiselle qui aura la bonté de... — Je n'en sais rien, Monsieur; adressez-vous à ma tante. M. Victorin se retourna vers ses amis : — Messieurs, leur dit-il, notre jeune première n'a pas l'air fort aimable. — Laissez-moi faire, dit Martineau, je vais lui parler, moi; vous allez voir. Il s'avança tout courbé, et présentant une brochure à mademoiselle Amélie : — Voici *le Mercure galant* mis en scène par moi; daignez l'accepter. — Je n'accepte rien, Monsieur! Et elle se leva, poussa la porte en sortant, et disparut. M. Martineau dit alors, sans s'émouvoir : — Allons, nous commencerons par la tragédie... Ulysse et Pyrrhus, commencez. — Ma foi, dit Pyrrhus, c'est fort inutile; nous ne savons pas un mot de notre rôle; c'était aujourd'hui courrier du Languedoc. — Il s'agit bien du Languedoc! s'écria Martineau; *Philoctète* passe avant tout. — Oh! dit Ulysse, je ne suis pas assez fin pour déclamer un rôle sans l'avoir lu; il faut ajourner la répétition. — Cela prend une mauvaise tournure, observa tristement madame Bonnard. — Du tout, reprit Martineau; c'est un retard de deux jours au plus; répétons *le Mercure galant*; appelez votre nièce, Madame. On l'appela vingt fois, elle ne vint pas. — Répétons sans la nièce, dit Martineau; je vais déclamer la scène du *coucou*. La scène du *coucou* déplut à madame Bonnard; elle blâma son régisseur d'avoir adopté cette pièce, et le pria d'en choisir une autre, par égard pour son mari. — Allons! crièrent tous les amateurs à la fois, maintenant que nous avons acheté les brochures! — Vous les revendrez, repartit aigrement madame Bonnard. — Mais croyez-vous tout de bon, dit Martineau, que votre mari se formaliserait?... — Comment! vous ne le connaissez pas; il croirait qu'on l'a fait à dessein et que j'ai trempé dans le complot. Tous les amateurs sortirent un à un, sous différents prétextes, et allèrent délibérer sur la terrasse; Martineau les suivit, les harangua, et ne put les faire consentir à rentrer dans le salon; ils prirent le chemin de la ville.

Deux jours s'écoulent, et les amateurs ne paraissent pas; madame Bonnard tremble, sa nièce pleure; enfin, vers la fin du troisième, la troupe dramatique arrive en carriole; M. Martineau avait calmé les esprits. Cocher de l'équipage, il s'élance le premier par dessus le cheval, en criant : — *Nous apportons les costumes.* — Dieu soit béni! répond madame Bonnard en l'embrassant, ils apportent les costumes!... Alors un des acteurs ouvre les caissons de la carriole, et jette sur le gazon deux coupons de drap bleu-barbeau, pour Ulysse et Pyrrhus; trois casques de sapeurs-pompiers, pour le triumvirat grec; trois paires de cothurnes, jadis bottines, et deux sabres de cavalerie.—Ces pauvres enfants, dit madame Bonnard, en faisant l'inventaire des effets tragiques, quelle peine ils doivent avoir prise pour se procurer tout cela ! — J'ai couru tout hier, dit Martineau; j'ai manqué la Bourse! — J'ai manqué une affaire de cent mille rôles! dit Pyrrhus. —Vous êtes charmants! s'écria madame Bonnard; allons à la répétition!... A propos, quelle comédie jouerons-nous, monsieur Martineau? — *Les Étourdis, ou le Mort supposé;* je joue Folleville...

Des billets tant qu'on veut, point de lettre de change!

Vous me verrez... — Combien y a-t-il de femmes ? — Deux : une nièce ingénue et une hôtesse bavarde... vous devriez vous charger de l'hôtesse. — Mais pourquoi pas? — Bon! voilà qui va bien... Mes amis, nous avons l'hôtesse... Et madame Bonnard fut portée en triomphe jusqu'au salon des répétitions. Là, Martineau quitta son chapeau, prit un casque, se drapa et déclama ; Ulysse et Pyrrhus l'imitèrent; Amélie lut son rôle de Julie à haute voix ; les autres acteurs de la comédie, étendus sur le sofa, débitèrent aussi leurs rôles.

M. Bonnard, qui lisait *l'Indicateur* dans la pièce voisine, envoya sa servante prier la société de crier plus bas. Ulysse mit la servante à la porte sans écouter le message, et tous les acteurs crièrent vingt fois plus fort.

On fit trois répétitions dans ce genre ; M. Martineau recommandait, chaque soir, à ses amis d'étudier leurs rôles ; il fut affligé d'une extinction de voix, et les rôles furent toujours négligés, jusqu'à la veille du grand jour. Le salon où le théâtre devait être élevé offrit alors l'aspect d'un atelier de menuiserie! M. Martineau, inondé de sueur, prenait tour à tour le rabot, la scie, le compas et le pinceau ; il faisait des coulisses de salon avec la draperie du lit nuptial de M. Bonnard ; il peignait sur papier des portes et des fenêtres, il restaurait les toiles délabrées, et recevait à chaque instant les félicitations de madame Bonnard qui suivait de l'œil les progrès de l'édifice dramatique. Enfin le jour désiré a lui! le théâtre est achevé ! on vient de placer les bancs pour le public ; toutes les figures sont radieuses. M. Bonnard, en habit marron, en culotte de satin, debout sur la terrasse, succombe sous le poids des compliments dont l'accablent les personnes invitées ; la campagne est au pillage, tous les voisins de deux lieues à la ronde pénètrent dans les vignobles et les vergers. En vain M. Bonnard a-t-il placé à son portail un garde champêtre ; la consigne de la sentinelle est violée, on franchit les murs, les halliers, les ravins, on veut voir gratis *Philoctète* et *les Etourdis*.

Cependant les acteurs sont prêts, le souffleur est à son poste; l'île de Lemnos est éclairée par six lampions; la clarinette et le violon exécutent déjà l'ouverture du *Calife;* les spectateurs élus ont rempli le salon, les autres insultent M. Bonnard à la porte... Ulysse et Pyrrhus entrent en scène, et prient le public de se taire et d'écouter; le calme renaît, et la tragédie commence. Six jeunes gens appuyés sur leurs joncs et contre la muraille, amateurs zélés de tragédies, expriment leur mécontentement à chaque vers que prononce l'acteur bourgeois; ils regardent les décors en pitié, font de mauvaises plaisanteries sur M. Martineau, et communiquent leur gaieté turbulente à toute la compagnie. Ulysse et Pyrrhus se troublent et perdent la mémoire. L'imperturbable Martineau sort de sa caverne, et frappant le plancher de son pied malade : — Je vous l'avais bien dit, s'écrie-t-il, que vous resteriez sur vos dents ; nous n'avons pas fait une bonne répétition ! Pyrrhus prend l'apostrophe en mauvaise part, se fâche et donne sa démission; Ulysse suit son collègue ; et Martineau, resté seul, salue le public et le prie d'excuser l'impolitesse de ces messieurs. On baisse le rideau, et les acteurs montent aux appartements, pour se préparer à la comédie. Après un entr'acte d'une heure, qui a poussé à bout la patience des invités, on voit paraître *les Etourdis*. Martineau remplit la scène, il affermit le courage de l'un, la mémoire de l'autre; il donne l'exemple de l'assurance et du sang-froid : — Allons, mes amis, nous avons bien débuté... Bravo ! mademoiselle Amélie, vous jouez comme un ange... Ah !

madame Bonnard, quel plaisir vous avez fait dans votre première scène!...

Enfin, à force de conseils et d'encouragements, le jeune directeur voit arriver la fin de la comédie, et tombe dans les bras de M. Bonnard, qui le félicite au nom de la société. Cependant la société désertait le salon en silence, et chacun disait en sortant, à quelques variations près : « Il valait bien la peine de faire deux lieues, pour voir ces originaux ! »

FIN D'UN THÉATRE BOURGEOIS.

ALBERT DE KERBRIANT

ALBERT DE KERBRIANT

Devant la rade de Toulon, et sur le versant occidental de cette crête de montagnes qui lie le pic de Coudon aux gorges d'Ollioules, on rencontre à chaque plateau les plus charmantes maisons de campagne qui soient en Provence ; elles ont toutes le même point de vue : la mer, la rade, les vaisseaux, c'est-à-dire le tableau le plus riant et le plus varié. Dans les soirées de la belle saison, les familles se rassemblent sur les terrasses de ces petites villas, et se dédommagent de la chaleur accablante du jour par la fraîcheur qui monte de la mer aux approches de la nuit.

Les premières étoiles de la veillée de la Saint-Jean 183... venaient de se lever sur la crête grise et nue de Coudon, lorsque, dans le silence de la campagne, un coup de canon retentit et s'éteignit, d'écho en écho, de la colline de Lamalgue dans les profondeurs du val d'Ollioules. Un mouvement électrique de terreur courut avec les échos, et troubla les veillées de la plus longue et de la plus belle des nuits d'été.

Partout sur les terrasses où causaient les jeunes femmes et les jeunes gens, on entendait ce cri : *C'est un galérien évadé !* Il semble alors que chaque famille isolée va voir tomber au milieu d'elle quelque tigre à face humaine échappé de la ménagerie de l'arsenal de Toulon.

Si quelque observateur avait pu suivre au vol cette longue traînée d'effroi, qui courut de visage en visage à travers les veillées de la Saint-Jean, il aurait remarqué avec surprise la sérénité d'une seule famille, assise sous une treille, entre la rade et la montagne de Six-Fours. Cette sécurité de quelques personnes au milieu de la terreur générale était pourtant facile à expliquer. Depuis quelques jours, madame de Mellan et sa fille Anna étaient arrivées de New-York à Toulon, pour terminer une importante affaire de famille, et elles avaient loué une jolie maison de campagne à peu de distance de la mer et du grand chemin. Un vieux domestique et deux femmes de chambre créoles étaient assis sur la terrasse, avec les deux dames, lorsque le coup de canon retentit. Personne ne pouvant donner à ces étrangères l'explication de ce signal d'alarme, elles le regardèrent comme un accident fort naturel dans une ville de guerre, et elles n'interrompirent pas même leur conversation.

L'aveugle hasard, ou pour mieux dire l'intelligent conducteur de la fatalité poussa le galérien évadé dans la direction de la campagne habitée par madame de Mellan. C'était un homme qui a laissé un nom illustre dans le pandémonium du crime : c'était le fameux Cardan, flétri et condamné pour bigamie compliquée de faux. Il avait mis deux mois à scier l'anneau de fer qui le liait à son camarade, et un jour que celui-ci dormait au soleil, dans le chantier du

Mourillon, Cardan rompit le dernier fil de l'anneau et s'évada. Le camarade, après un très-court sommeil escroqué à la vigilance du garde, se vit seul et se blottit dans une caverne de poutres et de planches, pour s'évader à son tour au moment propice ; mais on le découvrit le lendemain. Ce ne fut qu'à la nuit close que l'on s'aperçut de la fuite de Cardan.

Ce célèbre forçat était âgé de trente ans, il en avait passé quatre au bagne : sa taille haute et bien prise, ses manières distinguées, sa figure pâle et fière, annonçaient un criminel de bonne compagnie, avant que la veste rouge qui nivelle tous les rangs eût caché l'homme comme il faut sous l'enveloppe du galérien. Cette nuit-là, Cardan ne portait que le pantalon de coutil ; il avait jeté sa veste aux orties ; agile et vigoureux, ses bonds ressemblaient plutôt au vol d'un oiseau ou aux élans de la panthère qu'à la marche précipitée de l'homme. Arrivé sous les grands arbres de la maison de madame de Mellan, il jugea le terrain avec cet instinct subtil que la nature donne à l'être fauve, et grimpant comme un mandrille le long d'un pieu renversé sur la façade de derrière, il entra dans les appartements du premier étage ; et, cinq minutes écoulées, il avait tout visité, tout vu dans les ténèbres, comme s'il se fût éclairé à la flamme de ses cheveux rouges ou de ses yeux.

Si cette espèce d'hommes appliquait au bien les facultés puissantes qu'elle applique au mal, le genre humain serait bientôt régénéré.

Cardan trouva quelques piles d'écus dans un secrétaire, et il les serra dans les premières feuilles de papier qu'il sentit grincer sous sa main. Il se contenta de cette petite somme, suffisante pour les besoins urgents, et d'un bond il sauta de la croisée dans la terre labourée du jardin.

Aux premières lueurs de l'aube, il avait atteint le

pic volcanique d'Évenos, qui mêle sa lave éteinte aux nuages.

Là, il acheta la défroque d'un berger et quelques moutons, et, par des sentiers de chèvre, il descendit, le bâton à la main, dans la plaine du Bausset.

Sachant qu'une grande route mène toujours à une grande ville, Cardan suivit ce blanc et long ruban qui serpente de la chapelle Sainte-Anne à la plaine de Cuges, et, chemin faisant, il saluait les gendarmes qui conduisaient les réfractaires, les marins en congé, les soldats arrivant d'Afrique, les saltimbanques et les orgues de Barbarie, tout ce curieux personnel de piétons qui peuple la route de Toulon à Marseille.

Il entra, protégé par la nuit, à Marseille, après avoir abandonné ses moutons, et prit une chambre modeste dans la rue du Baignoir, où on loge à pied et à cheval, mais surtout à pied.

En déroulant ses écus à la lueur d'une chandelle, il découvrit que les enveloppes étaient deux lettres, et il se mit machinalement à les lire par désœuvrement. Cette lecture, commencée avec insouciance, contracta bientôt les muscles de la face de Cardan et leur donna une expression singulière. Il se leva, le front penché, les yeux fixes, le poing serré, comme un bandit habitué à tous les crimes, et qui découvre, par subite inspiration, le moyen d'en commettre un nouveau. Les scélérats ont aussi leurs illuminations soudaines, et dans leur cerveau toujours en activité un plan infernal éclate tout armé de ses noirceurs et de ses piéges victorieux.

Ces deux lettres étaient fort longues : l'une était datée de l'île Bourbon, l'autre du cap de Bonne-Espérance. Elles rempliraient ici trop d'espace ; il nous suffira de les analyser en peu de mots et de les réduire à leur plus simple expression. Ce résumé sera court.

Madame de Mellan, veuve depuis dix-huit mois, avait quitté New-York, où elle avait perdu son mari, et rentrait en Europe après vingt ans d'absence. Le désir de revoir son pays n'était pour rien dans ce voyage. M. de Mellan, né en Bretagne, était redevable de sa grande fortune à son noble ami M. de Kerbriant, gentilhomme ruiné par la révolution et non indemnisé. M. de Kerbriant avait un fils unique nommé Albert ; ce jeune homme, n'ayant rien à espérer dans l'héritage d'une famille pauvre, s'était voué de bonne heure à la profession de marin ; mais il n'avait pas malheureusement cette santé robuste que demande le service de la mer. M. de Mellan, à son lit de mort, fit une disposition suprême qui réglait le mariage de sa fille avec le fils de son bienfaiteur, à des conditions si généreuses qu'elles acquittaient noblement la dette de la reconnaissance. La veuve, madame de Mellan, se soumit aveuglément aux dernières volontés de son mari : elle entama une correspondance avec Albert de Kerbriant, et ne trouva dans ce jeune homme qu'un empressement bien naturel à remplir la clause testamentaire du père d'Anna. Il fut donc convenu que les deux familles se réuniraient à Toulon vers le mois de juillet, époque à laquelle Albert de Kerbriant arriverait de Pondichéry, sur un vaisseau de l'État, et que le mariage du jeune officier et d'Anna serait célébré sans retard. Madame de Mellan et sa fille étaient arrivées les premières à ce rendez-vous donné à travers l'Océan.

Un petit billet, attaché à l'une de ces lettres, annonçait la mort de M. de Kerbriant. Ce billet n'était pas de la main de son fils Albert, et il portait le timbre de Nantes.

Cardan conçut alors, après une longue méditation, une de ces idées extravagantes que le seul génie du mal peut faire réussir à l'aide d'infernales combinaisons. D'abord, il ne quitta pas subitement son costume indigent, de peur qu'une trop prompte métamorphose ne le compromît aux yeux de l'aubergiste; il se transforma pièce à pièce, achetant et revêtant en détail sa nouvelle toilette; puis il se logea dans une hôtellerie plus distinguée, ayant eu soin de déguiser non-seulement la couleur de ses cheveux et de son teint, mais encore sa taille, sa démarche et sa voix. Sûr de dépister les limiers de la police, il se mit en quête de trouver un ami digne de lui, dans un de ces repaires d'eau-de-vie et de tabac que les grandes villes recèlent honteusement, à l'ombre des plus hideux quartiers.

Lavater et Gall sont deux enfants, auprès d'un forçat évadé de Toulon. Celui-ci est doué, pour reconnaître un de ses pairs, d'un sixième sens qui est l'odorat du crime. Cardan remarqua, dans un antre alcoolique du vieux Marseille, un jeune homme de vingt-cinq à trente ans, d'une figure pâle et nerveuse, avec des yeux d'un vert mat, ayant dans la nonchalance de son maintien tous les symptômes de l'horreur du travail, et dans son regard les reflets des mauvaises passions. Le costume de cet être annonçait, sous son délabrement, une certaine aisance que la paresse dévasta : chaque pièce de ses vêtements avait joué un rôle aux potences d'un tailleur en renom, à une date oubliée par le *Journal des Modes;* mais ce qui surtout trahissait une misère fétide et une paresse incurable, c'était une de ces cravates fondues en charpie grasse, et

> Dont la ganse impuissante
> Dissimule si mal une chemise absente.

Pardon si je me cite moi-même, pour compléter ce signalement.

Cardan se lia bientôt, par la sympathie de quelques petits verres d'*eau-de-mort*, avec cet homme, et il ne tarda pas à reconnaître dans ce nouvel ami une de ces organisations indolentes même pour le crime, et qui ne peuvent se rendre coupables que par l'influence extérieure d'un pouvoir dominateur. Cependant l'habile galérien employa plusieurs jours à sonder cet homme, avant de l'élever à la dignité d'un complice, et lorsqu'il crut devoir arriver à la confidence, après quelques largesses de pièces de cinq francs, il lui dévoila ses plans. Dès ce moment, l'un de ces deux misérables fut un esclave aveugle, et l'autre un maître souverain.

Pour mener l'entreprise à bien, il manquait à Cardan une somme d'argent plus forte que celle qu'il avait volée dans le secrétaire de madame de Mellan, et qui d'ailleurs était presque épuisée. Cet obstacle fut bientôt vaincu. Les changeurs de Marseille ne sont pas inexpugnables comme leurs confrères de Paris : ils étalent trop négligemment, et toujours à la portée d'une main adroite d'escamoteur, leurs doubles napoléons et leurs piastres espagnoles. Cardan, qui rendait au besoin ses doigts invisibles, en changeant deux napoléons chez un de ces marchands d'or, enleva deux rouleaux avec tout le talent d'un prestidigitateur de profession ou d'un jongleur indien. Avec ce renfort métallique, il se sentait de force à conquérir le Pérou.

Le complice créé par Cardan se nommait Valentin Proghère. Il ne conserva que son prénom en devenant le valet de chambre de Cardan, devenu lui-même M. Albert de Kerbriant. La mission que Proghère reçut était fort délicate à remplir, malgré les lumineuses instructions données par la bouche du maître : il s'agissait de se rendre en précurseur à la campagne de madame de Mellan, et de sonder adroitement le terrain, afin de commencer le drame sans péril pour l'auteur.

Proghère, vêtu en domestique de confiance de bonne maison, partit pour Toulon, et, arrivé dans cette ville, il s'embarqua sur un petit canot et descendit devant la campagne de madame de Mellan, un peu avant le coucher du soleil. Il joua parfaitement son rôle : il annonça aux dames que M. Albert de Kerbriant était arrivé à Nantes sur un vaisseau marchand parti du cap de Bonne-Espérance; que les fatigues de la mer l'avaient forcé de donner sa démission plus tôt qu'il ne l'aurait voulu, et qu'il s'en revenait des Indes, simple bourgeois, indépendant du service militaire et résolu de fixer sa résidence au choix des dames de Mellan.

Pendant l'entretien, Proghère se tenait debout sur la terrasse, tout prêt à s'élancer en trois bonds dans la campagne si le moindre éclair de méfiance paraissait sur le visage des dames. Cette précaution fut inutile. Madame de Mellan était une bonne femme qui avait passé toute sa vie dans une habitation patriarcale des savanes du Nouveau-Monde : elle ajouta foi plénière à tout ce que lui contait le précurseur de son gendre futur; et, dans l'ivresse de sa joie, elle embrassa tendrement sa fille, déjà tout émue à l'idée d'un mariage si précipité.

Le lendemain, à trois heures après midi, un grand bruit de roues et le claquement d'un fouet de postillon annoncèrent l'arrivée d'une chaise de poste dans la grande allée de la campagne.

— C'est M. de Kerbriant, mon maître! dit Proghère; je reconnais sa chaise.

Un jeune homme vêtu de noir et de la tournure la plus distinguée, sauta lestement de la voiture sur la terrasse, et, comme suffoqué par des sanglots de joie, il précipita ses lèvres sur les mains de madame de

Mellan. Cardan était si merveilleusement déguisé, que Proghère s'alarma un instant, car il ne le reconnut pas.

Le forçat évadé s'inclina devant mademoiselle Anna, et lui dit cette phrase, préparée pendant quatorze lieues de poste :

— Je bénis la mémoire de votre père, de cet homme généreux qui m'a choisi pour son gendre; mais je suis heureux de vous dire, Mademoiselle, qu'après mon voyage autour du monde, c'est vous que j'aurais choisie pour compagne aujourd'hui.

Ces paroles furent suivies du long silence qui arrive toujours après les émotions profondes; mais lorsqu'on eut accordé à de tristes souvenirs une part raisonnable de douleur muette, la conversation prit insensiblement une allure vive et gaie, surtout au moment du repas. Cardan fit preuve d'un tact exquis aux yeux des dames, en parlant de toute chose, excepté de son mariage. Il raconta en détail son voyage, qu'il avait appris la veille sur une mappemonde, entremêlant son récit de tous les termes techniques de marine qu'il avait trouvés dans les livres spéciaux. A la fin, il prit une pose et un accent mélancoliques, et dit :

— J'ai fait cinq mille lieues, j'ai visité les cinq parties du monde, j'ai vu tous les peuples, et j'ai reconnu par cette expérience de vieillard qu'un pareil voyage donne à un jeune homme, j'ai reconnu que le bonheur, s'il existe, doit se rencontrer seulement au sein des devoirs domestiques, loin du monde, et dans une famille isolée, faite de parents et d'amis.

Madame de Mellan serra les mains de Cardan, et sa pantomime exprimait tout le bonheur qu'elle éprouvait d'entendre de si beaux sentiments dans la bouche de son gendre.

Par une transition habilement ménagée, Cardan

amena sa future belle-mère à prendre une détermination fort importante pour lui. Il raconta de prétendus démêlés qu'il avait eus à Nantes avec de jeunes officiers, ses anciens camarades, qui venaient de lui reprocher ce qu'ils appelaient sa désertion, en termes assez vifs pour provoquer une affaire d'honneur.

— Je ne crains pas une rencontre de ce genre, ajouta-t-il, on le sait; mais il est toujours désolant de croiser l'épée avec de vieux amis qui envisagent ma démission avec tant d'injustice. J'aime mieux leur laisser le loisir de réfléchir sur leurs procédés. Lorsque mon commandant, qui me connaît, sera de retour dans un port de France, il plaidera ma cause mieux que moi. Aussi, j'ai bien résolu de ne pas me montrer à Toulon et d'éviter des désagréments qui peuvent avoir des suites sérieuses et déplorables. Si ma belle-mère y consent, nous ferons quelque petit voyage dans l'intérieur, ou en Italie ou en Espagne, à son choix; et, quand nous rentrerons en France, ma conduite aura déjà été justifiée par mes camarades arrivés des Indes; et mes injustes amis n'auront que des excuses à m'offrir.

Tout cela fut dit d'un ton simple et naturel qui aurait trompé les plus habiles. La bonne et naïve madame de Mellan s'alarma tellement, pour sa fille surtout, à l'idée de ces querelles d'honneur, qu'elle proposa la première d'abandonner le territoire d'une ville où son gendre avait eu trop de relations pour ne pas trouver un ennemi et un injuste duel. La campagne même où elle s'était retirée n'était pas une garantie contre ses alarmes maternelles, puisque toutes les résidences voisines étaient peuplées de familles de marins qui échangeaient des visites dans les soirées de la belle saison.

Cardan ne témoigna aucun empressement de quitter sur-le-champ la campagne de Toulon; mais ce calme, fort bien joué, ne servit qu'à redoubler les craintes de madame de Mellan, qui se crut obligée de faire violence à son gendre futur pour le décider à entreprendre un voyage ; puis, tirant à part le galérien, elle lui dit en montrant Anna :

— Cette pauvre enfant est bien timide ; elle n'ose vous regarder en face ; il faut voyager quelque temps ensemble pour lui donner un peu de hardiesse. Rien ne mûrit promptement les liaisons comme un voyage ; on est de vieux amis au bout d'un mois. Nous sommes indépendants de tout le monde, vous et moi, n'est-ce pas? Vous pouvez épouser ma fille en Espagne, en Italie comme en France, comme partout. Ainsi, commençons par mettre notre esprit en repos et partons.

Cardan s'inclina de l'air d'un homme qui se résigne, et il dit :

— Je ne veux pas refuser à ma belle-mère le premier service qu'elle me demande ; partons.

Dans les dispositions de départ qui furent faites entre Cardan et la bonne veuve, il fut convenu que Proghère, le prétendu valet de chambre, resterait à la campagne pour soigner les bagages et les petites affaires domestiques laissées en souffrance, et qu'on lui confierait une certaine somme d'argent pour les dépenses prévues et imprévues.

Le lendemain, avant l'aube, madame de Mellan, sa fille et le galérien partirent en poste pour Marseille. Cardan se procura dans cette ville un passeport pour l'Espagne, et, quelques jours après, il descendait, avec les deux dames ses victimes, à l'hôtel des Asturies, à Barcelone.

Les annales du crime offrent peu d'exemples d'une histoire où l'incroyable joue un plus grand rôle. Au reste, si ces événements n'étaient pas extraordinaires, ils ne seraient pas racontés.

Deux semaines environ après le départ de madame

de Mellan, le jeune Albert de Kerbriant débarquait sur le quai de Toulon, devant l'hôtel de ville, et, sans se donner le temps de quitter les habits qu'il rapportait des Indes, il courait à la recherche de madame de Mellan. Aux bureaux de la poste, on lui indiqua sa campagne, et notre marin sauta sur le premier cheval de louage et s'y rendit en trois élans de galop.

Arriver des Indes avec la riante perspective d'un mariage millionnaire improvisé, toucher la terre, voir la maison qu'habite la jeune fille inconnue et adorée, tout cela n'arrive qu'une fois dans ce monde : aussi, je crois qu'il n'y a rien de plus doux. Le jeune Albert tressaillit à la vue de cette treille italienne qui laissait apercevoir, à travers ses pampres, des nuages de cheveux et de mousseline blanche : là était sa famille future, son bonheur, sa fortune, son avenir... Il se précipita de cheval à l'extrémité de l'avenue, et, arrivé sur la terrasse dans une agitation extraordinaire, il prononça le nom de madame de Mellan et le sien. Un groupe de dames et de jeunes gens se leva silencieusement au cri d'introduction du jeune homme, et tous les regards stupéfaits interrogèrent ce nouveau venu que personne ne connaissait.

Un instant étourdi par cette réception étrange, Albert de Kerbriant pensa qu'il s'était trompé de maison, et il s'excusa en ces termes :

— Pardon, Mesdames, j'ai fait fausse route ; ce n'est pas étonnant, il y a tant de maisons de campagne dans cette plaine sans rues et sans numéros, que j'ai pris celle-ci pour une autre : pourtant on m'avait donné d'excellentes indications.

Une dame d'un âge mûr prit la parole, et dit au marin :

— Peut-être vous ne vous êtes pas trompé, Monsieur ; nous n'habitons cette maison de campagne que depuis la semaine dernière : c'est bien madame de

Mellan qui était ici avant nous ; les fermiers nous l'ont dit, et ils vous le diront comme moi.

— Madame de Mellan est donc rentrée en ville ? demanda le jeune homme, agité par un pressentiment sinistre.

— Non, Monsieur ; elle est partie en chaise de poste avec sa fille et son gendre.

— Son gendre ! s'écria le marin avec une voix surnaturelle.

— Son gendre, ou du moins le jeune homme qui doit épouser sa fille Anna.

Albert de Kerbriant fit un énergique appel à sa force morale, et, honteux de donner son émotion en spectacle à des étrangers, il se composa un visage, un organe et un maintien calmes, et dit :

— Excusez-moi, Madame, si j'entre ici dans des détails qui peuvent vous paraître indiscrets ; encore une question, s'il vous plaît : auriez-vous entendu prononcer le nom de ce gendre, de ce jeune homme, qui doit épouser mademoiselle Anna de Mellan ?

— Oh ! c'est un nom bien connu ici, dans cette maison ; les femmes de chambre l'ont assez répété aux fermiers et aux fermières des environs : Mademoiselle Anna épouse M. Albert de Kerbriant.

— Je le savais !... dit le véritable Albert.

— Vous voyez donc, Monsieur, que nous sommes instruits. A cette heure, le mariage doit être accompli.

— Avec M. de Kerbriant ! s'écria le jeune homme d'une voix effrayante, qui fit tressaillir les témoins de cette scène.

Toutes les têtes firent des signes affirmatifs.

— Avec M. de Kerbriant ! répéta le malheureux Albert sur le même ton de désespoir ; vous voyez bien que c'est impossible ! c'est moi qui suis Albert de Kerbriant et qui viens me marier avec Anna de Mellan ! Ceci est un mystère infernal ! Quelque bandit a intercepté mes lettres, a pris mon nom!... Quelle révélation affreuse!

Et il s'assit lourdement sur la banquette de la treille, en essuyant la sueur froide de son front.

Une surexcitation de colère le remit bientôt fièrement sur ses pieds; il comprit que toute sa raison, son calme de marin, son sang-froid d'homme lui étaient nécessaires pour découvrir et châtier un acte infâme, sans exemple dans la société. Il prit congé des dames de cette maison de campagne, en s'excusant d'avoir troublé leur solitude; il courut recueillir, aux environs, des renseignements de la bouche des fermiers, et quand il connut, par des rapports certains, l'heure, le jour et la voie de départ, il ne perdit pas un instant et il se jeta sur les traces du ravisseur.

A Marseille, il courut tous les hôtels de luxe, et aux premières informations qu'il prit à l'hôtel des Empereurs, l'intelligent et l'agile Castel reconnut tout de suite les deux voyageuses et le voyageur : il dit à Albert de Kerbriant que les trois personnes auxquelles il portait tant d'intérêt avaient passé deux jours dans la maison, et qu'elles s'étaient embarquées pour Barcelone. Castel indiqua même le banquier où il avait conduit le faux Albert de Kerbriant, qui demandait une lettre de crédit de quinze mille francs pour sa belle-mère, dont il avait encore la procuration. Le jeune marin courut chez le notaire et le banquier désignés. Non-seulement les renseignements de Castel étaient vrais de tout point, mais Albert de Kerbriant reconnut encore chez le banquier sa propre signature, contrefaite avec un talent d'imitation qui révélait une main de galérien faussaire. Ce fut un trait de lumière pour le jeune homme. Il prit des chevaux de poste, et en moins de cinq heures il était à Toulon, chez M. le commissaire du bagne, qui lui annonça l'évasion de Cardan, bigame et faussaire; il lui donna son signalement.

Albert, le soir même, partait pour Barcelone, muni d'autres instructions précieuses et d'une lettre pour le consul de France.

Il fallait suivre au vol cette horrible intrigue; une minute perdue pouvait déterminer un malheur irréparable.

A peine débarqué à Barcelone, Albert de Kerbriant courut chez le consul. La nuit couvrait la ville; neuf heures sonnaient.

Le consul était au théâtre italien. Albert ne fit qu'un bond du consulat au théâtre; on lui indiqua la loge du représentant de la France, il y entra, et, s'excusant de sa visite importune, il exhiba sa lettre d'introduction qui expliquait tout.

Le consul pria le jeune de Kerbriant de le suivre dans l'arrière-loge, pour causer sans témoins et sans auditeurs.

Voici l'affreuse confidence qu'Albert recueillit dans cet entretien :

— Un étranger d'un âge indéterminé, dit le consul, s'est présenté chez moi, il y a trois semaines environ, s'annonçant sous le nom d'Albert de Kerbriant. Il venait, disait-il, visiter l'Espagne avec sa future belle-mère et sa fiancée. A l'expiration très-prochaine de son deuil, il devait se marier. Les manières de cet homme m'ont paru étranges : c'était un mélange de bon ton étudié, de langage noble et d'habitudes et d'expressions vulgaires. Il avait dans ses poses un calme d'emprunt, contrarié par des élancements nerveux. Il me rendait une visite, disait-il, pour me présenter ses hommages d'abord, et ensuite pour me consulter sur les formes à suivre dans les mariages en pays étranger. Je lui ai donné toutes les explications qu'il a paru désirer. Depuis cette visite, je l'ai revu deux fois, et ce soir, si vous voulez le voir, il est en loge avec ces dames, presque en face de nous, à l'amphithéâtre. Le signalement que vous m'avez donné de cet étranger est frappant d'exactitude, avec cette différence pourtant que ses cheveux sont noirs et abondants, au lieu d'être blonds et courts; mais c'est sans doute une supercherie de coiffure qu'il sera fort aisé de découvrir.

Albert de Kerbriant pria le consul de vouloir bien lui accorder une place dans sa loge, et un instant après il occupait son poste d'observation.

Du premier coup d'œil il jugea la moralité de cet homme qui, ne se doutant pas qu'un regard scrutateur était fixé sur lui, gardait une immobilité sombre, et semblait n'appartenir que de corps à ce monde enthousiaste qui applaudissait un duo italien. Cardan, vêtu de noir, avec sa figure couverte de cette pâleur cuivrée, fard du galérien, avec son œil fixe, son front déprimé, ses narines convulsives, ressemblait à un être surnaturel, dégagé de toute préoccupation frivole, et méditant quelque projet conseillé par l'enfer. A côté de lui, comme contraste, s'épanouissait, dans sa naïve joie de jeune fille, Anna de Mellan : on aurait cru voir une colombe ignorant le péril et posée sur le même rameau à côté d'un vautour. Albert de Kerbriant se leva au premier entr'acte, et saluant le consul du geste familier qui signifie : « Au revoir, dans l'instant, » il se dirigea vers la loge du faussaire ravisseur. Le consul suivit Albert de loin.

Il frappa trois légers coups; la porte s'ouvrit, et d'une voix calme et distincte, il nomma M. Albert de Kerbriant.

— C'est moi, Monsieur, répondit Cardan.

— J'ai deux mots à vous dire en particulier, dit Albert.

Cardan se leva, non sans trahir quelque émotion, et sortit dans le couloir.

— C'est donc à monsieur Albert de Kerbriant que je parle? dit Albert.

— Certainement, Monsieur, répondit le galérien avec une voix enrouée par un trouble subit.

— Vous êtes bien sûr de cela?

— Voilà une singulière question! dit Cardan avec un sourire sérieux.

Albert saisit vivement les cheveux d'emprunt de Cardan, et la tête rasée du galérien se découvrit à nu.

— Tu es un bandit du bagne de Toulon!

Cardan poussa un rugissement sourd, et tirant un poignard, il allait se débarrasser de ce foudroyant inconnu avant que cette scène eût d'autres acteurs, lorsque Albert, qui avait prévu le coup, saisit adroitement le galérien par le bras et la cravate, et l'incrusta sur le mur voisin en appelant à l'aide. Aux cris du marin, on accourut de toutes les loges voisines. Cardan, qui n'avait pas quitté son poignard, fut arrêté par des hommes de police; et Albert, se cramponnant avec une vigueur surhumaine au collet de son habit et au col de sa chemise, déchira linge et drap du même coup de griffe, et mit à nu l'épaule du galérien flétrie par deux lettres sur une peau brûlée au soleil de Toulon. Un murmure d'horreur éclata de tous côtés; mais Albert ne perdit pas son temps à raconter son histoire, il avait un plus pressant devoir à remplir.

Madame de Mellan et sa fille prêtaient l'oreille avec inquiétude aux bruits alarmants qui venaient des corridors, et elles n'osaient se hasarder dans cette foule curieuse qui les envahissait. Tout à coup, le consul de France, suivi d'un étranger vêtu de l'uniforme de notre marine royale, entra dans la loge de ces dames, et leur dit :

— Je vous prie d'accepter mon bras, Mesdames, et de me suivre chez moi, c'est-à-dire chez vous, car ma maison est celle de tous les Français.

Madame de Mellan et sa fille, trop émues pour approfondir tant d'incidents mystérieux, n'hésitèrent pas à suivre leur consul. La veuve prit le bras d'Albert, et Anna le bras du consul.

Aux clartés des candélabres qui versent un grand jour sur le péristyle du théâtre, on distinguait aisément, comme en plein midi, un homme pâle et chauve, les épaules nues, entraîné par la police et hué par la foule.

—Mon Dieu! s'écria madame de Mellan, c'est Albert!

— Non, Madame, lui dit le consul, cet homme n'est pas Albert de Kerbriant. C'est un bandit qui a ourdi contre vous et Mademoiselle une trame abominable. C'est un galérien évadé du bagne de Toulon...

Un vif saisissement bouleversa toutes les facultés de madame de Mellan, et la parole lui fit défaut pour répondre. Ce fut dans la maison du consul qu'il y eut un échange d'explications et de surprises, qui devait amener cette histoire à son dénoûment naturel et légitime. Tous les droits usurpés par le faussaire furent restitués au véritable Albert de Kerbriant.

L'émotion qui suivit cette orageuse soirée ne permit pas aux deux dames d'accueillir Albert de Kerbriant comme il méritait d'être accueilli; mais le lendemain, madame de Mellan et sa fille n'eurent pas assez d'éloges à donner à leur jeune et charmant libérateur; et ce jour même, à la table du consul de France, il fut arrêté que le mariage d'Anna et d'Albert serait célébré à l'église Saint-Louis, à Toulon, et que l'amiral serait prié de signer au contrat.

FIN D'ALBERT DE KERBRIANT.

TABLE DES MATIÈRES

	Pages.
Notice sur Méry	1
Le Bonnet vert	33
Courte Préface	35
Avertissement de l'Éditeur	37
L'Arrivée	44
Le Bagne flottant	44
Consolation d'artistes	47
Folies	50
Le Massacre	53
L'Exécution	54
L'Hôpital	56
Le Monde vu du bagne	59
Un Visiteur	65
Une Destinée	69
Le vieux Caron	76
Incident	79
Evenos	80
Dernier coup	84
La Vierge d'août	87
L'Amour de la liberté	91
Nuit d'insomnie	97
Le Travail	102
La Veillée	104
Robinson	104
Le Suicide	132
Pressentiments	137
Calme	140

TABLE DES MATIÈRES.

	Pages.
Lettre annexée au manuscrit.	142
Rêveries.	145
Hésitation.	146
Billet.	148
Résolution.	149
Délire.	152
Notes et éclaircissements.	156
Notes sur les forçats.	164
Un Couple affreux.	183
Un Voyage aérien.	209
Une Chasse au tigre.	235
Paris futur.	249
La Terre bouleversée.	269
La Popularité.	284
Suites d'une bonne action.	289
Un Théâtre bourgeois.	307
Albert de Kerbriant.	317

FIN DE LA TABLE.

LAGNY. — Imprimerie de VIALAT et Cie.

ŒUVRES DE MÉRY

NOUVELLE ÉDITION, FORMAT IN-18, ORNÉE DE GRAVURES.

Entièrement revue et corrigée par l'auteur.

Chaque volume, contenant la matière de deux volumes in-8°, sera imprimé en très-beaux caractères, sur papier glacé et satiné.

Prix : 2 fr. 50 c.

EN VENTE

LA FLORIDE.
LE DERNIER FANTOME.
LA GUERRE DU NIZAM.
LE BONNET VERT.
LA COMTESSE HORTENSIA.

SOUS PRESSE

UN AMOUR DANS L'AVENIR.
UN MARIAGE DE PARIS.

IL ÉTAIT UNE FOIS

CONTES DE SAVINIEN LAPOINTE

CONTES D'HOFFMANN

PRÉCÉDÉS D'UNE NOTICE SUR LA VIE ET LES OUVRAGES DE L'AUTEUR

Par ANCELOT (de l'Académie française).

CONTES DU CHANOINE SCHMID

PRÉCÉDÉS D'UNE INTRODUCTION
PAR JULES JANIN

LAGNY. — Typographie de VIALAT et Cie.

www.ingramcontent.com/pod-product-compliance
Lightning Source LLC
Chambersburg PA
CBHW070903170426
43202CB00012B/2171